新・光速マスター

上・中級
公務員試験

自然科学

［改訂第2版］

物理／化学／生物
地学／数学

本書の特長と使い方

本書の特徴

　大卒程度の国家総合職・専門職・一般職,地方上級（全国型・東京都・特別区），市役所で出題された最近の過去問を分析し，頻出事項を厳選してわかりやすく解説しています。その中でも特に公務員試験でねらわれやすいテーマは，ランキング形式で「重要テーマBEST10」としてまとめ，科目の冒頭に掲載しています。

　まずはここを読み，重要ポイントを頭にいれておきましょう。

　本書のテーマ分類は，最新版「新スーパー過去問ゼミ」シリーズに準拠しており，併用して学習を進めることで一層理解を深めることができます。特に覚えるべき項目は赤字になっているので，付録の「暗記用赤シート」を使って赤字を隠し，スピーディーに何度も知識の定着度合いをチェックすることができます。

① テーマタイトル
各科目のテーマ分類は，「新スーパー過去問ゼミ」シリーズに準拠しています。

② テーマ別頻出度
出題頻度・重要度を**A**，**B**，**C**の3段階で表示

③ 試験別頻出度
国家総合職，国家一般職[大卒]，国家専門職[大卒]，地方上級（全国型・東京都・特別区），市役所（C日程）の各試験における出題頻度を★の数で表示
- ★★★→最頻出
- ★★☆→頻出
- ★☆☆→出題あり
- ────→出題なし

④ 学習のポイント
各テーマの全般的な出題傾向と学習に当たっての注意点をコンパクトに解説

---

②
①

テーマ 1

頻出度 **A** **力のつりあい**

試験別頻出度		
国家総合職 ★★☆	国家専門職 ★★★	地上特別区 ★★☆
国家一般職 ★★★	地上全国型 ★★☆	市役所C ★★★
	地上東京都 ★★☆	

④

③

学習の
ポイント
◎力のつりあいは力学の基本〔…〕頻度が高い。物体に作用する力をきちんと図示できるかどう〔…〕のカギとなる。
◎フックの法則やアルキメデスの原理は活用できるようにしておきたい。

▶力の表し方
□力は大きさと向きを持つベクトル量。
□力の大きさの単位 N（ニュートン）
　※1Nの定義については，p.20の運動方程式の項を参照。

力の3要素
大きさ
（作用線）
向き
作用点

▶力の合成と分解
□平行四辺形の法則に従って，力は合成や分解ができる。右図において，$\vec{F}$ は $\vec{F_1}$ と $\vec{F_2}$ の合力である。逆に，$\vec{F_1}$ と $\vec{F_2}$ は $\vec{F}$ の分力である。なお，2力の合力は一意的に定まるが，1つの力を2つの力に分解するしかたは一意的には定まらない。

$\vec{F_2}$　$\vec{F}$　$\vec{F_1}$

▶作用・反作用の法則
□物体Aが物体Bを押すとき，物体Bは物体Aを押し返す。押し返す力は，AがBを押す力とは反対向きで，その大きさは等しい。

▶質点に働く力のつりあい
□**質点** 物体の大きさを無視し，幾何学上の点とみなしたもの。
□**2力のつりあい** 質点に2力 $\vec{F_1}$，$\vec{F_2}$ が働いてつりあっているとき，2力は大きさが等しく，向きは反対で，同一直線上にある。
　$\vec{F_1} + \vec{F_2} = \vec{0}$

$\vec{F_1}$　$\vec{F_2}$

□**3力のつりあい** 質点に3力 $\vec{F_1}$，$\vec{F_2}$，$\vec{F_3}$ が働いてつりあっているときは，3力のうちの任意の2力の合力と他の力とはつりあいの関係にある。　$\vec{F_1} + \vec{F_2} + \vec{F_3} = \vec{0}$

$\vec{F_2} + \vec{F_3}$　$\vec{F_3}$　$\vec{F_2}$　$\vec{F_1}$

「新スーパー過去問ゼミ」シリーズを解き進めるのと並行して本書を読み，知識を整理しながら覚えていくのも効果的ですが，はじめに「重要テーマBEST10」をざっと読んで，順位の高いテーマから取り組んでいくのもよいでしょう。また，試験別の頻出度を★の数で示しているので，本試験まで時間がない受験生は，自分が受ける試験の頻出度の高いテーマから取り組むことをお勧めします。

学習の締めくくりには1問1答形式の科目別「スコアアタック」を解き，間違ったところを中心に繰り返し解きなおしましょう。

過去問を解きながら，また，通学・通勤などのスキマ時間を活用し，本書を繰り返し学習して知識分野のマスターをめざしてください。

例題　　　　　　　　　　　　　　　第1章　物理

物理

物理

化学

生物

地学

数学

物体に働く力 水⑤　　上に，質量2.0 kgの物体が静かに置かれている。この物体には　どのような力が働いているか。ただし，重力の加速度を10 m/s²とする。

解き方 地球が物体を引く力，すなわち重力**が鉛直方向に20 N働いている**。物体に働く重力は床面を鉛直下向きに押しているが，その反作用として床面から物体を鉛直上向きに押し上げる力，すなわち垂直抗力**が20 N働いている**。 … **答**

⑤ **付属の赤シート**

赤シートをかぶせると，赤字で記されている部分が見えなくなるので，穴埋め問題のように使うことも可能。
自分なりの書き込みを加える際も，赤色やピンク色のペンを使えば，同様の使い方ができる。

3力のつりあい 図のように，質量 m〔kg〕の物体を2本のひもで支えた。このときひもにかかる張力 T_1，T_2 を求めよ。ただし重力の加速度を g〔m/s²〕とする。

解き方 張力 T_1，T_2 を水平方向および鉛直方向　　　する。水平方向のつりあいの式は，

$T_1 \cos 30° = T_2 \cos 60°$

すなわち，$\dfrac{\sqrt{3}}{2} T_1 = \dfrac{1}{2} T_2$ …①

　　　　あいの式は，

$T_1 \sin 30° + T_2 \sin 60° = mg$

すなわち，$\dfrac{1}{2} T_1 + \dfrac{\sqrt{3}}{2} T_2 = mg$ …②

①，②より，

$T_1 = \dfrac{1}{2} mg$〔N〕，$T_2 = \dfrac{\sqrt{3}}{2} mg$〔N〕 … **答**

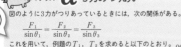

プラス+α 3力のつりあい

⑥

図のように3力がつりあっているときには，次の関係がある。

$\dfrac{F_1}{\sin \theta_1} = \dfrac{F_2}{\sin \theta_2} = \dfrac{F_3}{\sin \theta_3}$

これを用いて，例題の T_1，T_2 を求めると以下のとおり。

$\dfrac{T_1}{\sin 150°} = \dfrac{T_2}{\sin 120°} = \dfrac{W}{\sin 90°}$

$\sin 90° = 1$，$\sin 150° = \sin 30°$，$\sin 120° = \sin 60°$

より求められる。

⑥ **プラスα**

テーマの理解をさらに一歩深めるために挑戦してほしい問題や解説

13

自然科学の出題傾向&学習法

　自然科学は「数学」「物理」「化学」「生物」「地学」からなる。人文科学と同様に，出題数および選択解答制との関係で学習する科目を決めると思われるが，数学・物理・化学のパターン化された計算問題をマスターできれば有効な得点源となる。苦手意識を克服できない人は，生物・地学の暗記で得点できる分野，また最近出題が増えている生活関連の科学技術に関する問題で着実に得点できるようにしたい。国家総合職・一般職・専門職の「時事」でも，最近の科学技術は頻出テーマである。新聞や時事用語集のサイエンス関連記事に目を通しておこう。

【 物理 】　物理は「力学」「電磁気学」「波動」「熱力学」「現代物理学等」に大別される。試験を問わず，出題の中心は力学と電磁気学であり，国家総合職を除けば高校物理の基礎的理解でカバーできるが，最近の科学事情に関する問題，科学史に関する問題も出題されるので注意しよう。

【 化学 】　化学は「基礎理論」「物質の性質」「有機化学」「応用化学」に大別される。計算問題と知識問題があるが，中心は知識問題である。最近は他の科目と同様に，生活関連の科学技術に関する出題が増えてきている。日常生活やニュースに登場する物質・現象に注意しよう。

【 生物 】　生物は「細胞・組織」「恒常性」「生殖・発生」「遺伝」「生態系」に大別される。範囲は広いが，暗記で解ける知識問題がほとんどなので，頻出分野を中心に学習しよう。ただし，国家総合職・専門職では出題されない年度もある。

【 地学 】 地学は「天文」「気象」「地球の構造と歴史」に大別される。日食などの天文現象，異常気象，地震災害，環境問題のトピックスには注意が必要である。国家総合職・一般職・専門職では出題のない年度もある。

【 数学 】 数学は，中学・高校の学習範囲にほぼ限定されており，数的推理や判断推理と重複する内容もある。国家総合職・一般職・専門職，地方上級（東京都，特別区）では，ほぼ出題されないが，数的推理でも数学の知識が役に立つ。

教養試験の科目別出題数（令和3年度）

試験 / 科目	国家総合職[大卒]	国家一般職[大卒]	国家専門職[大卒]	地方上級(全国型)※	地方上級(東京都)	地方上級(特別区)	市役所(C日程)※
政治	2	2	1	4	2	3	2
経済	1	1	1	3	1	1	2
社会	0	0	1	5	0	0	5
時事	3	3	3	0	5	4	0
日本史	1	1	1	2	1	1	2
世界史	1	1	1	2	1	1	2
地理	1	1	1	2	1	1	1
思想	1	1	1	0	0	1	0
文学・芸術	0	0	0	0	1	0	0
数学	0	0	0	1	0	0	1
物理	1	1	1	1	1	2	1
化学	1	1	1	2	1	2	1
生物	1	1	1	2	1	2	2
地学	0	0	0	1	1	2	1
文章理解	11	11	11	8	8	9	6
判断推理	8	8	8	9	5	9	8
数的推理	6	5	5	7	7	6	4
資料解釈	2	3	3	1	4	4	2
計	40	40	40	50	40	40/48※	40

※地方上級（全国型）とは，地方公務員採用上級試験（道府県・政令指定都市）の共通問題のうち，広く全国的に分布しているタイプ。市役所（C日程）とは，市役所上級試験のうち，多くの市役所が実施する9月の出題タイプ。40/48は48問中40問選択解答。

CONTENTS

数学

物理

重要テーマ BEST 10

物理の50問スコアアタック

重要テーマ BEST 10

本試験の出題傾向から，重要と思われるテーマを
ランキングした。学習の優先順位の参考にしよう。

1 物体の投射 P.22

投射の一般式

$$x = v_0 \cos\theta \cdot t \qquad v_x = v_0 \cos\theta$$

$$y = y_0 + v_0 \sin\theta \cdot t - \frac{1}{2}gt^2 \qquad v_y = v_0 \sin\theta - gt$$

地上からの投射では $y_0 = 0$，水平投射，鉛直投げ上げ，鉛直投
げ下ろしでは，θ の値を，それぞれ，$0°$，$90°$，$-90°$ とする。

2 浮力に関するアルキメデスの原理 P.16

流体中の物体には，物体が押
しのけた流体の体積に相当する
重力が働く。

浮力 $W = dVg \ (N)$

3 オームの法則と合成抵抗 P.38

$$V = RI$$

合成抵抗の大きさは，　直列接続；$R = R_1 + R_2 + \cdots + R_n$

並列接続；$\dfrac{1}{R} = \dfrac{1}{R_1} + \dfrac{1}{R_2} + \cdots + \dfrac{1}{R_n}$

4 力学的エネルギー保存則 P.26

運動エネルギーと位置エネルギー（ポテンシャルエネルギー）の和は一定で
ある。

振り子や斜面の運動；$\dfrac{1}{2}mv^2 + mgh = $ 一定

ばねの単振動；$\dfrac{1}{2}mv^2 + \dfrac{1}{2}kx^2 = $ 一定

注 紙幅の関係上，数式の文字の意味や単位は示していない。
通常使われている意味でとらえること。

5 右ねじの法則

P.36

電流の向き
磁場の向き

ねじの進む向き
ねじを回す向き

6 単振り子やばね振り子の周期

P.28

単振り子；$T = 2\pi\sqrt{\dfrac{l}{g}}$　　　ばね振り子；$T = 2\pi\sqrt{\dfrac{m}{k}}$

7 フレミングの左手の法則

P.36

磁界内を流れる電流
には力が働く。

力
磁場
電流

8 レンズの公式

P.48

$\dfrac{1}{a} + \dfrac{1}{b} = \dfrac{1}{f}$　　　$m = \dfrac{b}{a}$　　　$m > 0$のとき倒立実像，$m < 0$のとき
正立虚像　　像の倍率；$|m|$

9 熱量保存の法則

P.50

物質A（質量m_1，比熱c_1，温度t_1）と物質B（質量m_2，比熱c_2，温度t_2）
を接触させて熱平衡に達したときの温度をtとすると，
$$m_1 c_1 (t - t_1) + m_2 c_2 (t - t_2) = 0$$

10 光の波動としての性質

P.48

反射では入射角＝反射角。屈折では屈折せずに全反射が起こることもある。
他に光の性質には，回折，干渉，分散などがある。

力のつりあい

試験別頻出度	国家専門職 ★★★	地上特別区 ★★☆
国家総合職 ★★☆	地上全国型 ★★☆	市役所C ★★★
国家一般職 ★★★	地上東京都 ★★☆	

◎力のつりあいは力学の基本であり出題頻度が高い。物体に作用する力を
きちんと図示できるかどうかが解法のカギとなる。
◎フックの法則やアルキメデスの原理は活用できるようにしておきたい。

▶力の表し方

□力は大きさと向きを持つベクトル量。

□力の大きさの単位　N（ニュートン）

　※1Nの定義については、p.20の運動
　　方程式の項を参照。

▶力の合成と分解

□平行四辺形の法則に従って、力は合成や分解がで
きる。右図において、$\vec{F}$ は $\vec{F_1}$ と $\vec{F_2}$ の合力であ
る。逆に、$\vec{F_1}$ と $\vec{F_2}$ は $\vec{F}$ の分力である。なお、
2力の合力は一意的に定まるが、1つの力を2つ
の力に分解するしかたは一意的には定まらない。

▶作用・反作用の法則

□物体Aが物体Bを押すとき、物体Bは物体Aを押し返す。押し返す
力は、AがBを押す力とは反対向きで、その大きさは等しい。

▶質点に働く力のつりあい

□**質点**　物体の大きさを無視し、幾何学上の点とみなしたもの。

□**2力のつりあい**　質点に2力 $\vec{F_1}$、$\vec{F_2}$ が働い
てつりあっているとき、2力は大きさが等し
く、向きは反対で、同一直線上にある。

　　$\vec{F_1} + \vec{F_2} = \vec{0}$

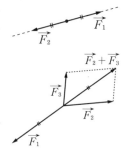

□**3力のつりあい**　質点に3力 $\vec{F_1}$、$\vec{F_2}$、$\vec{F_3}$
が働いてつりあっているときは、3力のうち
の任意の2力の合力と他の力とはつりあいの
関係にある。　　$\vec{F_1} + \vec{F_2} + \vec{F_3} = \vec{0}$

例題

物体に働く力 水平な床の上に，質量 2.0 kg の物体が静かに置かれている。この物体にはどのような力が働いているか。ただし，重力の加速度を $10\,\text{m/s}^2$ とする。

[解き方] 地球が物体を引く力，すなわち**重力が鉛直方向に 20 N 働いている**。物体に働く重力は床面を鉛直下向きに押しているが，その反作用として床面から物体を鉛直上向きに押し上げる力，すなわち**垂直抗力が 20 N 働いている。** …**答**

3力のつりあい 図のように，質量 m〔kg〕の物体を2本のひもで支えた。このときひもにかかる張力 T_1，T_2 を求めよ。ただし重力の加速度を g〔m/s²〕とする。

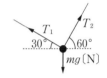

[解き方] 張力 T_1，T_2 を水平方向および鉛直方向に分解する。水平方向のつりあいの式は，

$$T_1 \cos 30° = T_2 \cos 60°$$

すなわち，$\dfrac{\sqrt{3}}{2} T_1 = \dfrac{1}{2} T_2$ …①

鉛直方向のつりあいの式は，

$$T_1 \sin 30° + T_2 \sin 60° = mg$$

すなわち，$\dfrac{1}{2} T_1 + \dfrac{\sqrt{3}}{2} T_2 = mg$ …②

①，②より，

$$T_1 = \frac{1}{2} mg \text{〔N〕}, \quad T_2 = \frac{\sqrt{3}}{2} mg \text{〔N〕} \quad \text{…} \boxed{\text{答}}$$

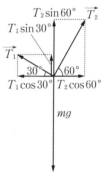

プラス+ α 3力のつりあい

図のように3力がつりあっているときには，次の関係がある。

$$\frac{F_1}{\sin \theta_1} = \frac{F_2}{\sin \theta_2} = \frac{F_3}{\sin \theta_3}$$

これを用いて，例題の T_1，T_2 を求めると以下のとおり。

$$\frac{T_1}{\sin 150°} = \frac{T_2}{\sin 120°} = \frac{W}{\sin 90°}$$

$\sin 90° = 1$，$\sin 150° = \sin 30°$，$\sin 120° = \sin 60°$
より求められる。

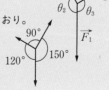

▶剛体に働く力のつりあい

□**剛体** 外部から力を受けても変形しないとみなせる物体。

□**力のモーメント** 剛体を回転させる力の働き。剛体に加えた力を F〔N〕，回転軸から力の作用線に下ろした垂線の長さを h〔m〕とすると，力のモーメント M は，反時計回りを正として，

$$M = Fh〔N・m〕$$

力の作用線

□**剛体のつりあい** 剛体にいくつかの力が働いて，つりあっているときは，

力のベクトルの和が $\vec{0}$　　$\vec{F_1} + \vec{F_2} + \cdots\cdots = \vec{0}$

任意の点の周りの力のモーメントの和が0　　$M_1 + M_2 + \cdots\cdots = 0$

□**てこの原理** 右図において支点の周りの力のモーメントのつりあいから，

$$m_1 g x_1 = m_2 g x_2$$

▶いろいろな力

□離れている物体どうしに働く力……万有引力（重力もこの一種），電気力，磁気力など。

□接している物体どうしに働く力…抗力，張力，摩擦力，弾性力，浮力など。

▶重力

□**重力** 地球上にある物体が地球から引かれる力。質量 m〔kg〕の物体に働く重力の大きさ W〔N〕は，重力の加速度を g〔m/s²〕として，

$$W = mg〔N〕$$

質量m

重力mg

▶弾性力

□**弾性** 外力を受けて変形した物体がもとに戻ろうとする性質。

□**弾性力** 変形している弾性体が他に及ぼす力。

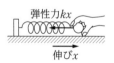

弾性力kx

伸びx

□**フックの法則** 自然長より x だけ伸びた（または縮んだ）弾性体が他に及ぼす力 F は，

$$F = -kx \quad k：弾性定数（ばねの場合はばね定数という）$$

力のモーメント 右の図で，点Oの周りの力の
モーメントの大きさを求めよ。

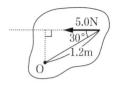

[解き方] 点Oから力の作用線に下ろした垂線
の長さは，$1.2 \times \sin 30°$だから，力のモーメ
ントの大きさは，

$$5.0 \times 1.2 \times \sin 30° = 5.0 \times 1.2 \times \frac{1}{2} = 3.0 〔\text{N·m}〕 \cdots 答$$

てこの原理 図のように，長さ1mの
一様な太さの棒におもりをつるし，
棒の中心を支えたら，つりあった。
おもりの質量mを求めよ。重力の
加速度をgとして計算せよ。

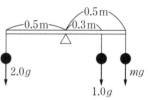

[解き方] 支点の周りの力のモーメントのつりあいを考える。
左回りの力のモーメント：$2.0g \times 0.5 〔\text{N·m}〕$
右回りの力のモーメント：$mg \times 0.5 + 1.0g \times 0.3 〔\text{N·m}〕$
したがって，$2.0g \times 0.5 = mg \times 0.5 + 1.0g \times 0.3$
これを解いて，$m = 1.4 〔\text{kg}〕 \cdots 答$

フックの法則 自然長25cmのばねがある。このばねに，質量2.0kgの物
体をつるしたら，ばねの長さは30cmになった。重力の加速度は
10m/s^2とする。

(1) ばね定数を求めよ。

(2) 質量3.0kgの物体をつるしたとき，このばねの全長を求めよ。

[解き方] (1) ばねの伸びは$30 - 25 = 5〔\text{cm}〕$だから，ばね定数をkと
すると，**フックの法則**により，$2.0 \times 10 = 0.05k$
したがって，$k = 400 〔\text{N/m}〕 \cdots 答$

(2) ばねの伸びを$x〔\text{m}〕$として，再びフックの法則により，
$3.0 \times 10 = 400x$　これより，$x = 0.075〔\text{m}〕$
したがって，ばねの全長は，$25 + 7.5 = 32.5〔\text{cm}〕 \cdots 答$

▶浮力

□**流体**　液体や気体のこと。

□**浮力**　流体中の物体は鉛直上向きに浮力を受
　ける。

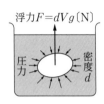
浮力 $F = dVg$〔N〕

□**アルキメデスの原理**　流体中の物体が流体か
　ら受ける浮力の大きさは，物体が押しのけた
　流体の重さと等しい。流体中の物体の体積を
　V〔m³〕，流体の密度をd〔kg/m³〕とすると，
　浮力の大きさF〔N〕は，

　　$F = dVg$〔N〕

▶空気の抵抗力

□空気中で物体が運動するときには，運動の向きと反対向きに空気の抵
　抗力が働く。その大きさFは物体の速さvに比例する。

　　$F = kv$

▶摩擦力

□**静止摩擦力**　静止している物体
　を面に沿って動かそうとすると
　き，物体が動き出そうとするの
　を妨げるように，面から物体に
　働く力。その大きさは加える力
　に応じて変わり，物体が動き出
　す直前に最大になる。

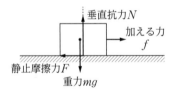

　　静止状態　$F = f$ $(F \leqq \mu N)$
　　動き出す直前　$F_0 = \mu N$
　　μ：静止摩擦係数

▶**動摩擦力**　運動している物体に，運動
　を妨げる向きに，面から物体に働く力。

　　$F = \mu' N$　　μ'：動摩擦係数
　動摩擦力は，物体の速度に関係なく一定
　と考えてよい。一般に，$\mu' < \mu$である。

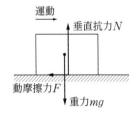

アルキメデスの原理 密度 $7.9 \times 10^3\,\mathrm{kg/m^3}$，体積 $1.0 \times 10^{-4}\,\mathrm{m^3}$ の鉄球を，ある液体中に入れ，ばねはかりでその重さを測ったところ，ばねはかりは $7.1\,\mathrm{N}$ を示した。この液体の比重を求めよ。重力の加速度は $10\,\mathrm{m/s^2}$ とする。

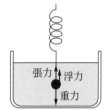

[解き方] 鉄球に働く力は，鉛直下向きに**重力**，鉛直上向きに**浮力**と，ばねによる**張力**である。浮力の大きさは，アルキメデスの原理により，物体が押しのけた液体の重さと等しい。

（液体の重さ）＝（液体と同体積の水の重さ）×（液体の比重）であるから，液体の比重を d とすると，水の密度を $1.0 \times 10^3\,\mathrm{kg/m^3}$ として，次のつりあいの式が成り立つ。

$$7.1 + 1.0 \times 10^{-4} \times 1.0 \times 10^3\,d \times 10 = 1.0 \times 10^{-4} \times 7.9 \times 10^3 \times 10$$

これを解いて，$d = 0.8$ … **答**

静止摩擦力 図のように，水平な台の上に質量 $5.0\,\mathrm{kg}$ の物体が置いてある。これをひもで引き水平な方向に力 F を加えた。台の面と物体との静止摩擦係数を 0.60，重力加速度を $9.8\,\mathrm{m/s^2}$ とし，次の問いに答えよ。

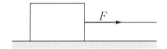

(1)　$F = 20\,\mathrm{(N)}$ の力を加えたとき，物体は動かなかった。このとき物体に働く摩擦力の大きさは何 N か。

(2)　F の値を徐々に大きくしていくと，ある値のところで物体は動き始めた。このときの F の値は何 N か。

[解き方] (1)　物体に働いている水平方向の力は，**ひもの張力**と**摩擦力**であり，この2つの力がつりあっている。

したがって，摩擦力の大きさはひもの張力に等しく，$20\,\mathrm{(N)}$ である。

… **答**

(2)　F が最大静止摩擦力より大きくなるとき，物体は動き出す。

（最大静止摩擦力）＝（静止摩擦係数）×（物体に働く垂直抗力）だから，

$$F = 0.60 \times (5.0 \times 9.8) = 29.4\,\mathrm{(N)} \cdots$$ **答**

学習のポイント
◎力学の基本であるニュートンの運動の法則を正しく理解し，運用できるようにしておくことが肝要。
◎等加速度運動，特に物体の投射の問題には習熟しておきたい。

▶ 速さと速度

□**平均の速さ**　時間 t〔s〕の間に物体が x〔m〕移動したとすると，この間の平均の速さ v は，単位を m/s （メートル毎秒）として，

$$v = \frac{x}{t}$$

□**等速直線運動**　運動の向きと速さが変わらない運動

□**瞬間の速さ**　物体が時刻 t〔s〕から $\varDelta t$〔s〕間に $\varDelta x$〔m〕移動したとすると，この間の平均の速さは $\frac{\varDelta x}{\varDelta t}$〔m/s〕であるが，$\varDelta t$ を十分小さくとれば，時刻 t〔s〕における瞬間の速さになる。

□**速度**　物体の運動を考えるときに，速さのほかに運動の向きも考え合わせるとき，これを速度という。すなわち，速度は向きと大きさを持つベクトル量である。

▶ 加速度

□**加速度**　速度の変化の割合を加速度という。時刻 t_1〔s〕，t_2〔s〕における速度を，それぞれ v_1〔m/s〕，v_2〔m/s〕とすると，平均の加速度 a は，単位を m/s² （メートル毎秒毎秒）として，

$$a = \frac{v_2 - v_1}{t_2 - t_1} = \frac{\varDelta v}{\varDelta t}$$

ここで $\varDelta t$ を十分小さくとれば，時刻 t_1 における瞬間の加速度になる。加速度も向きと大きさを持つベクトル量である。

□**等加速度直線運動**　一直線上を一定の加速度 a で運動している物体の時刻0における速度を v_0，時刻 t における速度を v，時間 t の間に進んだ距離を s とすると，

$$v = v_0 + at \qquad s = v_0 t + \frac{1}{2}at^2 \qquad v^2 - v_0^2 = 2as$$

平均の速さと瞬間の速さ　右図は，直線上を運動するある物体の位置 x と時刻 t との関係を示す $x-t$ グラフである。

(1)　10〜20s間の平均の速さを求めよ。

(2)　時刻 $t = 10$〔s〕における瞬間の速さを求めよ。ただし，T は P_1 における接線である。

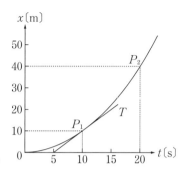

〔解き方〕(1)　平均の速さ $= \dfrac{x_2 - x_1}{t_2 - t_1} = \dfrac{40 - 10}{20 - 10} = 3$〔m/s〕 …**答**

(2)　t_2 と t_1 との差を極めて小さくとれば，時刻 t_1 における瞬間の速さになる。すなわち，P_1 における**接線の傾き**が瞬間の速さである。

$\dfrac{10 - 0}{10 - 5} = 2$〔m/s〕 …**答**

加速度と移動距離　直線上を同じ向きに運動する物体の，時刻10〔s〕における速さは16〔m/s〕，時刻30〔s〕における速さは48〔m/s〕であった。

(1)　10〜30〔s〕間の平均の加速度の大きさを求めよ。

(2)　この運動が等加速度運動であるとき，物体が10〜30〔s〕間に進んだ距離を求めよ。

〔解き方〕(1)　速さの変化の割合が加速度の大きさであるから，

平均の加速度 $= \dfrac{48 - 16}{30 - 10} = 1.6$〔m/s²〕 …**答**

(2)　公式 $v_2{}^2 - v_1{}^2 = 2ax$ に代入して，

$48^2 - 16^2 = 2 \times 1.6 \times x$

和と差の公式を用いて式を変形し約分すると，

$x = \dfrac{(48 + 16)(48 - 16)}{2 \times 1.6} = \dfrac{64 \times 32}{2 \times 1.6} = 640$〔m〕 …**答**

$a^2 - b^2 = (a + b)(a - b)$

▶平面内の運動

□**速度の合成・分解**　速度は，平行四辺形の法則に従って合成・分解ができる。

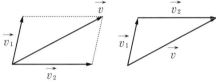

①速度の合成

$$\vec{v} = \vec{v_1} + \vec{v_2}$$

作図のしかたは右の
2通り。

②速度の分解

$$\vec{v} \text{ の}x\text{成分}\quad v_x = v\cos\theta$$
$$\vec{v} \text{ の}y\text{成分}\quad v_y = v\sin\theta$$
$$v^2 = v_x{}^2 + v_y{}^2$$
$$\tan\theta = \frac{v_y}{v_x}$$

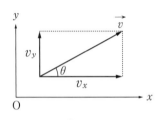

□**相対速度**　速度 $\vec{v_1}$ で運動している観測者が，速度 $\vec{v_2}$ で運動する物体を観測したときの相対速度 $\vec{v}$ は，

$$\vec{v} = \vec{v_2} - \vec{v_1}$$

□**ニュートンの運動の法則**

①運動の第1法則（慣性の法則）…「他から力を受けない物体は，静止または等速直線運動を続ける」

②運動の第2法則（運動の法則）…「物体に力が作用したとき，物体に生じる加速度の大きさは，物体が受ける力の大きさに比例し，物体の質量に反比例する。このとき，加速度の向きは作用する力の向きと同じである」

$$a \propto \frac{F}{m} \quad (a：加速度，F：作用する力，m：物体の質量)$$

③運動の第3法則（作用・反作用の法則）（p.12参照）

□**運動方程式**

質量1kgの物体に $1\mathrm{m/s^2}$ の加速度を生じさせる力の大きさを1N（ニュートン）とすると，運動の法則は，次のように書き換えられる。

$$m\vec{a} = \vec{F}$$

速度の合成 静水での速さが5.0m/sの船で，流速が2.0m/sの川を渡るとき，次の問いに答えよ。

(1) 船首を流れに垂直に向けて進むと，船の速さはどれだけになるか。

(2) 川を垂直に渡るためには，船首をどの向きに向ければよいか。

[解き方] 船自体の速度と流水の速度を合成したものが，川を渡るときの船の速度になる。

(1) 図1より，
$$v = \sqrt{5.0^2 + 2.0^2} = \sqrt{29.0} \fallingdotseq 5.4 \, [\text{m/s}] \cdots 答$$

図1

(2) 流れに垂直な方向から∠θだけ上流に船首を向けるとすると，図2より，
$$\tan\theta = \frac{2.0}{\sqrt{5.0^2 - 2.0^2}} = \frac{2.0}{\sqrt{21.0}} = \frac{2.0\sqrt{21.0}}{21.0}$$
$$\fallingdotseq \frac{2.0 \times 4.6}{21.0} \fallingdotseq 0.44 \cdots 答$$

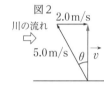

図2

相対速度 まっすぐな道路上を6m/sで進んでいる自動車Aを，10m/sで進む自動車Bが追い越していった。次の問いに答えよ。

(1) Aに対するBの相対速度を求めよ。

(2) Bに対するAの相対速度を求めよ。

[解き方] (1) Aから見たBの速度のことだから，
$$10 - 6 = 4 \, [\text{m/s}] \cdots 答$$

(2) Bから見たAの速度のことだから，
$$6 - 10 = -4 \, [\text{m/s}] \cdots 答$$

運動方程式 質量1.5kgの物体に6.0Nの力を加え続けると，この物体にはどれだけの加速度が生じるか。

[解き方] 運動方程式 $F = ma$ に代入する。
$$6.0 = 1.5a$$
これを解いて $a = 4.0 \, [\text{m/s}^2] \cdots 答$

▶ 重力だけが作用する物体の運動

● 鉛直方向の運動

□ **自由落下運動**

$$v = gt$$

$$x = \frac{1}{2}gt^2$$

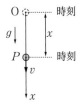

□ **鉛直投げ下ろしの運動**

$$v = v_0 + gt$$

$$x = v_0 t + \frac{1}{2}gt^2$$

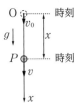

□ **鉛直投げ上げの運動**

$$v = v_0 - gt$$

$$x = v_0 t - \frac{1}{2}gt^2$$

● 放物運動

□ **水平投射**　水平方向の等速直線運動と鉛直方向の自由落下運動とに分解できる。

$$v_x = v_0, \quad v_y = gt$$

$$x = v_0 t, \quad y = \frac{1}{2}gt^2$$

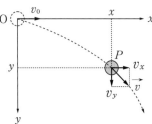

□ **斜方投射**　水平方向の等速直線運動と鉛直方向の投げ上げ運動とに分解できる。

$$v_x = v_0 \cos\theta, \quad v_y = v_0 \sin\theta - gt$$

$$x = v_0 \cos\theta \cdot t,$$

$$y = v_0 \sin\theta \cdot t - \frac{1}{2}gt^2$$

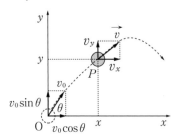

以下の例題ではいずれも，重力加速度 $g = 9.8\,\mathrm{m/s^2}$ とし，空気の抵抗は無視するものとする。また，有効数字は2ケタとする。

自由落下 塔の上から静かにボールを落としたところ，3.0 s後に地面に達した。

(1) 塔の高さを求めよ。

(2) 地面に達したときのボールの速さを求めよ。

解き方 (1) 公式 $x = \dfrac{1}{2}gt^2$ を用いる。

$$x = \frac{1}{2} \times 9.8 \times 3.0^2 = 44.1 \fallingdotseq 44\,(\mathrm{m}) \cdots 答$$

(2) 公式 $v = gt$ を用いる。

$$v = 9.8 \times 3.0 = 29.4 \fallingdotseq 29\,(\mathrm{m/s}) \cdots 答$$

斜方投射 図のように，地上から，水平面と角度 θ，初速 v_0 で小球を打ち上げたとき，最高到達地点の高さと最高到達地点に達するまでの時間を求めよ。ただし，重力加速度は g とし，空気の抵抗は考えないものとする。

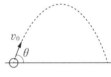

解き方 この問題を解くには，小球の運動の鉛直方向の成分のみを考えれば十分である。

この小球の t 秒後の速度の鉛直方向の成分 v_y は，

$$v_y = v_0\sin\theta - gt \cdots ①$$

また，t 秒後の小球の高さは，

$$y = v_0\sin\theta \cdot t - \frac{1}{2}gt^2 \cdots ②$$

最高到達地点を境目として，小球は上昇から下降に変わるから，この地点では $v_y = 0$ である。

したがって，最高到達地点に達するまでの時間は①より，

$$v_0\sin\theta - gt = 0 \qquad t = \frac{v_0\sin\theta}{g} \cdots 答$$

このとき，小球の高さは②より，

$$y = v_0\sin\theta \cdot \frac{v_0\sin\theta}{g} - \frac{1}{2}g\left(\frac{v_0\sin\theta}{g}\right)^2 = \frac{v_0{}^2\sin^2\theta}{2g} \cdots 答$$

試験別頻出度	国家専門職 ★★☆	地上特別区 ★★★
国家総合職 ★★☆	地上全国型 ───	市役所C ★☆☆
国家一般職 ★★☆	地上東京都 ★★★	

学習の
ポイント

◎重力やばねによる力学的エネルギー保存則は基本中の基本である。
◎2つの物体の衝突の問題には要注意。跳ね返り係数を用いた問題には習熟しておきたい。

▶仕事と力学的エネルギー

●**仕事**　一定の力 F を加えて物体を一定方向に x だけ動かしたとき，力が物体にした仕事 W は，

$$W = F\cos\theta \times x \,(\text{J})$$

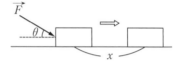

□**仕事率**　単位時間当たりの仕事の量

$$W = \frac{W}{t} = Fv \,(\text{W}) \qquad 単位 \,(\text{W}) = (\text{J/s})$$

□**仕事の原理**　物体を他の場所に移動するのに必要な仕事の量は，方法によらず一定である。

てこ，滑車，斜面などの道具を用いると，力が軽減できる代わりに移動距離が増加して，仕事の量は変わらない。

●**力学的エネルギー**

$$\begin{cases} 運動エネルギー \\ 位置エネルギー \end{cases}$$

□**運動エネルギー**…運動する物体の持つエネルギー

(1) **運動エネルギーの大きさ**

$$K = \frac{1}{2}mv^2 \,(\text{J}) \qquad m：物体の質量 \qquad v：物体の速さ$$

(2) **エネルギーの原理**　物体の持つ運動エネルギーは，物体がなされた仕事分だけ増加し，物体が他にした仕事の分だけ減少する。

$$\frac{1}{2}mv_2{}^2 - \frac{1}{2}mv_1{}^2 = Fx$$

例題

仕事と仕事率 図のように，ある物体に $5.0\times10^2\,\mathrm{N}$ の力を $30\,\mathrm{s}$ 間加え続けて，床面上を $12\,\mathrm{m}$ 動かした。

$F=5.0\times10^2\,(\mathrm{N})$

$60°$

(1) この物体になされた仕事はどれだけか。

(2) 仕事率はどれだけか。

解き方 (1) 力の向きと物体の移動方向とは $60°$ の角をなすから，仕事 W は，

$$W = Fx\cos\theta$$
$$= 5.0\times10^2\times12\times\cos60° = 5.0\times10^2\times12\times\frac{1}{2} = 3.0\times10^3\,(\mathrm{J})$$

…**答**

(2) 単位時間当たりの仕事量が仕事率 P だから，

$$P = \frac{w}{t} = \frac{3.0\times10^3}{30} = 1.0\times10^2\,(\mathrm{W}) \quad\cdots\textbf{答}$$

仕事の原理 質量 $10\,\mathrm{kg}$ の物体を，質量 $1\,\mathrm{kg}$ の動滑車に取り付け $2\,\mathrm{m}$ 引き上げた。このとき次の問いに答えよ。ただし，ひもの質量は無視し，重力の加速度は $10\,\mathrm{m/s^2}$ とする。

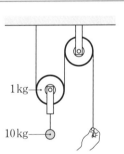

$1\,\mathrm{kg}$

$10\,\mathrm{kg}$

(1) ひもを引く力はどれだけか。

(2) 引いたひもの長さを求めよ。

解き方 (1) 物体と動滑車を2本のひもで支えることになるから，

$$(10+1)\times10\times\frac{1}{2} = 55\,(\mathrm{N}) \quad\cdots\textbf{答}$$

(2) 動滑車も同時に $2\,\mathrm{m}$ 引き上げられたことに注意し，仕事の原理を適用して，

$$55x = 110\times2$$
$$x = 4\,(\mathrm{m}) \quad\cdots\textbf{答}$$

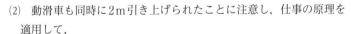

物理

化学

生物

地学

数学

□**位置エネルギー…位置関係で定まるエネルギー**

(1) **保存力** 位置エネルギーを定義できる力を保存力といい，重力，弾性力，万有引力，クーロン力などがある。

(2) **重力による位置エネルギー**

$U = mgh$〔J〕 h：基準面からの高さ

(3) **弾性力による位置エネルギー**

$U = \dfrac{1}{2}kx^2$〔J〕 k：ばね定数 x：自然長からの伸び (縮み)

□**力学的エネルギー保存の法則** 物体に対して保存力だけが働くときは，運動エネルギー K と位置エネルギー U との和は一定に保たれる。

例1 落下運動 $\dfrac{1}{2}mv^2 + mgh = $ 一定

例2 ばね振り子

$\dfrac{1}{2}mv^2 + \dfrac{1}{2}kx^2 = $ 一定 $= \dfrac{1}{2}ka^2$

(k：ばね定数, a：振幅)

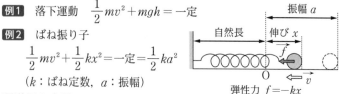

弾性力 $f = -kx$

▶**運動量と力積**

□**運動量** $P = mv$〔kg·m/s〕

□**力積** $F\varDelta t$〔N·s〕 $\varDelta t$：作用した時間

□**力積と運動量の変化** 質量 m の物体に F の力が $\varDelta t$ の時間だけ作用し，物体の速度が v_1 から v_2 に変化したとすると，

$mv_2 - mv_1 = F\varDelta t$

□**運動量保存の法則** 質量 m_A の物体Aと質量 m_B の物体Bとの衝突で，衝突の前後のA，Bの速度をそれぞれ v_A，v'_A，v_B，v'_Bとすると，

$m_A v_A + m_B v_B = m_A v'_A + m_B v'_B$

□**跳ね返り係数** 2つの物体A，Bが，一直線上で衝突し，速度がそれぞれ，v_A，v_B から v'_A，v'_B になったとすると，跳ね返り係数 e は，

$e = \dfrac{v'_A - v'_B}{v_A - v_B}$

定義から，$0 \leqq e \leqq 1$であるが，

$e = 1$ のとき （完全）弾性衝突

$e = 0$ のとき 完全非弾性衝突

$0 < e < 1$ のとき 非弾性衝突

重力による位置エネルギー 地上30mの高さにある容積100m³の貯水タンクに水が満たされている。地面を基準としたとき，この水が持つ位置エネルギーを求めよ。ただし，水の密度は1.0g/cm³とする。

解き方 水の質量は $\dfrac{1.0\times10^{-3}}{10^{-6}}\times100 = 1.0\times10^5$〔kg〕であるから，その位置エネルギーは，

$$mgh = 1.0\times10^5\times9.8\times30 = 2.94\times10^7 ≒ 2.9\times10^7\,\text{〔J〕} \cdots \boxed{答}$$

力学的エネルギー保存則 地上 h〔m〕のところから質量 m〔kg〕の物体を初速度 v〔m/s〕で投げ下ろした。この物体が地上に達したときの速さ V はいくらか。

解き方 力学的エネルギー保存則から，

$$mgh + \dfrac{1}{2}mv^2 = \dfrac{1}{2}mV^2$$

これより，$V = \sqrt{v^2 + 2gh}$〔m/s〕 $\cdots \boxed{答}$

（別解） $V^2 - v^2 = 2gh$　から求めてもよい。

運動量保存則 水平面上を12m/sの速さで滑ってきた質量1.0kgの物体が，静止していた質量2.0kgの物体と衝突した後，一体となって動いた。このときの速さ v はいくらか。

解き方 運動量保存則から，

$$1.0\times12 + 2.0\times0 = 1.0\times v + 2.0\times v$$

これより，$v = 4.0$〔m/s〕 $\cdots \boxed{答}$

跳ね返り係数 一直線上を物体Aは6.0m/s，物体Bは4.0m/sの速さで互いに逆向きに進んできて衝突した。衝突後の速さは，Aはもとの進行方向に1.0m/s，Bはもとの進行方向とは逆向きに6.0m/sであった。跳ね返り係数 e はいくらか。

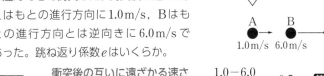

解き方 $e = \dfrac{\text{衝突後の互いに遠ざかる速さ}}{\text{衝突前の互いに近づく速さ}} = \dfrac{1.0-6.0}{6.0-(-4.0)} = 0.5 \cdots \boxed{答}$

学習の
ポイント

◎比較的難易度の高い分野であり，出題頻度はあまり高くないが，等速円
運動・単振動・単振り子などの基本的な問題は解けるようにしておこう。
◎遠心力を用いた問題にも慣れておきたい。

▶円運動と振り子

□**等速円運動**　質量mの物体が半径rの円周上を速さvで等速円運動を
するとき，

周期$T = \dfrac{2\pi r}{v}$〔s〕　角速度$\omega = \dfrac{2\pi}{T}$〔rad/s〕

速さ$v = \dfrac{2\pi r}{T} = r\omega$〔m/s〕

向心力$F = mr\omega^2 = \dfrac{mv^2}{r}$〔N〕

□**単振動**　ばね定数kのばねの一端を固定し，他端に質量mのおもりを
つけ，つりあいの位置からaだけ伸ばした（縮めた）ところで放すと，
おもりは振幅aの単振動をする。初期位相を0とすると，時刻tにお
けるおもりの位置は，

$x = a\sin\omega t$

角速度$\omega = \sqrt{\dfrac{k}{m}}$〔rad/s〕

周期$T = \dfrac{2\pi}{\omega} = 2\pi\sqrt{\dfrac{m}{k}}$〔s〕

ばねを滑らかな水平面上に置いて自然長のとこ
ろからaだけ伸ばして放しても振幅aの単振動を
する。

□**単振り子**　糸の長さをl，重力加速度をgとすると，

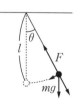

$\theta \fallingdotseq 0$のとき　$F = mg\cos\theta \fallingdotseq mg$

$ml\omega^2 = mg$　$\omega = \sqrt{\dfrac{g}{l}}$

周期$T = 2\pi\sqrt{\dfrac{l}{g}}$〔s〕

(等速円運動) 半径200mのカーブを30m/sで走行する質量600kgの自動車にかかる遠心力Fはどれだけか。ただし，遠心力とは物体にかかる見かけの力のことで，向きは向心力とは逆向きで，その大きさは向心力の大きさに等しい。

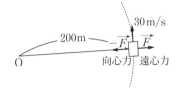

(解き方) $F = \dfrac{mv^2}{r} = \dfrac{600 \times 30^2}{200} = 2.7 \times 10^3 〔N〕$ … 答

(単振動) ばね定数kのばねの一端を固定し，他端に質量mの物体を下げ，つりあいの位置からaだけ伸ばしたところで放して単振動をさせたときの周期をT_1とする。また，質量$2m$の物体を下げ，つりあいの位置から$2a$だけ伸ばしたところで放して単振動をさせたときの周期をT_2とする。T_2はT_1の何倍か。

(解き方) 単振動の周期には，ばねをどれだけ伸ばしたかは関係ないことに注意する。

周期は，それぞれ$T_1 = 2\pi\sqrt{\dfrac{m}{k}}$，$T_2 = 2\pi\sqrt{\dfrac{2m}{k}}$であるから，

$T_2 \div T_1 = 2\pi\sqrt{\dfrac{2m}{k}} \div 2\pi\sqrt{\dfrac{m}{k}} = \sqrt{2}$（倍） … 答

(単振り子) 単振り子で周期を2倍にするには糸の長さを何倍にすればよいか。

(解き方) 糸の長さをlとすると，その周期Tは，重力加速度をgとして，

$T = 2\pi\sqrt{\dfrac{l}{g}}$ …①

糸の長さをLにしたとき，周期が$2T$になったとすると，

$2T = 2\pi\sqrt{\dfrac{L}{g}}$ …②

②÷①より，$\sqrt{\dfrac{L}{l}} = 2$，したがって，$\dfrac{L}{l} = 4$（倍） … 答

▶慣性力

□**慣性力** 加速度運動をしている観測者が感じる見かけの力を慣性力という。慣性力は，観測者の加速度の向きとは逆向きに働くように見える。

□**加速や減速をする電車** 発車直後で電車が加速しているときには，電車内の物体は，後ろ向きの見かけの力を受ける。また，停車直前で電車が減速しているときには，前向きの見かけの力を受ける。

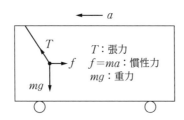

□**加速運動するエレベーター**

(1) **エレベーターが上昇するとき** 上昇し始めて加速しているときには，身体が床に押しつけられるように感じる。停止しようとして減速しているときには，身体が浮き上がるように感じる。

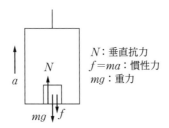

(2) **エレベーターが下降するとき** 下降し始めて加速しているときには，身体が浮き上がるように感じる。停止しようとして減速しているときには，身体が床に押しつけられるように感じる。

□**遠心力** 円運動する物体に働く慣性力。**向心力**とは向きが反対で，大きさが等しい。

すなわち，遠心力 $f = mr\omega^2 = \dfrac{mv^2}{r}$ である。

例題

下降するエレベーター　エレベーター内の天井から，ばね定数kのつるまきばねをつるし，これに質量mの物体を下げる。このエレベーターが一定の加速度aで下降したときのばねの伸びはどれだけか。

[解き方]　物体に働く力のつりあいを考える。ばねの伸びをxとする。

物体には，鉛直下向きに重力$W = mg$，

鉛直上向きにばねの復元力$F = kx$，

慣性力$f = ma$が働いている。

これらの力がつりあっていて

$W = F + f$　が成り立つ。

したがって，$mg = kx + ma$より，

$$x = \frac{m(g-a)}{k} \quad \cdots 答$$

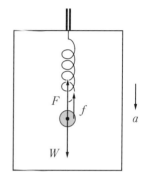

線路の傾き　急カーブの線路では，列車の脱線事故を防ぐために，線路面に傾きがつけられている。半径R，線路面の傾きがθのカーブで，列車が最も安定して走行する速さはどれだけか。

[解き方]　列車に働く見かけの力のつりあいを考える。列車の質量をmとする。列車に働く力は，

重力$F = mg$

遠心力$f = \dfrac{mv^2}{R}$

線路からの垂直抗力Nである。

これらの力がつりあっているときに列車は最も安定した走行をする。このとき，

$\sin\theta = \dfrac{f}{F}$　の関係がある。

したがって，

$$\frac{mv^2}{R} = mg\sin\theta$$

これより，$v = \sqrt{gR\sin\theta}$　$\cdots 答$

電気と磁気

試験別頻出度	国家専門職 ★★☆	地上特別区 ★★★
国家総合職 ★★★	地上全国型 ★★★	市役所C ★☆☆
国家一般職 ★★★	地上東京都 ★★★	

学習のポイント

◎クーロンの法則，右ねじの法則，フレミングの左手の法則などが適用される現象を理解できるようにしておきたい。

◎オームの法則は必須事項。直流回路の計算には習熟しておきたい。

▶電荷と電気力

☐**電気量の保存則**　ある一つの閉じた系においては，反応の前後において，電気量の総和は一定である。

☐**クーロンの法則**　同種の電荷間には斥力（反発力）が，異種の電荷間には引力が，2つの電荷を結ぶ方向に沿って働き，その大きさは，電気量の積に比例し，電荷間の距離の2乗に反比例する。

$$F = k\frac{q_1 q_2}{r^2}$$

MKSA単位系では，電荷の単位をC（クーロン）として，真空中では，$k \fallingdotseq 9 \times 10^9 [\mathrm{N \cdot m^2 / C^2}]$である。なお，電荷間に働く力を静電気力またはクーロン力という。

☐**静電誘導**　導体に帯電体を近づけると，導体内の自由電子が移動し，導体表面の帯電体に近いほうには帯電体と異種の電荷が，遠いほうには同種の電荷が現れる。

☐**誘電分極**　絶縁体に帯電体を近づけると，絶縁体内の各原子の電子が静電気力を受け帯電体のほうへ引き寄せられる。電子は原子を離れることはできないが，全体として静電誘導と同じ効果が現れる。静電誘導と違い，正負の電荷を分離することはできない。

帯電体
発泡ポリスチレンのかけら

電荷量の保存則 大きさの等しい同質の導体球A，Bがある。

Aには$+6.0\times10^{-8}$C，Bには-2.0×10^{-8}Cの電荷が帯電している。この2球を接触してから離すとA，Bにはそれぞれいくらの電荷が帯電しているか。

[解き方] 接触の前後で電荷量の総和は変わらない。接触後A，Bに帯電している電荷の量は等しく，それをQとすれば，

$$2Q = (+6.0\times10^{-8})+(-2.0\times10^{-8}) = +4.0\times10^{-8}$$

したがって，$Q = +2.0\times10^{-8}$〔C〕 …**答**

クーロン力 前問において，接触の前後でA，B間の距離を20cmとすると，接触の前後で2球の間に働く力Fを求めよ。ただし，クーロンの法則における比例定数を$9.0\times10^9\,\text{N·m}^2/\text{C}^2$とする。

[解き方] 初めに両球に帯電している電荷は異符号なので引力が働く。

$$F = 9.0\times10^9\times\frac{(6.0\times10^{-8})\times(2.0\times10^{-8})}{0.2^2} = 2.7\times10^{-4}\,\text{〔N〕} \;\cdots\text{答}$$

接触後は両球に帯電している電荷は同符号なので斥力が働く。

$$F = 9.0\times10^9\times\frac{(2.0\times10^{-8})^2}{0.2^2} = 9.0\times10^{-5}\,\text{〔N〕} \;\cdots\text{答}$$

はく検電器 正の電荷を帯電させたはく検電器の金属板に① {ア．正，イ．負} に帯電した棒を近づけたところ，金属はくの開きは大きくなった。次に棒はそのままにして，接地した導線を金属板に触れると，はくは② {ア．開きが大きくなる，イ．閉じる}。その後，棒を遠ざけると，はくは③ {ア．開きが小さくなる，イ．開く}。このとき，検電器に残っている電荷は④ {ア．正，イ．負} である。

[解き方] 静電誘導によって，金属はくに正の電荷，金属板に負の電荷が現れたのであるから，近づけたのは正の電荷である。アースすると金属はくの電荷は逃げていき，はくは閉じる。このとき，棒の正の電荷に引き寄せられて，金属板には負の電荷が残っている。棒を遠ざけると，金属板にあった負の電荷が金属はくにも広がり，はくは開く。

①ア　②イ　③イ　④イ …**答**

▶**電場と電位**

□**電場**　電気量q〔C〕の点電荷に$\vec{F}$〔N〕の力が作用するとき，その点における電場$\vec{E}$〔N/C〕は，

$$\vec{E} = \frac{\vec{F}}{q}$$

□**点電荷のつくる電場**　真空中で，電気量Q〔C〕の点電荷からr〔m〕離れた点における電場の強さEは，

$$E = k_0 \frac{Q}{r^2} \quad k_0 \fallingdotseq 9 \times 10^9 \text{〔N·m}^2/\text{C}^2\text{〕}$$

□**電気力線**　電場の様子を示すための仮想的な線で，次のような約束で書き表すものとする。

①正の電荷から出て負の電荷に入る。

②正の電荷から出る力線の本数は，電荷の大きさに比例する。

③電気力線は互に交わらない。

大きさの等しい正と負の点電荷の場合

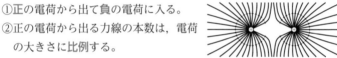

大きさが等しい2つの正の点電荷の場合

□**電位差**　一様な電場E〔N/C〕の中で，電気量q〔C〕の点電荷を，A点からB点まで移動させるときの仕事をW〔J〕，AB間の電場方向の距離をd〔m〕とすると，AB間の電位差Vは，$V = \dfrac{W}{q} = Ed$

電位差の単位はV（ボルト）で，1〔V〕$= 1$〔J/C〕の関係がある。電位差のことを**電圧**ともいう。なお，この式から電場の単位は〔V/m〕ともなる。

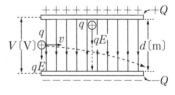

□**電位差と仕事**　電気量q〔C〕の点電荷を電位差V〔V〕だけ移動するのに要する仕事W〔J〕は，$W = qV$

□**電位**　A点と位置エネルギーの基準点との電位差をA点の電位という。

□**導体と電場・電位**　電荷は，導体の表面にのみ分布し，内部には分布しない。その結果，導体の内部には**電場**はできず，また，導体の表面は**等電位**となる。

点電荷のつくる電場　3.0×10^{-8}Cの点電荷から1.5m離れた点における電場の強さEを求めよ。ただし，クーロンの法則における定数を9.0×10^9N・m²/C²とする。

〔解き方〕 $E=k\dfrac{Q}{r^2}=9.0\times10^9\times\dfrac{3.0\times10^{-8}}{1.5^2}=1.2\times10^2$〔N/C〕 …**答**

注　単位としては，V/mを用いてもよい。

電位　$+5.0\times10^{-2}$Cの点電荷をA点からB点まで移動させるのに8.0Jの仕事が必要であった。AB間の電位差Vを求めよ。また，AとBとではどちらが電位が高いか。

〔解き方〕 $V=\dfrac{W}{q}=\dfrac{8.0}{5.0\times10^{-2}}=1.6\times10^2$〔N/C〕 …**答**

正の電荷を移動するのに仕事が必要なのだから，電場の向きは移動方向とは逆向き。すなわち，**B点のほうが電位が高い**。 …**答**

電位差と仕事　3.0V/mの一様な電界中に0.2m離れた点A，Bがある。AからBに向かう向きが電場の向きとして，次の問いに答えよ。

(1)　AB間の電位差Vはいくらか。

(2)　-2.0×10^{-8}Cの点電荷を点Aに置いたとき，電場から受ける力$\vec{F}$の向きと大きさを求めよ。

(3)　この点電荷をAからBまで移動させた。点電荷は外力から仕事をされたか，それとも外界に対して仕事をしたか。また，その仕事の大きさWはいくらか。

(1)　$V=Ed=3.0\times0.2=0.6$〔V〕 …**答**

(2)　負の電荷は電場の向きとは逆向きに力を受けるから**BからAの向き**。

$F=qE=2.0\times10^{-8}\times3.0=6.0\times10^{-8}$〔N〕 …**答**

(3)　受ける力に逆らって電荷を移動させるのだから，**電荷は外力から仕事をされた**。

$W=qV=2.0\times10^{-8}\times0.6=1.2\times10^{-8}$〔N〕 …**答**

（別解） $W=Fx=6.0\times10^{-8}\times0.2$から求めてもよい。

▶電流と磁場

□**電流のつくる磁場** 電流を中心として，同心円状に磁場ができる。磁場の向きは**右ねじの法則**に従う。

(1) **直線電流による磁場**

(2) **円電流による磁場**

(3) **ソレノイドコイルによる磁場**

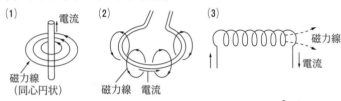

(1) 電流　磁力線（同心円状）
(2) 磁力線　電流
(3) 磁力線　電流

□**電流が磁場から受ける力**

電流 I〔A〕が磁束密度 B〔Wb/m²〕の磁場から受ける力の大きさ F〔N〕は，磁場中の導線の長さを L〔m〕として，

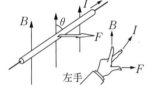

左手

$$F = IBL\sin\theta$$　　力の向きは**フレミングの左手の法則**に従う。

□**ローレンツ力** 磁束密度 B〔Wb/m²〕の磁場中を速さ v〔m/s〕で横切る点電荷（電気量 q〔C〕）が磁場から受ける力 F〔N〕は，

$$F = qvB\sin\theta$$

一様な磁場に垂直に入射した荷電粒子は，ローレンツ力を向心力として，磁場に垂直な面内で**等速円運動**を行う。

□**電磁誘導** 磁場が変化すると**誘導起電力**が生じ，**誘導電流**が流れる。誘導電流は磁束の変化を妨げる向きに流れる（**レンツの法則**）。

(1) **磁束が増加するときの例** 　　(2) **磁束が減少するときの例**

(1) 近づける　誘導電流の向き
(2) 遠ざける　誘導電流の向き

電流に働く力 平行に張られた2本の導線A，Bに同じ向きに電流を流すと導線は互いに① {ア．引き合い，イ．退け合い}，反対向きに電流を流すと導線は互いに② {引き合う，退け合う}。

[解き方] ①導線Aの周りには図のように磁場ができるから，導線Bはフレミングの左手の法則に従いAに向かう方向に力を受ける。同様に導線AもBに向かう方向に力を受ける。答はア。

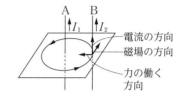

A B
I_1 I_2
電流の方向
磁場の方向
力の働く方向

…**答**

②導線A，B間には斥力が働く。答はイ。 …**答**

磁場中の荷電粒子の運動 磁束密度Bの一様な磁場中に，Bに垂直な向きに速さvで打ち出された電子はどのような運動をするか。ただし，電子の電荷を$-e$とする。

[解き方] 電子は速度とは垂直な向きにローレンツ力$f = evB$を受け，これを向心力として，円運動を行う。

運動方程式は，

$$\frac{mv^2}{r} = evB$$

これから，$r = \dfrac{mv^2}{eB}$

よって，磁場の方向に対して右回りに半径

$\dfrac{mv^2}{eB}$の円運動を行う。 …**答**

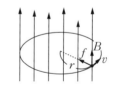

B
f
r
v

プラス+α ローレンツ力の向き

電流は電子の流れであり，電子の流れとは逆向きに電流の向きは定められている。運動している荷電粒子は電流とも考えることができる。正の荷電粒子では，速さの向きを電流の向きと考えて，フレミングの左手の法則を適用すれば力が働く向きがわかる。負の荷電粒子（電子）では，電流の向きを運動方向と反対にすればよい。

▶電流

□**電流**　導体の，ある断面を t〔s〕間に Q〔C〕の電荷が通過するとき，

その電流の強さ I〔A〕は，　$I = \dfrac{Q}{t}$

また，断面積 S〔m²〕の導体中を電気量 $-e$〔C〕の電子が一定の速さ v〔m/s〕で動いているとき，電流の強さ I〔A〕は，　$I = evS$

□**オームの法則**　導体を流れる電流の強さ I〔A〕は，導体の両端にかかる電圧 V〔V〕に比例する。この比例定数の逆数を R とすると，

$\quad V = RI$　　R：抵抗（単位は Ω（オーム））

□**抵抗**

(1)　**抵抗率**…均質な導体の電気抵抗 R〔Ω〕は，その長さ l〔m〕に比例し，断面積 S〔m²〕に反比例する。

$\quad R = \rho\dfrac{l}{S}$　　ρ：抵抗率(導体の材質によって決まる。単位は $\Omega\cdot$m)

(2)　**抵抗率の温度変化**…0℃のときの抵抗率を ρ_0〔$\Omega\cdot$m〕とすると，t〔℃〕のときの抵抗率 ρ〔$\Omega\cdot$m〕は，

$\quad \rho = \rho_0(1+\alpha t)$　　α：温度係数

□**抵抗の接続**

(1)　**直列接続**

各抵抗を流れる電流は等しく，合成抵抗 R〔Ω〕は，

$R = R_1 + R_2 + \cdots\cdots + R_n$

また，各抵抗に加わる電圧の比は，

$V_1 : V_2 : \cdots\cdots : V_n = R_1 : R_2 : \cdots\cdots : R_n$

(2)　**並列接続**

各抵抗にかかる電圧は等しく，合成抵抗 R〔Ω〕は，

$\dfrac{1}{R} = \dfrac{1}{R_1} + \dfrac{1}{R_2} + \cdots\cdots + \dfrac{1}{R_n}$

また，各抵抗を流れる電流の比は，

$I_1 : I_2 : \cdots\cdots : I_n = \dfrac{1}{R_1} : \dfrac{1}{R_2} : \cdots\cdots : \dfrac{1}{R_n}$

電流と電気量 抵抗に $3.0\,\mathrm{mA}$ の電流が 20 分間流れた。この抵抗を通過した電荷の量は何Cか。

解き方 $Q = It = 3.0 \times 10^{-3} \times 20 \times 60 = 3.6\,(\mathrm{C})$ … **答**

オームの法則 $2.0\,\mathrm{k\Omega}$ の抵抗の両端に $5.0\,\mathrm{V}$ の電圧をかけたとき流れる電流の大きさはいくらか。

解き方 オームの法則 $V = RI$ より，

$$I = \frac{V}{R} = \frac{5.0}{2.0 \times 10^{3}} = 2.5 \times 10^{-3}\,(\mathrm{A}) = 2.5\,(\mathrm{mA}) \cdots \text{答}$$

抵抗の大きさ 直径 $2\,\mathrm{mm}$，長さ $30\,\mathrm{m}$ の銅線の抵抗値は $0.15\,\Omega$ である。直径 $3\,\mathrm{mm}$，長さ $50\,\mathrm{m}$ の銅線の抵抗値はいくらか。

解き方 抵抗の大きさは，長さに比例し，断面積に反比例するから，

$$R_2 = R_1 \times \frac{l_2}{l_1} \times \frac{S_1}{S_2} = R_1 \times \frac{l_2}{l_1} \times \frac{\pi r_1^2}{\pi r_2^2} = R_1 \times \frac{l_2}{l_1} \times \left(\frac{2r_1}{2r_2}\right)^2$$

$$= 0.15 \times \frac{50}{30} \times \left(\frac{2}{3}\right)^2 \fallingdotseq 0.11\,(\Omega) \cdots \text{答}$$

合成抵抗 図の合成抵抗を求めよ。

(1)

$10\,\mathrm{k\Omega}$　　$10\,\mathrm{k\Omega}$　　$20\,\mathrm{k\Omega}$

(2)

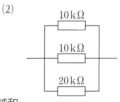

解き方 (1)　直列接続なので，各抵抗の単純和が合成抵抗になる。

$R = 10 + 10 + 20 = 40\,(\mathrm{k\Omega}) \cdots$ **答**

(2)　並列接続なので，各抵抗の逆数の和が合成抵抗の逆数になる。

$$\frac{1}{R} = \frac{1}{10} + \frac{1}{10} + \frac{1}{20} = \frac{5}{20}$$

したがって，$R = 4\,(\mathrm{k\Omega}) \cdots$ **答**

□**電流のする仕事**

(1) **電力**…単位時間に電流 I〔A〕がする仕事量 P〔W〕は，

$$P = VI = RI^2 = \frac{V^2}{R}〔\mathrm{W}〕$$

(2) **ジュール熱**…消費電力 P〔W〕の抵抗に t〔s〕間に発生する熱量 Q〔J〕は，

$$Q = Pt$$

▶**電流回路**

□**電流計と電圧計**

(1) **電流計**…測定する部分に直列に接続する。内部抵抗は小さい。

(2) **電圧計**…測定する部分に並列に接続する。内部抵抗は大きい。

□**電池の端子電圧**　電池の起電力を E〔V〕，内部抵抗を r〔Ω〕とすると，電池の端子電圧 V〔V〕は，

$$V = E - rI$$

□**キルヒホッフの法則**

(1) **第1法則**…「回路内の分岐点に流入する電流の代数和は0である」言い換えると「流入する電流の総和と流出する電流の総和とは等しい」

例　右図において，
$$I_1 + I_2 + (-I_3) + (-I_4) + (-I_5) = 0$$
または，$I_1 + I_2 = I_3 + I_4 + I_5$

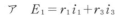

(2) **第2法則**…「1つの閉回路内において，起電力の代数和は電圧降下の代数和に等しい」

例　右図において，閉回路は3つ考えられる。

ア　$E_1 = r_1 i_1 + r_3 i_3$

イ　$E_2 = r_2 i_2 + r_3 i_3$

ウ　$E_1 + (-E_2)$
$\quad = r_1 i_1 + r_2(-i_2)$

すなわち，
$$E_1 - E_2 = r_1 i_1 - r_2 i_2$$

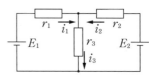

電球と消費電力　$100\,\mathrm{V}-40\,\mathrm{W}$の電球に$100\,\mathrm{V}$の電圧をかけると何Aの電流が流れるか。また，この電球の抵抗の大きさは何Ωか。

解き方　電流の大きさは，$P=IV$より，$I=\dfrac{P}{V}=\dfrac{40}{100}=0.4\,\mathrm{(A)}$ …**答**

抵抗の大きさは，$P=\dfrac{V^2}{R}$より，$R=\dfrac{V^2}{R}=\dfrac{100^2}{40}=250\,\mathrm{(\Omega)}$ …**答**

（別解）　$V=IR$すなわち$100=0.4R$から抵抗の大きさを求めてもよい。

キルヒホッフの法則　3つの抵抗を図のように接続し，全体に$80\,\mathrm{V}$の電圧をかけた。各抵抗を流れる電流の大きさi_1，i_2，i_3を求めよ。

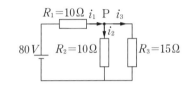

解き方　合成抵抗を出して求めてもよいが，ここではキルヒホッフの法則を用いて解いてみる。第1法則から，P点を通過する電流について，

　$i_1=i_2+i_3$ …①

第2法則から，抵抗R_1，R_2および電源のつくる回路において，

　$10i_1+10i_2=80$ …②

抵抗R_1，R_3および電源のつくる回路において，

　$10i_1+15i_3=80$ …③

①，②，③を連立させて解くと，

　$i_1=5\,\mathrm{(A)}$，$i_2=3\,\mathrm{(A)}$，$i_3=2\,\mathrm{(A)}$ …**答**

プラス+α　オームの法則の応用

オームの法則により$I=V/R$だから，いくつかの抵抗に同じ電圧をかけると流れる電流の大きさは各抵抗の大きさの逆比になる。この考え方を使ってみると，上記例題のR_2，R_3を流れる電流の大きさの比は，$1/10:1/15=3:2$となるからR_2，R_3を流れる電流の大きさを，$3i$，$2i$と置くことができ，R_1を流れる電流の大きさは$5i$となる。これでキルヒホッフの第2法則を適用すると，

　$10\cdot5i+10\cdot3i=80$（または，$10\cdot5i+15\cdot2i=80$）

これより$i=1$となるから，各抵抗を流れる電流の大きさが求まる。

▶ 交流

□ **交流** 交流の電圧 V は，右図のように
周期的に**大きさと向き**が変わる。これ
に伴い，電流も大きさと向きが変わる。

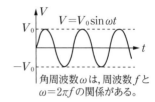

角周波数 ω は，周波数 f と
$\omega = 2\pi f$ の関係がある。

□ **瞬時値と実効値** 交流の電圧，電流の
最大値をそれぞれ，V_0，I_0 とすると，
電圧，電流の瞬間の値すなわち**瞬時値**
は，図ではそれぞれ，

$$V = V_0 \sin \omega t, \quad I = I_0 \sin \omega t$$

また，$V_e = \dfrac{V_0}{\sqrt{2}}$，$I_e = \dfrac{I_0}{\sqrt{2}}$ をそれぞれ，電圧・電流の**実効値**という。

1周期当たりの平均消費電力 P は，この実効値を用い，$P = I_0 V_0$ で
表される。

▶ コンデンサー

□ **電気容量** コンデンサーに蓄えられる電荷の量 Q〔C〕は，導体間の電
圧 V に比例する。

$$Q = CV$$

比例定数 C を**電気容量**という。単位は F （ファラド）。

□ **コンデンサーの静電エネルギー** 電気容量 C〔F〕のコンデンサーに
V〔V〕の電圧がかかり，電荷 Q〔C〕が蓄えられているとき，コンデン
サーの静電エネルギー W〔J〕は，

$$W = \frac{1}{2}QV = \frac{1}{2}CV^2 = \frac{Q^2}{2C}$$

□ **コンデンサーの接続**

(1) **直列接続**…各コンデンサーに蓄えられる電荷の量は等しく，合成
容量 C〔F〕は，

$$\frac{1}{C} = \frac{1}{C_1} + \frac{1}{C_2} + \cdots\cdots + \frac{1}{C_n}$$

(2) **並列接続**…各コンデンサーにかかる電圧は等しく，合成容量
C〔F〕は，

$$C = C_1 + C_2 + \cdots\cdots + C_n$$

交流の電力　電圧が $V = 141\sin\omega t$ で示される交流に $2\,\mathrm{k}\Omega$ の抵抗器を接続すると，消費電力 P は何 W か。

[解き方] 電圧の実効値は，$V_e = \dfrac{141}{\sqrt{2}} ≒ 100\,(\mathrm{V})$ であるから，

消費電力 P は，

$$P = \frac{V_e{}^2}{R} = \frac{100^2}{2000} = 5\,(\mathrm{W}) \ \cdots \text{答}$$

電気容量　$0.20\,\mu\mathrm{F}$ のコンデンサーに $250\,\mathrm{V}$ の電圧をかけたとき，極板間に蓄えられる電荷の量は何 C か。また，このコンデンサーに蓄えられている電荷の量が $3.0 \times 10^{-4}\,\mathrm{C}$ であるとき，極板間の電圧は何 V か。

[解き方] $Q = CV = 0.20 \times 10^{-6} \times 250 = 5.0 \times 10^{-5}\,(\mathrm{C})$ $\cdots$ **答**

$$V = \frac{Q}{C} = \frac{3.0 \times 10^{-4}}{0.20 \times 10^{-6}} = 1500\,(\mathrm{V}) \ \cdots \textbf{答}$$

コンデンサーの合成　図のようにコンデンサーを接続すると，AB 間の合成容量 C はいくらになるか。

[解き方] C_2 と C_3 とは**並列接続**だから，その合成容量 C_4 は，

$C_2 = 2.0\,\mu\mathrm{F}$
$C_1 = 5.0\,\mu\mathrm{F}$
$C_3 = 3.0\,\mu\mathrm{F}$

$$C_4 = C_2 + C_3 = 2.0 + 3.0 = 5.0\,(\mu\mathrm{F})$$

また，C_1 と C_4 とは**直列接続**だから，その合成容量を C とすると，

$$\frac{1}{C} = \frac{1}{C_1} + \frac{1}{C_4} = \frac{1}{5.0} + \frac{1}{5.0} = \frac{2}{5.0}$$

したがって，$C = 2.5\,(\mu\mathrm{F})$ $\cdots$ **答**

プラス+ α　交流の周波数

日本国内における交流の周波数は，2つの地域で用いられている発電機の回転数が異なるため，東日本では 50 Hz，西日本では 60 Hz である（境界線は糸魚川－静岡構造線にほぼ沿っている）。電化製品の種類によっては両地域でそのまま使用できないものもあり，異なる周波数の電力会社間で電気の相互融通を行う際にも，周波数変換が必要となる。周波数変換ができる変電所は現在3か所しかないが，発電所建設に比べて多額の投資を要することもあり対応は進んでいない。

物理

化学

生物

地学

数学

頻出度 B 波動

試験別頻出度	国家専門職 ★★★	地上特別区 ★★★
国家総合職 ★☆☆	地上全国型 ★★☆	市役所C ★★☆
国家一般職 ★★☆	地上東京都 ★★☆	

 **学習の
ポイント**

◎ドップラー効果やレンズの計算問題には慣れておきたい。
◎光や音に関する現象についての正誤問題がよく出題される。光・音の性質を正しく理解しておくことが必要となる。

▶ **波動**

□**波（波動）** ある場所（波源という）で生じた振動が次々に周囲に伝わる現象。波を伝える物質を媒質という。媒質自身は移動しない。

□**波の種類**

横波…振動方向と進行方向とが垂直。

$\boxed{例}$…地震波のS波など。

縦波…振動方向と進行方向とが一致。

疎密波ともいう。

$\boxed{例}$…音波，地震波のP波など。

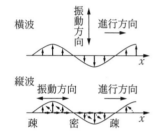

□**波の基本式**

A〔m〕：振幅　　λ〔m〕：波長

f〔Hz〕：振動数（周波数）

T〔s〕：周期

v〔m/s〕：波の伝わる速さ

$$v = f\lambda = \frac{\lambda}{T}$$

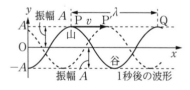

□**波の重ね合わせ** ある点においていくつかの波が重なるとき，その点における変位は，それぞれの波の変位 y_1，y_2，$\cdots$，y_n の和になる。

$$y_0 = y_1 + y_2 + \cdots + y_n$$

□**波に特有の現象**

反射…波は異なる媒質の境界面で反射する。

屈折…波は異なる媒質の境界面で屈折する。

回折…波が障害物の裏側に回り込む現象。波長が長いほど著しい。

干渉…波が重なって，強め合ったり，弱め合ったりする現象。

波の速さ 波長3.0m，周期2.0sの波の伝わる速さを求めよ。

解き方 $v = \dfrac{\lambda}{T} = \dfrac{3.0}{2.0} = 1.5 \,(\mathrm{m/s})$ …**答**

波の振動数 波長0.4m，速さ340m/sの波の振動数を求めよ。

解き方 $v = \dfrac{\lambda}{T}$，$f = \dfrac{1}{T}$ より，

$f = \dfrac{v}{\lambda} = \dfrac{340}{0.4} = 850 \,(\mathrm{Hz})$ …**答**

波の要素 右図の波の波長および振幅を
求めよ。

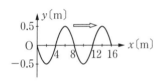

解き方 山から次の山 (谷から次の谷)
までが1波長であるから，波長は8.0m。最大変位が振幅であるから，
振幅は0.5m。 …**答**

波の干渉 水面上で30cm離れた2点A，Bから波長10cm，振幅5cm
の波が同位相で広がっている。波は減衰しないものとして次を求めよ。

(1) A，Bから，それぞれ50cm，30cmのところにあるC点での合
成波の振幅はいくらか。

(2) A，Bから，それぞれ60cm，75cmのところにあるD点での合
成波の振幅はいくらか。

解き方 (1) 2つの波源からの行路差は50−30 = 20〔cm〕で，波長の
整数倍だから同位相になって互いに強め合い，振幅は2倍になる。す
なわち，

5×2 = 10〔cm〕 …**答**

(2) 2つの波源からの行路差は75−60 = 15〔cm〕で，波長の整数倍
とは半波長のずれがあり，逆位相となって互いに弱め合い，振幅の大
きさは0となる。 …**答**

物理

化学

生物

地学

数学

▶音波

□**音波の性質**　音は縦波の一種で，気体・液体・固体中を伝わるが，真空中は伝わらない。

□**空気中の音速**　$V = 331.5 + 0.6t$ 〔m/s〕　　t：気温〔℃〕

□**可聴音**　人が聞くことができる音の振動数は $20 \sim 20{,}000\,\mathrm{Hz}$。
$20{,}000\,\mathrm{Hz}$ より振動数が大きい音波を超音波という。

□**音の3要素**　高さ・強さ・音色

高さ…振動数が大きくなると音は高くなる。

強さ…振幅の2乗と振動数の2乗の積に比例する。

音色…オシロスコープの波形の違いに現れる。

□**うなり**　振動数がわずかに異なる2音が干渉し合って，強弱を繰り返す現象。1秒間のうなりの回数 N〔Hz〕は，2つの音源の振動数を f_1，f_2 とすると，

$$N = |f_1 - f_2|$$

□**気柱の振動**　管内の気柱には定常波ができる。管の開端は腹，閉端は節となっている。なお，開口端にできる腹は実際には管の少し外側にできる（開口端補正）。開管，閉管にできる定常波の節の数を m，管の長さを l，音速を V とすると，定常波の波長 λ_m および管の固有振動数 f_m は，

　　閉管にできる定常波の場合

$$\lambda_m = \frac{4l}{2m-1} \quad f_m = \frac{V}{\lambda_m} = (2m-1)\frac{V}{4l}$$

基本振動　　$\dfrac{\lambda_1}{4} = l$

　　開管にできる定常波の場合

$$\lambda_m = \frac{2l}{m} \quad f_m = \frac{V}{\lambda_m} = m\frac{V}{2l}$$

基本振動　　$\dfrac{\lambda_1}{2} = l$

□**ドップラー効果**　音源や観測者が運動しているとき，観測者が観測する振動数 f は，音源の振動数を f_0，音速を V，音源の速度を v，観測者の速度を u，音源から観測者に向かう

向きを正として，$f = \dfrac{V-u}{V-v} f_0$

音速　気温15℃での音速を求めよ。

解き方　$V = 331.5 + 0.6 \times 15 = 340.5〔\text{m/s}〕$ …**答**

うなり　振動数400 Hzの音さ A と，振動数のわからない音さ B とを同時に鳴らしたところ，1分間に120回のうなりを生じた。音さ B の振動数を求めよ。

解き方　振動数の差が，1秒間に聞こえるうなりの回数であるから，

$|400 - f| = 120 \div 60$

これより，$f = 400 \pm 2 = 398〔\text{Hz}〕$または$402〔\text{Hz}〕$ …**答**

閉管の振動　長さ15.0 cmの閉管の基本振動，3倍振動の波長はそれぞれいくらか。ただし，開口端補正はないものとする。

解き方　基本振動の場合は，$\dfrac{\lambda}{4}$ が気柱の長さに等しいから，

$\dfrac{\lambda}{4} = 0.15$

$\dfrac{\lambda}{4} = l$

これより，$\lambda = 0.60〔\text{m}〕$ …**答**

3倍振動の場合は，$\dfrac{\lambda}{4}$ の3倍が気柱の長さに等しいから，

$\dfrac{\lambda}{4} \times 3 = 0.15$

$\dfrac{3}{4}\lambda = l$

これより，$\lambda = 0.20〔\text{m}〕$ …**答**

ドップラー効果　10 m/sで進む自動車が振動数500 Hzの音を出している。これを20 m/sで追い越そうとする自動車から聞くと振動数はいくらになるか。ただし，音速は340 m/sとする。

解き方　音源は遠ざかろうとし，観測者は近づこうとするから，それぞれ振動数を減少，増加させようと働く。

$f = 500 \times \dfrac{340 + 20}{340 + 10} \fallingdotseq 514〔\text{Hz}〕$ …**答**

▶光波

□光は電磁波の一種で，横波であるが，媒質がなくても伝わる。真空中の光速度はおよそ $c = 3.00 \times 10^8$〔m/s〕。なお，光は波の性質とともに粒子としての性質も併せ持つ。

□**光の反射と屈折**

反射の法則…入射角＝反射角

屈折の法則…媒質1に対する媒質2の相対屈折率 n_{12} は，

$$n_{12} = \frac{n_2}{n_1} = \frac{\sin\theta_1}{\sin\theta_2} = \frac{c_1}{c_2} = \frac{\lambda_1}{\lambda_2}$$

θ_1：入射角　　θ_2：屈折角

n_i：媒質 i の絶対屈折率

c_i：媒質 i での光の速さ

λ_i：媒質 i での光の波長

全反射…臨界角を θ_0 とすると，

$$\sin\theta_0 = n_{12} = \frac{n_2}{n_1}$$

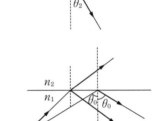

□**レンズの式**

$$\frac{1}{a} + \frac{1}{b} = \frac{1}{f} \qquad 倍率 \left| \frac{b}{a} \right|$$

f は焦点距離で，凸レンズでは正，凹レンズでは負とする。

$b < 0$ のときは，像は物体と同じ側。

$\dfrac{b}{a}$ が正のときは倒立実像，負のときは正立虚像。

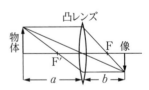

□**光のその他の性質**

分散…波長が短いほど屈折率が大きくなることにより，白色光が分かれる現象。例…プリズムによる光のスペクトル分解

散乱…光が微粒子にぶつかり，四方に散らばる現象。例…空の青い色

偏光…特定の方向にのみ振動する光。例…偏光フィルターによる光量調節

物質中の光速 真空中の光速は3.0×10^8 m/sである。水中での光速はいくらか。ただし，水の絶対屈折率を1.3とする。

解き方 $v = \dfrac{c}{n} = \dfrac{3.0 \times 10^8}{1.3} \fallingdotseq 2.3 \times 10^8$ 〔m/s〕　…**答**

相対屈折率 水に対するガラスの屈折率はいくらか。ただし，水およびガラスの絶対屈折率を1.3および1.5とする。

解き方 $n_{12} = \dfrac{n_2}{n_1} = \dfrac{1.5}{1.3} \fallingdotseq 1.2$　…**答**

レンズの式 焦点距離30cmの凸レンズの前方120cmのところに，長さ15cmの物体を置くとどのような像ができるか。

解き方 レンズの式で，$f = 30$，$a = 120$と置く。

$$\frac{1}{120} + \frac{1}{b} = \frac{1}{30} \qquad \text{これより，} b = 40$$

倍率は$\dfrac{b}{a}$だから，像の大きさは$15 \times \dfrac{40}{120} = 5.0$〔cm〕

よって，レンズの後方40cmのところに，長さ5.0cmの倒立の実像

…**答**

光のさまざまな現象 次の現象と関係の深いものを（　）から選べ。

(1) 暗い部屋の中に漏れ入る日光の道筋が見える。（屈折，散乱，吸収）

(2) 水の流れる川の底は見た目より深い。（屈折，直進，反射）

(3) シャボン玉に日光が当たると，色づいて見える。（散乱，吸収，干渉）

(4) 夕日は赤い。（屈折，散乱，吸収）

(5) 赤いガラスを通して見ると，赤く見える。（直進，干渉，吸収）

解き方 (1) 散乱…空気中に漂うちりが原因である。(2) 屈折…水の空気に対する屈折率をnとすると，見かけの深さは$1/n$になる。(3) 干渉…シャボン玉の薄膜がつくる2つの境界面での2種類の反射光の位相差が原因である。(4) 屈折…波長の長い赤い光が波長の短い青い光よりも大きく屈折して目に入るのである。(5) 吸収…赤以外の色はガラスに吸収されてしまうためである。　…**答**

熱と原子／その他

学習の
ポイント

◎熱や原子に関する出題は比較的少ないが，熱量保存則や熱力学の基本法則については理解を深めておきたい。
◎放射能に関する出題に要注意。科学史にも目を通しておこう。

▶ 温度と熱

□**温度**　セルシウス温度 t〔℃〕と絶対温度 T〔K〕の関係は，

$$T = 273 + t$$

□**熱量保存の法則**　高温の物体A（温度：T_1〔K〕，質量：m_1〔g〕，比熱：c_1〔J/g・K〕）と，低温の物体B（温度：T_2〔K〕，質量：m_2〔g〕，比熱：c_2〔J/g・K〕）とを接触または混合させたとき，外部との熱の出入りがなければ，熱平衡に達したときの温度を T〔K〕とすると，

$$m_1 c_1 (T_1 - T) = m_2 c_2 (T - T_2)$$

□**潜熱**　物質が状態変化をするときには，温度変化をせずに，熱の吸収・放熱が行われる。この熱量を潜熱という。潜熱には，固体から液体への融解熱，液体から気体への蒸発熱（気化熱）などがある。氷の融解熱は，0℃・1気圧下で 60.1 kJ/mol（＝ 333.5 J/g）であり，水の蒸発熱は，100℃・1気圧下で 60.7 kJ/mol（＝ 2257 J/g）である。

▶ 理想気体の状態変化

□**ボイル・シャルルの法則**　一定質量の理想気体について次が成り立つ。

$$\frac{PV}{T} = 一定 \qquad P：圧力 \quad V：体積 \quad T：絶対温度$$

□**気体の状態方程式**

$$PV = nRT \qquad n：気体のモル数 \quad R：気体定数（= 8.31〔J/mol・K〕）$$

□**理想気体の内部エネルギーとモル比熱**　内部エネルギーを U，定積モル比熱を C_v，定圧モル比熱を C_p とすると，

$$U = nC_v T \quad（n：モル数）\qquad C_p - C_v = R \quad（R：気体定数）$$

(1)　単原子分子（He, Ne など）では，$C_v = \dfrac{3}{2}R$, $C_p = \dfrac{5}{2}R$

(2)　2原子分子（H_2, O_2 など）では，$C_v = \dfrac{5}{2}R$, $C_p = \dfrac{7}{2}R$

融解熱 0℃の氷1.2kgを常圧下で融かすには何Jの熱量が必要か。ただし，氷の融解熱を3.3×10^2J/gとする。

解き方 $Q = 1.2 \times 10^3 \times 3.3 \times 10^2 = 4.0 \times 10^5$〔J〕 …**答**

熱量保存の法則 20℃の水200gと80℃の水100gを混ぜたところ，全体が一定の温度t℃になった。tを求めよ。

解き方 水の比熱をc〔J/g・K〕とすると，

20℃の水200gが得た熱量は$200c(t-20)$〔J〕，

80℃の水100gが失った熱量は$100c(80-t)$〔J〕で，

これらが等しいから，

$\quad 200c(t-20) = 100c(80-t)$

これを解いて，$t = 40$〔℃〕 …**答**

ボイル・シャルルの法則 温度0℃，圧力5.0N/m²で体積2.0m³を占める気体がある。温度を100℃，圧力を3.0N/m²にすると，この気体の体積Vはどれだけになるか。

解き方 0℃，100℃は，絶対温度ではそれぞれ273K，373Kである。

ボイル・シャルルの法則により，$\dfrac{5.0 \times 2.0}{273} = \dfrac{3.0 V}{373}$

したがって，$V \fallingdotseq 4.6$〔m³〕 …**答**

理想気体の内部エネルギー 単原子分子の理想気体を200cm³の容器に入れ，標準状態に保つとき，この気体の内部エネルギーはどれだけか。ただし，理想気体1molは標準状態で22.4Lの体積を持つものとし，また，気体定数$R = 8.3$〔J/mol・K〕とする。

解き方 単原子分子$n$molは，絶対温度T〔K〕のとき，$U = \dfrac{3}{2}nRT$〔J〕

の内部エネルギーを持つ。**標準状態**とは，1.0×10^5Pa，0℃のことだから，

$$U = \frac{3}{2} \times \frac{200}{22.4 \times 10^3} \times 8.3 \times 273 \fallingdotseq 30.3 〔J〕 \quad \text{…}\textbf{答}$$

▶ 原子と原子核

□原子の構造　原子核の周りを電子が回っていると考えられる。原子の大きさは 10^{-10} m くらい。

(1) **電子**…質量 9.109×10^{-31}〔kg〕（水素原子の質量の約1840分の1）, 電気量 $-e$（e は電気素量と呼ばれ, その電気量は 1.602×10^{-19}〔C〕）

(2) **原子核**…大きさは $10^{-15} \sim 10^{-14}$ m くらい。陽子, 中性子などからなる。

①陽子…質量 1.673×10^{-27}〔kg〕, 電気量 $+e = 1.602 \times 10^{19}$〔C〕

②中性子…質量 1.675×10^{-27}〔kg〕, 電気量 0

□原素記号

$_Z^A \text{X}$　X：元素記号　A：質量数　Z：原子番号（＝陽子の数）

　　　　　中性子数をNとすると, $A = Z + N$

□同位体　原子番号が同じで質量数が異なる（陽子数が同じで中性子数が異なる）原子どうしのこと。多くの元素は同位体を持つ。

同位体の例…$_1^1\text{H}$, $_1^2\text{H}$（重水素）, $_1^3\text{H}$（トリチウム）, $_6^{12}\text{C}$, $_6^{13}\text{C}$, $_6^{14}\text{C}$

□原子核の崩壊　原子番号が増えるに従って, 陽子どうしのクーロン反発力が強くなり, 核は不安定になる。

(1) α 崩壊…ヘリウム原子核 $_2^4\text{He}$（α 粒子）1個を放出。

　　$\text{A} \longrightarrow \text{A}-4$, $\text{Z} \longrightarrow \text{Z}-2$　**例**　$_{88}^{226}\text{Ra} \longrightarrow _{86}^{222}\text{Ra} + _2^4\text{He}$

　　α 線：α 粒子の高速の流れ。電離作用は大, 透過力は小。

(2) β 崩壊…1個の中性子が陽子に変化して, 1個の電子（β 粒子）を放出。

　　$\text{A} \longrightarrow \text{A}$, $\text{Z} \longrightarrow \text{Z}+1$　**例**　$_{81}^{206}\text{Tl} \longrightarrow _{82}^{206}\text{Pb} + \text{e}^-$

　　β 線：β 粒子の高速の流れ。電離作用, 透過力ともに中程度。

(3) γ 崩壊…エネルギーを電磁波（γ 線）として放出。A, Zとも不変。

　　γ 線の波長は極めて短い。電離作用は小, 透過力は大。

□核分裂反応　ウランに中性子を当ててやると, 核分裂反応が起こる。生成した中性子が別のウラン235と反応するとさらに中性子が生じる。このように核反応が継続して起こることを**連鎖反応**という。この仕組みを利用したものが**原子爆弾**であり, **原子炉**である。原子炉では, **減速材**や**制御棒**を用いて反応の速度をコントロールしている。

原子番号 原子番号 Z の中性原子は，陽子，電子をそれぞれ何個ずつ持っているか。

解き方 陽子の数は原子番号と等しく，Z〔個〕である。また，電気的に中性だから，電子の数は陽子の数と等しく，Z〔個〕である。 …**答**

原子核 ${}^{226}_{88}\mathrm{Ra}$ の原子核の陽子数，中性子数，核子数を求めよ。

解き方 陽子数は原子番号と等しく，88個。質量数＝陽子数＋中性子数であるから，中性子数 $= 226 - 88 = 138$〔個〕。核子とは陽子と中性子のことであるから，核子数は質量数と等しく，226個。 …**答**

原子崩壊 ${}^{226}_{88}\mathrm{Ra}$ が α 崩壊してできる原子核の質量数と原子番号を求めよ。また，${}^{210}_{82}\mathrm{Pb}$ が β 崩壊してできる原子核の質量数と原子番号を求めよ。

解き方 α 崩壊は ${}^{4}_{2}\mathrm{He}$ を1個放出するから質量数は4減って222，原子番号は2減って86になる。なお，これはラドン ${}^{222}_{86}\mathrm{Rn}$ の原子核である。β 崩壊は1個の中性子が陽子に変化して，1個の電子を放出するから，質量数は変わらず210のままであり，原子番号は1増えて83になる。なお，これはビスマス ${}^{210}_{83}\mathrm{Bi}$ の原子核である。 …**答**

プラス+α ミリカンの油滴実験

(1) 油滴を空気中で自由落下させると，空気抵抗により一定の速度（終端速度）v_g〔m/s〕に達するが，これを測定する。空気抵抗の大きさは，速さに比例するから，油滴に働く力のつりあいの式は，

$$mg = kv_g \qquad m：油滴の質量 \qquad k：比例定数$$

(2) X線を照射して油滴を帯電させ，極板間に，重力の向きに電場 E〔N/C〕をかけると，油滴は等速度 v_E〔m/s〕で上昇するが，これを測定する。油滴の電荷を q〔C〕とすると，油滴に働く力のつりあいの式は，

$$mg + kv_E = qE$$

(3) (1)，(2)の2式から mg を消去することにより，$q = k\dfrac{v_g + v_E}{E}$ となる。

この q は電気素量の整数倍と考えられる。ミリカンは，莫大な数の油滴について測定し，その共通の素量として，電気素量の値を求めた。

▶原子核の反応

□**核反応**　反応の前後で核子（陽子, 中性子）の数と電荷は保存される。

例　$^{14}_{7}\text{N} + ^{4}_{2}\text{He} \longrightarrow ^{17}_{8}\text{O} + ^{1}_{1}\text{H}$

　　核子数　$14+4 = 17+1$　　　　電荷の和$7+2 = 8+1$

□**核分裂**　質量数の大きな原子核が, 中性子（$^{1}_{0}\text{n}$で表す）などを吸収して, より軽い原子核に分裂する反応

例　$^{235}_{92}\text{U} + ^{1}_{0}\text{n} \longrightarrow ^{141}_{55}\text{Ba} + ^{92}_{36}\text{Kr} + 3^{1}_{0}\text{n}$

　　※原子炉は, 核分裂の際に起こる連鎖反応を利用している。

□**核融合**　質量数の小さな原子核が結合して, より重い原子核がつくられる反応。

例　$^{2}_{1}\text{H} + ^{2}_{1}\text{H} \longrightarrow ^{4}_{2}\text{He} + \gamma$　　　$^{2}_{1}\text{H} + ^{3}_{1}\text{H} \longrightarrow ^{4}_{2}\text{He} + ^{1}_{0}\text{n}$

　　※太陽などの恒星のエネルギー源は核融合反応である。

▶放射能

□**放射性物質**　原子核が崩壊して, 放射線（α線, β線, γ線）を放出する物質。そのような原子核を放射性原子核という。

□**半減期**　崩壊していない核の数が, 時間を測り出したときの核の数の半分になるまでの時間。

□**放射線の単位**

(1)　**放射能の強さ**…毎秒1個の原子核が崩壊する放射能の強さを, 1Bq（ベクレル）という。

(2)　**吸収線量**…物質1kg当たり1Jのエネルギーが吸収されるとき, 1Gy（グレイ）の吸収線量がある, という。

(3)　**線量当量**…人体に与える影響を考慮した被ばく量。
　　　単位はSv（シーベルト）。

□**放射線の人体に及ぼす影響**

　　外部被ばく…X線照射, 放射能漏れ事故
　　内部被ばく…汚染物質の経口摂取, 汚染された空気の呼吸

　人体に対する影響…生殖腺（→遺伝的影響）, 骨髄（造血組織）, 腸, 皮膚

□**放射線の利用**　医学的利用（X線写真・胃透視・がんなどの検出・がん治療など）, 工業的利用（測定装置など）, 食品などに利用（植物の品種改良・食肉の殺菌・ジャガイモの発芽の抑制など）

核反応式　次の核反応式を完成させよ。

$$^{14}_{7}\text{N} + ^{4}_{2}\text{He} \longrightarrow ^{A}_{Z}\text{X} + ^{1}_{1}\text{H}$$

解き方　$^{A}_{Z}\text{X}$ とすると，$14+4 = A+1,\ 7+2 = Z+1$ が成り立つから，$A = 17,\ Z = 8$ である。

原子番号8の元素は酸素であるから，$^{17}_{8}\text{O}$ … **答**

核分裂のエネルギー　^{235}U の原子核1個が分裂するとき発生するエネルギーは $2.0 \times 10^{2}\,\text{MeV}$ である。^{235}U 1kgが完全に核分裂したとすると発生するエネルギーは何Jか。ただし，アボガドロ数を 6.0×10^{23} とする。また，$1\,\text{MeV} = 10^{6}\,\text{eV}$ である。

注　電子を電位差1Vのところで加速させたとき，電子の得るエネルギーを $1\,\text{eV}$（電子ボルト，エレクトロンボルト）と呼ぶ。

$$1\,\text{eV} = 1.602 \times 10^{-19}\,\text{C} \times 1\,\text{V} = 1.602 \times 10^{-19}\,\text{J}$$

解き方　1molすなわち 6.0×10^{23} 個の ^{235}U の質量が235gであるから，

$$2.0 \times 10^{2} \times 10^{6} \times 1.6 \times 10^{-19} \times \left(6.0 \times 10^{23} \times \frac{1 \times 10^{3}}{235}\right)$$

$$\fallingdotseq 8.2 \times 10^{13}\,〔\text{J}〕 \ … \text{答}$$

半減期　半減期が5日の放射性元素がある。30日後に，崩壊しないで残っている原子核の数はもとの何%か。

解き方　$\left(\dfrac{1}{2}\right)^{\frac{30}{2}} \times 100 \fallingdotseq 1.6〔\%〕 \ … \text{答}$

 プラス+ α　非破壊検査

非破壊試験ともいう。X線，γ 線，中性子線，β 線などの透過力の強い放射線を利用すると，製品や構造物を破壊したり損傷したりせずに，その内部の欠陥の有無や大きさの検査，溶接による接合部の検査，内部構造の調査などができる。すなわち，放射線を検査体に照射し，その透過像をフィルムに感光させたり，蛍光板上に結ばせたりして検査するわけである。

こういった技術は工業関係だけではなく，建築・美術・工芸などの分野でも応用されている。ピカソの絵の下にもう一つの絵（つまり，ある作品の上に油絵の具で別の作品を上描きしているわけである）が発見されたり，埼玉県稲荷山古墳出土の鉄剣に銘文があることがわかったり，などはその一例である。

▶物理学史

年代	発見者	内容
B.C.5C	デモクリトス	古代原子論
B.C.4C	アリストテレス	観念的力学観
B.C.3C	アルキメデス	浮力に関するアルキメデスの原理
1543	コペルニクス	地動説
1604	ガリレイ	落体の法則
1609	ケプラー	惑星の運動
1648	パスカル	圧力に関するパスカルの原理
1660	フック	弾性に関するフックの法則
1662	ボイル	気体に関するボイルの法則
1678	ホイヘンス	光の波動説
1687	ニュートン	万有引力
1772	ラボアジェ	質量保存の法則
1785	クーロン	電気力・磁気力に関するクーロンの法則
1798	キャベンディッシュ	静電気力の逆2乗則，万有引力定数の測定
1824	カルノー	熱力学の創始
1831	ファラデー	電磁誘導電流の発見
1842	マイヤー	エネルギー保存則
1847	ジュール	熱の仕事当量の測定
1847	ヘルムホルツ	エネルギー保存則
1864	マクスウェル	電磁場の基礎方程式
1865	クラジウス	エントロピー増大の法則
1887	マイケルソン，モーリー	エーテル（光を伝達する媒質）の否定
1895	レントゲン	X線の発見
1898	キュリー夫妻	ラジウムの発見
1900	プランク	量子仮説（プランク定数の導入）
1905	アインシュタイン	特殊相対性理論
1911	ラザフォード	原子模型
1913	ボーア	原子模型
1924	ド・ブロイ	波動力学の基礎
1925	ハイゼンベルク	不確定性理論
1932	チャドウィック	中性子の発見
1935	湯川秀樹	中間子の概念
1942	フェルミ	原子炉で原子核分裂の連鎖反応
1948	朝永振一郎	くりこみ理論
1964	ゲルマン	クォーク理論

科学者の業績　(1)〜(8)の事項は，下のどの人物の業績と関係が深いか。

(a) アインシュタイン　(b) ケプラー　(c) ドップラー　(d) ド・ブロイ

(e) ニュートン　(f) ハイゼンベルク　(g) ホイヘンス　(h) マクスウェル

(1)　野球で投手の投げる球の速さをスピードガンで測定する。

(2)　質量とエネルギーは等価である。

(3)　電磁波の存在を予言。

(4)　光は波動であり，「エーテル」を媒質として伝播する。

(5)　惑星は太陽を1つの焦点とする楕円運動を行う。

(6)　外部から力が働かない限り，物体は静止，または等速直線運動を行う。

(7)　電子の位置と運動量は，同時には測定できない。

(8)　電子は，粒子と波動の二重性を持つ。

解き方　(1)　スピードガンから発してボールで反射して戻ってくる超音波の振動数の違いを利用して速さを測定する。 —— (c) …答

(2)　アインシュタインの相対性理論によれば，質量 m をエネルギーに換算すると $E = mc^2$（c は光速度）である。 —— (a) …答

(3)　磁場の変化が周りに電場を誘導し，電場の変化が周りに磁場を誘導する。これらの電場，磁場の変化により連鎖的に伝えられていくのが電磁波である。 —— (h) …答

(4)　約200年後，マイケルソン，モーリーの実験によって，「エーテル」の概念は否定された。 —— (g) …答

(5)　ケプラーはティコ・ブラーエの残した膨大な観測データをもとに惑星の運動についての法則を見いだした。 —— (b) …答

(6)　ニュートンによる運動の3法則の1つで「慣性の法則」と呼ばれる。 —— (e) …答

(7)　より正確な言い方をすると，運動量のあいまいさ×位置のあいまいさ≧プランク定数である。 —— (f) …答

(8)　物質粒子の持つ波を物質波（ド・ブロイ波）といい，その波長 λ は，

$\lambda = \dfrac{h}{mv}$ で表される。ただし，h はプランク定数，m は粒子の質量，v は粒子の速さである。 —— (d) …答

物理の 50問 スコアアタック

Question

※以下の問題では，計算の簡略化のため，重力の加速度 $g = 10\,\mathrm{m/s^2}$ とする。

□1 水平な台の上に置かれた質量 m の物体は mg の力で床面を鉛直下向きに押すが，床面はその ① として，mg の力で物体を鉛直上向きに押し上げる。これを ② という。

□2 長さ $1.0\,\mathrm{m}$ の軽い棒の一端 A に質量 $200\,\mathrm{g}$ のおもりを，他端に質量 $300\,\mathrm{g}$ のおもりを下げ，B 点で支えたところつりあった。AB 間の長さはいくらか。

□3 $30\,\mathrm{N}$ の力を加えると $0.20\,\mathrm{m}$ 伸びるばねがある。このばねのばね定数は何 N/m か。

□4 ばね定数が $2.0 \times 10^2\,\mathrm{N/m}$ のばねを 2 本並列につないで $20\,\mathrm{N}$ の力で引いた。ばねの伸びはどれだけか。

□5 ばねはかりに体積が $100\,\mathrm{cm^3}$ の鉄（比重 7.9）の球をつるし，比重が 0.8 の液体中に入れるとばねはかりは何 N を示すか。

□6 水平の床の上に置かれた質量 $2.0\,\mathrm{kg}$ の物体に，水平方向に何 N の力を加えると動き出すか。床と物体との静止摩擦係数は 0.50 とする。

□7 A は東方向に，B は北方向に，それぞれ $10\,\mathrm{m/s}$ で等速直線運動をしている。A から B を見たときの相対速度を求めよ。

□8 物体に力が働くと，力と同じ向きに ① が生じる。 ① の大きさは，加えた力の大きさに比例し，物体の ② に反比例する。

□9 一直線上を $10\,\mathrm{m/s}$ の速度で走っていた自動車が一定の割合で加速して $50\,\mathrm{m}$ 進んだと

Answer

1 ①反作用
②垂直抗力

2 $0.6\,\mathrm{m}$
$0.2gx = 0.3g(1.0 - x)$

3 $1.5 \times 10^2\,\mathrm{N/m}$
$k \times 0.20 = 30$

4 $0.05\,\mathrm{m}$
1本のばねには10Nの力がかかる
$2.0 \times 10^2 x = 10$

5 $7.10\,\mathrm{N}$
水 1Lの質量は1kg
$0.1 \times 7.9 \times 10$
$-0.1 \times 0.8 \times 10 = 7.1$

6 $10\,\mathrm{N}$
最大静止摩擦力
$F = 0.50 \times 2.0 \times 10$

7 北西の方向に
$14\,\mathrm{m/s}$
$\sqrt{10^2 + 10^2}$

8 ①加速度
②質量

9 $3\,\mathrm{m/s^2}$

ころで20m/sの速度になった。加速度の大きさを求めよ。

□**10** 高さ20mの塔の上から小石を自由落下させると、何秒後に地面に達するか。

□**11** 地面からボールを真上に投げたところ、6.0秒後に地面に落下した。初速度を求めよ。

□**12** 塔の上から小球を10m/sの速さで水平方向に投げると、1.0秒後の速さはいくらか。

□**13** 物体に200Nの力を2分間加え、力の向きに30m動かしたときの仕事率はいくらか。

□**14** 5.0m/sの速さで運動する質量2.0kgの物体が持っている運動エネルギーはいくらか。

□**15** ばね定数200N/mのばねが0.1m伸びているとき、ばねの弾性エネルギーを求めよ。

□**16** 5mの高さから物体を自由落下させた。高さ3mのところでの位置エネルギーK_1と運動エネルギーK_2の比$K_1:K_2$を求めよ。

□**17** ボールに4.5×10^2Nの力を0.020秒間加えた。ボールが受けた力積はいくらか。

□**18** 前問で、ボールが最初静止していたものとすると、ボールの速さはいくらになるか。ただし、ボールの質量を0.25kgとする。

□**19** 質量1.0kg、2.0kgの球A、Bが同一直線上を逆向きに、それぞれ10m/s、20m/sの速さで進み衝突した。Aの速度は、初めとは逆向きに20m/sになった。衝突後のBの速度を求めよ。

□**20** 前問において、反発係数（跳ね返り係数）を求めよ。

□**21** 10m/sで等速直線運動してきた質量2.0kgの物体が、半径5.0mの円軌道に入っ

等加速度直線運動
$20^2-10^2=2a\times50$

10 2.0秒後
$\frac{1}{2}\times10t^2=20$

11 30m/s
$v_0-10\times3.0=0$

12 14m/s
$v^2=10^2+(10\cdot1.0)^2$

13 50W
$\frac{200\times30}{2\times60}$

14 25J
$\frac{1}{2}\times2.0\times5.0^2$

15 1.0J
$\frac{1}{2}\times200\times0.1^2$

16 3:2
$K_1=3mg$
$K_1+K_2=5mg$

17 9.0N·s
$4.5\times10^2\times0.020$

18 36m/s
$0.25v=9.0$

19 初めと同じ向きに5.0m/s
運動量保存則
$1.0\cdot10+2.0\cdot(-20)=1.0\cdot(-20)+2.0v$

20 0.5
$e=\frac{-20-(-5)}{10-(-20)}$

21 40N
$F=\frac{2.0\times10^2}{5.0}$

たとき働く遠心力の大きさを求めよ。

□22 単振り子で糸の長さを4倍にすると，周期は何倍になるか。

□23 導体に帯電体を近づけると，帯電体に近い側には帯電体と異なる電荷が，遠い側には帯電体と同じ電荷が現れる現象を □①□ という。これは，クーロン力によって導体内の □②□ が移動するためである。

□24 真空中で3.0 m離れたところに，$+q$〔C〕と$-q$〔C〕の電荷を置くと0.4 Nの引力が働いた。qの大きさを求めよ。ただし，クーロンの法則の比例定数を9.0×10^9 N·m²/C² とする。

□25 ある点に，5.0×10^{-8} Cの負の電荷を置いたところ，電荷は大きさが8.0×10^{-5} Nで右向きの力を受けた。電場の強さと向きを求めよ。

□26 2.0×10^{-4} Cの正電荷をA点からB点へ移動させるのに8.0 Jの仕事が必要であった。2点間の電位差を求めよ。

□27 z軸の正方向に平行な磁場中に，x軸の正方向に電子を入射すると，□□ の左手の法則により電子はy軸の{ 正，負 }方向に力を受ける。

□28 前問で，電子は受けた力を向心力として磁場中で円運動をするが，その半径を求めよ。m：電子の質量　v：電子の速さ　e：電子の電荷量　B：磁場の大きさ

□29 長さ20 m，断面積5.0 mm²のニクロム線の電気抵抗はいくらか。ただし，ニクロム線の電気抵抗率を1.1×10^{-6} Ω·mとする。

22 2倍

$$2\pi\sqrt{\frac{4l}{g}} \div 2\pi\sqrt{\frac{l}{g}}$$

23 ①静電誘導
　②自由電子

24 2.0×10^{-5}

$$-9.0 \times 10^9 \times \frac{q^2}{3.0^2}$$
$$= -0.4$$

25 1.6×10^3 N/C
　左向き
$$E = F/q$$
$$= \frac{8.0 \times 10^{-5}}{5.0 \times 10^{-8}}$$

26 4.0×10^4 V
$$V = W/q$$
$$= \frac{8.0}{2.0 \times 10^{-4}}$$

27 フレミング
　正

28 $\dfrac{mv}{eB}$

$$F = \frac{mv^2}{r} = evB$$

29 $4.4\,\Omega$

$$1.1 \times 10^{-6} \times \frac{20}{5.0 \times 10^{-6}}$$

□**30** 100 V−40 Wの電球の電気抵抗を求めよ。

□**31** 50Ωの抵抗に100 Vの電圧をかけると，10分間に発生する熱量は何Jか。

□**32** 電流計は測定する部分に対して{ 直列, 並列 }に接続する。電流計の内部抵抗は{ 小さい，大きい }ので，誤って接続すると過大な電流が流れて電流計を壊すおそれがある。

□**33** 電気容量が 10μFのコンデンサーを直列に2個つなぐと，合成容量はいくらか。

□**34** 防波堤の内側にも波が入り込む現象を□□□という。この現象は波の波長が{ 長い，短い }ほど顕著である。

□**35** 音波が伝わる速度の大きい順に次の媒質を並べよ。

①蒸留水　②空気　③鉄　④海水

□**36** 音の3要素とは，□①□，□②□，□③□のことであり，それぞれ，発音体の振幅の大小，振動数の大小，波形の違いに起因する。

□**37** 振動数が540 Hzの音さが2つある。一方に粘土をつけ，同時に鳴らしたところ1秒間に5回のうなりを生じた。粘土をつけた音さの振動数はいくらか。

□**38** 空きビンの口に唇を当てて息を吹くと，ビン特有の音が出る。このときビンの口付近には定常波の{ 節，腹 }ができている。

□**39** 次の現象は光のどんな性質によるか。

①雨上がりの空に虹が見える。

②シャボン玉が虹色に見える。

③光ファイバーを用いて光を伝送する。

□**40** 絶対屈折率がnの媒質中での光速度はい

30 $250\,\Omega$
$\dfrac{100^2}{R}=40$

31 1.2×10^5 J
$\dfrac{100^2}{50}\times10\times60$

32 直列
小さい

33 5μF
$\dfrac{1}{C}=\dfrac{1}{10}+\dfrac{1}{10}$

34 回折
長い

35 ③＞④＞①＞②

36 ①強さ
②高さ
③音色

37 $535\,$Hz
$|540-f|=5$であるが，粘土をつけることで振動しにくくなる。
⇒ $f<540$

38 腹
開口端→腹
閉口端→節

39 ①分散
②干渉
③全反射

40 $\dfrac{c}{n}$

くらか。ただし，真空中の光速度をcとする。

□**41** $f = 20\,\text{cm}$ の凸レンズの前方 $60\,\text{cm}$ に物体を置くと，レンズの後方□□cm に{ 正立，倒立 }の{ 実像，虚像 }ができる。

41 30

倒立，実像

$$\frac{1}{60} + \frac{1}{b} = \frac{1}{20}$$

□**42** 電車が振動数 $750\,\text{Hz}$ の音を発しながら，秒速 $40\,\text{m/s}$ で近づいてくるとき，前方に立っている人が聞く音の振動数は何 Hz か。ただし，音速は $340\,\text{m/s}$ とする。

42 $850\,\text{Hz}$

ドップラー効果

$$750 \times \frac{340}{340 - 40}$$

□**43** 晴れた日の明け方急速に冷え込むのは，地表付近の熱が{ 対流，伝導，放射 }によって，大気圏外に逃げ出すためである。

43 放射

放射冷却現象という

□**44** 比熱 $0.20\,\text{J/g·K}$ の物体 $200\,\text{g}$ の温度を $10\,\text{K}$ 上昇させるためには，何 J の熱量が必要か。

44 $4.0 \times 10^2\,\text{J}$

$Q = 200 \cdot 0.20 \cdot 10$

□**45** $20\,℃$の水 $200\,\text{g}$ と $60\,℃$の水 $300\,\text{g}$ を混ぜると，温度は何 ℃ になるか。

45 $44\,℃$

$200(t - 2)$
$= 300(60 - t)$

□**46** 絶対温度 $T\,\text{(K)}$ の単原子分子 n モルの持つ内部エネルギーはいくらか。R：気体定数

46 $\dfrac{3}{2}nRT$

□**47** $^{14}_{6}\text{C}$ の陽子数は①□，中性子数は②□，質量数は③□である。

47 ①6 ②8

③14

□**48** α 線は{ 正，負 }の電荷を持つ。α 線の正体は{ 電子，He の原子核，電磁波 }である。

48 正

He の原子核

□**49** α 崩壊すると，質量数が①□，原子番号が②□だけ減少する。

49 ①4

②2

□**50** Ra の半減期を 1600 年とする。$40\,\text{g}$ の Ra が $5\,\text{g}$ になるのは何年後か。

50 4800年後

$\dfrac{5}{40} = \left(\dfrac{1}{2}\right)^3 \to 1600 \times 3$

物理の50問スコアアタック得点		
第1回（　／　）	第2回（　／　）	第3回（　／　）
／50点	／50点	／50点

化学

重要テーマ BEST 10

重要テーマ BEST 10

本試験の出題傾向から，重要と思われるテーマを
ランキングした。学習の優先順位の参考にしよう。

1 周期表，金属のイオン化列　P.80, 73

　元素の性質を理解するためにも，原子番号20番までの
元素は暗記しておく必要がある。また，陽イオンになりや
すさを表した金属のイオン化列は必須事項である。

2 ボイル・シャルルの法則と状態方程式　P.68

$$\frac{P_1 V_1}{T_1} = \frac{P_2 V_2}{T_2} \quad \text{あるいは} \quad PV = nRT$$

ここで T は絶対温度で，$T = t + 273〔\text{K}〕$（t は摂氏温度）

3 化学結合　P.67

　化学結合には，自由電子による金属結合（Fe，Cu，Na
など）。静電気力（クーロン力）によるイオン結合（NaCl，
NaOHなど），価電子を共有する共有結合（H_2O，CH_4
など），共有電子対が一方の原子からのみ提供される配位
結合（NH_4^+ など），分子の中の正の電荷を帯びたH原子が，
他の分子の負の電荷を帯びた原子と，静電気力による水素
結合（氷の結晶など）ある。価電子を模式的に表した図に
も慣れておくこと。

4 中和反応

P.78

酸と塩基から塩と水が生じる反応が中和反応である。塩が沈殿する中和反応の例は覚えておくこと。強酸と強塩基，強酸と弱塩基，弱酸と強塩基の中和滴定でそれぞれ用いられる指示薬は必修事項。

5 化学電池

P.74

1次電池（ボルタの電池，ダニエル電池，マンガン乾電池），2次電池（鉛蓄電池）の意味および反応の仕組みを理解しておくこと。

6 ルシャトリエの原理（法則）

P.79

平衡の状態を変化させると，その変化を妨げる向きに平衡は移動する。条件を変えたとき，反応が左辺，右辺のどちら向きに移動するか，判断できるようにしておきたい。

7 炎色反応

P.85, 86

アルカリ金属，アルカリ土類金属，および銅は特有の炎色反応を示す。Li, Na, K, Ca, Sr, Baなどの炎色反応の色は覚えておくこと。

8 水の電気分解

P.75

うすい水酸化ナトリウム水溶液または希硫酸水溶液を，白金を電極として電気分解すると，結果として水の電気分解が行われる。この反応の仕組みは必修事項。また，硫酸銅水溶液，塩化銅水溶液などの電気分解にも目を通しておきたい。

9 金属

P.85

鉄Fe，銅Cu，アルミニウムAlなど身近に用いられている金属についての性質や用途については理解を深めておくこと。

10 有機化合物の元素分析

P.90

有機化合物の元素分析の装置の図は理解しておくこと。C，H，Oのみからなる試料の組成式の求め方は練習しておきたい。

テーマ **A** 基礎理論

1

試 験 別 頻 出 度	国家専門職 ★★☆	地上特別区 ★★★
国家総合職 ★★☆	地上全国型 ★★★	市 役 所 C ★★★
国家一般職 ★★★	地上東京都 ★★★	

> **学習のポイント**
> ◎基本的な法則については，内容についての理解ばかりではなく，その法則の発見者名や提唱者名を記憶しておくことが望ましい。
> ◎ボイル・シャルルの法則や気体の状態方程式の運用方法は重要。

❶ 化学の基本法則

□【 **質量保存の法則（ラボアジェ）** 】…化学反応に関係した物質の質量の総和は，反応の前後で変化しない。

□【 **定比例の法則（プルースト）** 】…化合物を構成する成分元素の質量の比は，常に一定である。

□【 **倍数比例の法則（ドルトン）** 】…2種類の元素から2種類以上の化合物を生じる場合，一方の元素の一定の質量と化合する他方の元素の質量は，それらの化合物の間で簡単な**整数**の比となる。

□【 **気体反応の法則（ゲーリュサック）** 】…化学反応で反応に関係する気体の体積の比は，同温・同圧で**整数**の比となる。

□【 **アボガドロの法則（アボガドロ）** 】…気体の構成単位はいくつかの原子が結合した分子で，同温・同圧で同体積の気体は，気体の種類とは無関係に，同じ数の分子を含む。

❷ 物質の三態とその間の変化

□【 **物質の三態** 】…物質は気体・液体・固体のいずれかの状態をとる。

□【 **融解** 】…固体が液体になること。固体が融解し始める温度は融点。

□【 **蒸発** 】…液体が気体になること。液体が沸騰し始める温度は沸点。

□【 **凝縮** 】…気体が液体になること。気体が凝縮し始める温度は沸点に等しい。ただし，圧力は蒸発させるときと同じにするものとする。

□【 **凝固** 】…液体が固体になること。液体が凝固し始める温度を凝固点といい，融点に等しい。

□【 **昇華** 】…固体から直接気体に変化すること。気体から直接固体に変化することも昇華という。　**例**…二酸化炭素・ヨウ素

❸ 化学結合の種類

□【 **金属結合** 】…自由電子による金属原子どうしの結合。

□【 **イオン結合** 】…陽イオンと陰イオンとの間で働く**静電気力**（クーロン力）による結合。

□【 **分子間力(ファンデルワールス力)** 】…分子の持つ双極子による引力。

□【 **水素結合** 】…電気陰性度の差の大きい原子（HとF，HとN，HとOなど）の結合による分子では，分子内で電気的な偏り（極性）が生じる。そのため，他分子との間に弱い分子間力（静電引力）が働く。

□【 **共有結合** 】…原子が互いに電子を出し合い，**共有電子対**をつくって結びつく結合。

□【 **配位結合** 】…共有電子対が一方だけから提供される共有結合。

❹ 粒子の結合状態による固体の種類

□【 **金属性固体（金属結晶）** 】…構成粒子は正電気を帯びた**金属原子**と**自由電子**。自由電子の存在により導電性がある。金・銀・銅・鉄など。

□【 **イオン性固体（イオン性結晶）** 】…構成粒子は**陽イオン**と**陰イオン**。異種のイオン間に働く引力が強いため融点が極めて**高い**。電導性は**ない**。水に溶けやすく，その水溶液には電導性が**ある**。塩化ナトリウム・ヨウ化カリウム・水酸化カリウムなど。

□【 **分子性固体（分子性結晶）** 】…構成粒子は**分子**。分子間力（分子間に働く引力）はあまり強くないので，融点は比較的**低い**。電導性は**ない**。硫黄・ヨウ素・リンなど。

□【 **原子結晶（共有結合結晶）** 】…構成粒子は**原子**。同種の原子どうしが共有結合によって巨大な分子になったもの。融点は極めて**高い**。ダイヤモンド（炭素の同素体）・ケイ素・ゲルマニウムなど。

プラス+ α

Question 金原子1molの質量は197.0gである。金原子1個の質量を求めよ。ただし，1mol中には N_A 個の原子が含まれ，$N_A = 6.02 \times 10^{23}$（アボガドロ定数）である。

Answer 3.27×10^{-22} g

1molの質量をアボガドロ定数で割る。$197.0 \div (6.02 \times 10^{23}) = 3.27 \times 10^{-22}$〔g〕

物理

化学

生物

地学

数学

❺ 気体の性質

□【 **ボイル・シャルルの法則** 】…一定量の気体の体積 V は，これに加わる圧力 P に反比例し，絶対温度 T に比例する。

$$\frac{PV}{T} = k \;(\text{一定}) \quad \text{または} \quad \frac{P_1 V_1}{T_1} = \frac{P_2 V_2}{T_2}$$

□【 **絶対温度** 】…$-273℃$（正確には $-273.15℃$）を基準とし，セッ氏温度目盛りと同じ刻みで目盛った温度を**絶対温度**という。

セッ氏温度 t（℃）の絶対温度 T は，単位を K（ケルビン）として，

$$T = t + 273$$

□【 **気体のモル体積** 】…どの気体も，標準状態（$0℃$，$100\,\text{kPa}$）において $1\,\text{mol}$ の占める体積は等しく，$22.4\,\text{L}$ である。

□【 **気体の状態方程式** 】…n〔mol〕の気体が P〔Pa〕，T〔K〕のとき，V〔L〕を占めるならば次式が成り立つ。

$$PV = nRT$$

ここで，$R = 8.3$〔kPa·L/K·mol〕であり，**気体定数**という。この式が成り立つような気体を**理想気体**といい，実際に存在する気体を**実在気体**という。

□【 **ドルトンの分圧の法則** 】…混合気体の全圧 P は，各成分気体の分圧 P_1，P_2，P_3，…の和に等しい。　$P = P_1 + P_2 + P_3 + \cdots$

また，成分気体の分圧比は，各成分の物質量比に等しい。

分圧比＝物質量比＝体積比

❻ 溶液の性質

□【 **溶解** 】…液体が他の物質を溶かして均一な混合物をつくること。できた混合物を**溶液**といい，物質を溶かす液体を**溶媒**，その中に溶けている物質を**溶質**という。

□【 **固体の溶解度** 】…普通，溶媒 $100\,\text{g}$ に溶ける溶質の質量をグラム単位で表した数値で示す。同じ物質でも温度によって違う。温度による溶解度の違いを利用して固体物質を精製することを**再結晶**という。

●溶解度と温度

□【 **溶解熱が吸熱の物質** 】…温度が上がると溶解度が**大きく**なり，温度が下がると溶解度が**小さく**なる。

□【 **溶解熱が発熱の物質** 】…温度が上がると溶解度が小さくなり，温度が下がると溶解度が大きくなる。

□【 **気体の溶解度** 】…1atmの気体が溶媒1mLに溶ける体積〔mL〕で表す。

気体の溶解度は，温度が上昇すると減少する。

□【 **ヘンリーの法則** 】…「一定温度で，一定量の溶媒に溶ける気体の質量は，その気体の圧力に比例する」＝「一定量の溶媒に溶ける気体の体積は，圧力に関係なく一定である」

□【 **溶液の濃度** 】…溶液中に存在する溶質の割合を濃度という。

□【 **質量パーセント濃度** 】…溶液（溶媒＋溶質）中に含まれている溶質の質量をパーセント〔％〕で示す。

$$\text{質量パーセント濃度〔％〕} = \frac{\text{溶質の質量〔g〕}}{\text{溶液の質量〔g〕}} \times 100$$

□【 **体積モル濃度** 】…溶液1L中に含まれている溶質の物質量〔mol〕で示す。

$$\text{体積モル濃度〔mol/L〕} = \frac{\text{溶質の物質量〔mol〕}}{\text{溶液の体積〔L〕}}$$

□【 **質量モル濃度** 】…溶媒1kg中に含まれている溶質の物質量〔mol〕で示す。

$$\text{質量モル濃度〔mol/kg〕} = \frac{\text{溶質の物質量〔mol〕}}{\text{溶媒の質量〔kg〕}}$$

プラス+ α

Question シュウ酸の結晶$H_2C_2O_4 \cdot 2H_2O$ 23.0gを水に溶かし，全体を500mLの溶液とした。この溶液の濃度は何mol/Lか。

Answer 0.365mol/L

原子量はH＝1，C＝12，O＝16として，シュウ酸の分子量を算出し，23.0gが何molに当たるかを求める。

$H_2C_2O_4 \cdot 2H_2O = 126$　　濃度$= \frac{23.0}{126} \div 0.5 = 0.365$〔mol/L〕

❼希薄溶液の性質

●沸点上昇と凝固点降下

□【 **沸点上昇** 】…液体に不揮発性の物質を溶かすと，飽和蒸気圧が下がり，沸点が上昇する。

□【 **凝固点降下** 】…溶液の凝固点は純粋な溶媒の凝固点よりも降下する。

●沸点上昇度と凝固点降下度

溶液が希薄であるときは，その沸点上昇度・凝固点降下度は，溶質の種類に関係なく，溶液の重量モル濃度に比例する。なお，電解質溶液の場合は，電離したイオンの物質量も考えなくてはならない。

❽コロイド

□【 **コロイド** 】…ある物質（媒質）中に，直径が$10^{-9} \sim 10^{-7}$ m（$1 \sim 10^2$ nm）程度の大きさの粒子が均一に分散している状態。

□【 **コロイド粒子** 】…コロイド状態にある物質粒子。

□【 **コロイド分散系** 】…コロイド粒子を含む物質系のこと。この分散系におけるコロイド粒子を分散質，媒質を分散媒という。

□【 **ゾルとゲル** 】…分散媒が液体であるコロイド分散系をゾル，分散媒が固体であるものをゲルという。

□【 **いろいろなコロイド** 】…分散質・分散媒の組合せによりいろいろな種類のコロイドがある。

分散媒＼分散質	気　体	液　体	固　体
気　体		霧・雲・スモッグ	煙・ほこりスモッグ
液　体	ビールなどの泡	牛乳・クリーム	ペイントセッケン水
固　体	軽石・活性炭シリカゲル	ゼリー・豆腐固形燃料	色ガラスルビー

●コロイドの分類

□【 分子コロイド 】…各粒子は1個の**分子**からなる。タンパク質・デンプンなど。

□【 会合コロイド（ミセルコロイド） 】…**分子**が数多く集まって大きい粒をつくったコロイド。セッケンなど。

□【 粒子コロイド（分散コロイド） 】…金属・金属硫化物などの微粒子（分子ではなく原子の集合体）によるコロイド。

●コロイドの特性

□【 チンダル現象 】…光がコロイド粒子に当たって散乱し光の進路が横から見える現象。可視光線の波長がコロイド粒子の大きさに近いことによって散乱が起きやすいため。

□【 ブラウン運動 】…コロイド粒子がしている不規則なジグザグ運動。溶媒分子がコロイド粒子に不規則に当たることによって起こる。

□【 透析 】…半透膜を利用して，コロイド粒子と分子量の小さい分子やイオンとを分離すること。

□【 電気泳動 】…コロイド溶液に電極を入れて電圧をかけたとき，コロイド粒子が電場の中を移動する現象。コロイド粒子は帯電しているものが多いてめ，コロイド粒子が正に帯電していれば陰極に，負に帯電していれば陽極に向かって移動する。

□【 凝析 】…コロイド粒子の電荷と反対のイオンをコロイド溶液に加えてコロイド粒子を沈殿させること。電気的に中和されてコロイド粒子どうしの反発力が弱まって大きな粒子になるために起こる。水となじみにくいコロイドを疎水コロイドというが，凝析するコロイドは疎水コロイドである。

□【 塩析 】…水となじみやすい部分構造を持つコロイドを親水コロイドという。多量の電解質を加えて親水コロイドを沈殿させること。

□【 保護コロイド 】…疎水コロイドを沈殿しにくくするために加えた親水コロイドのこと。

　例…墨汁中のにかわ。インク中のアラビアゴム。

頻出度 B 物質の変化I（酸化・還元）

学習の ポイント
◎電池や電気分解に関する出題が多いことに留意しておこう。これに関して、金属のイオン化列の暗記は必須事項。
◎ファラデーの法則も運用できるようにしておきたい。

❶ 酸化還元反応

●酸化と還元

	酸素	水素	電子	酸化数
酸化	酸素と化合	水素を失う	電子を放出	酸化数増加
還元	酸素を失う	水素と化合	電子と結合	酸化数減少

●酸化数

(1) 単体を構成する原子の酸化数は0とする。

(2) 化合物の中の水素原子の酸化数は$+1$、酸素原子の酸化数は-2とし、化合物中の各原子の酸化数の総和は0とする。ただし、NaHにおいてはHは-1、H_2O_2においてはOは-1である。

(3) イオンの酸化数は、電荷数（符号を含めて）に等しい。

(4) 多原子イオンの場合は、各原子の酸化数の総和が、電荷数に等しい。

□【 **酸化剤** 】…相手の物質を**酸化**する物質（それ自身は還元される）

🔲例…酸素、オゾン、塩素、濃硫酸、硝酸、二酸化マンガンMnO_2、過マンガン酸カリウム$KMnO_4$、二クロム酸カリウム$K_2Cr_2O_7$

※濃硝酸と希硝酸とでは酸化力が違う。（（ ）内は酸化数の変化）

濃硝酸　$HNO_3 + H^+ + e^- \longrightarrow NO_2 + H_2O$（N：$+5 \longrightarrow +4$）

希硝酸　$HNO_3 + 3H^+ + 3e^- \longrightarrow NO + 2H_2O$（N：$+5 \longrightarrow +2$）

□【 **還元剤** 】…相手の物質を**還元**する物質（それ自身は酸化される）

🔲例…水素、金属（Na、Znなど）、赤熱炭素、一酸化炭素CO、硫化水素H_2S、シュウ酸$(COOH)_2$、硫酸鉄（Ⅱ）$FeSO_4$、塩化スズ（Ⅱ）$SnCl_2$

※過酸化水素H_2O_2や二酸化硫黄SO_2は、相手の物質により、酸化剤としても還元剤としても作用する。

●**酸化還元反応の例** 加熱した濃硫酸に銅片を入れると，銅原子は酸化されて銅（Ⅱ）イオン Cu^{2+} になる。

$$（酸化剤）\quad H_2\underline{S}O_4 + 2H^+ + 2e^- \longrightarrow \underline{S}O_2 + 2H_2O$$
$$\qquad\qquad\quad (+6)\qquad\qquad\qquad\qquad\quad (+4)$$

酸化数減少（還元された）

$$（還元剤）\quad \underline{Cu} \longrightarrow \underline{Cu}^{2+} + e^-$$
$$\qquad\qquad\quad (0)\qquad\quad (+2)$$

酸化数増加（酸化された）

❷ 金属のイオン化傾向と反応性

□【 **イオン化列** 】…左の金属ほど，電子を失いやすく，酸化されやすい。

（大）K-Ca-Na-Mg-Al-Zn-Fe-Ni-Sn-Pb-(H)-Cu-Hg-Ag-Pt-Au（小）

　一般に，イオン化列の上位の金属を下位の金属のイオンを含む水溶液中に入れると，下位金属を析出し，上位金属は**イオン**となる。

[例]…硫酸銅水溶液中に鉄片を入れると，鉄片上に銅が析出し，鉄が溶液中に溶け込む。

$$Fe \longrightarrow Fe^{2+} + 2e^-（電子放出）\quad Cu^{2+} + 2e^- \longrightarrow Cu（電子獲得）$$

●**水，空気，酸との反応**

イオン化列	K Ca Na	Mg Al Zn Fe	Ni Sn Pb	(H)	Cu	Hg Ag	Pt Au
水との反応	常温で反応し水素を発生	高温水蒸気と反応し水素を発生	高温水蒸気とも反応しない				
乾燥空気との反応	内部まで酸化される	表面に酸化物の皮膜ができる				酸化されない	
酸との反応	塩酸や希硫酸に反応して水素を発生				①		②

①硝酸や濃硫酸に溶け，NO，NO_2，SO_2 などを発生
②王水（濃硝酸と濃塩酸を1：3の容積比で混合したもの）にのみ溶ける。

プラス+α イオン化列の覚え方

金属のイオン化列の語呂合わせはいくつか考案されているが，その一例を挙げておこう。
カカソ間がある，あてにすんな。度過ぎは禁。
カ（K）カ（Ca）ソ（Na…英語ではsodium（ソディウム）と言う）間が（Mg）ある（Al）あ（Zn）て（Fe）に（Ni）すん（Sn）な（Pb）・(H)・度（Cu）過（Hg）ぎ（Ag）は（Pt）禁（Au）

❸ 電池（化学電池）

イオン化傾向の異なる2種の金属を，適当な電解質の水溶液中に浸し，化学エネルギーを電気エネルギーに変える装置を電池という。

●電池の原理と構造

□【　ボルタ電池　】…$\ominus$Zn|H$_2$SO$_4$(aq)|Cu$\oplus$

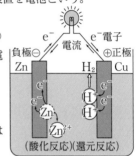

希硫酸に銅板と亜鉛板を浸した装置。起電力は約1.1 V。

Zn板：Zn $\longrightarrow$ Zn^{2+}＋2e$^-$（酸化反応）

Cu板：2H$^+$＋2e$^-$ $\longrightarrow$ H$_2$（還元反応）

ボルタ電池は分極のため実用電池としては用いられない。

※分極…Cu板上に付着するH$_2$の泡のため，後から移動してくるH$^+$が極板に付着するのを妨げられて電池の起電力が低下する現象。

□【　ダニエル電池　】…$\ominus$Zn | ZnSO$_4$(aq) | CuSO$_4$(aq) | Cu$\oplus$

起電力は1.1 V。分極が起こらないので，起電力は安定。かつては電話用電源として用いられた。

●実用電池

充電のできない電池を一次電池，できるものを二次電池という。

□【　マンガン乾電池　】…$\ominus$Zn | NH$_4$Cl(aq) | MnO$_2$・C$\oplus$

起電力は1.5 V。安価で，最も広く使用されている。

□【　アルカリマンガン乾電池　】…$\ominus$Zn | KOH(aq) | MnO$_2$・C$\oplus$

起電力は1.5 V。高出力で，玩具などに用いられる。

□【　リチウム乾電池　】…$\ominus$Li | LiClO$_4$(aq)＋有機溶媒 | MnO$_2$・C$\oplus$

起電力は2.9 V。小型で寿命が長く，マイク，カメラなどに用いられる。

□【　リチウムイオン電池　】…リチウムイオンの移動を利用する二次電池。高電圧，大容量，長寿命で，携帯電話，ノートパソコン，電気自動車などに用いられる。

□【　Ni-Cd蓄電池　】…$\ominus$Cd | KOH(aq) | Ni$_2$O$_3$ $\oplus$

起電力は1.2 V。二次電池。ノートパソコンなどに用いられる。

□【　鉛蓄電池　】…$\ominus$Pb | H$_2$SO$_4$(aq) | PbO$_2$ $\oplus$

起電力は2.0 V。二次電池。大容量で，自動車などに用いられる。

❹ 電気分解

　電解質の溶液や融解液に直流電流を通じて，化学変化を起こして電解質を分解することを**電気分解**または**電解**という。電源の正極とつないだ電極を**陽極**，負極とつないだ電極を**陰極**という。

　陰極　還元反応が起こる。イオン化傾向の小さい**陽イオン**が反応する。

　陽極　酸化反応が起こる。イオン化傾向の小さい**陰イオン**が反応する。

　　(大) NO_3^- － SO_4^{2-} － CO_3^{2-} － OH^- － Cl^- － Br^- － I^- (小)

□【　**水溶液の電気分解**　】…水もごくわずかだが，H^+（正確には，オキソニウムイオンH_3O^+）とOH^-とに電離していて反応に関与。

●食塩水の電気分解

　陰極　　$2H_2O+2e^- \longrightarrow 2OH^-+H_2\uparrow$　　　（還元反応）

　陽極　　　　　$2Cl^- \longrightarrow Cl_2\uparrow +2e^-$　　　（酸化反応）

●硫酸水溶液の電気分解

　陰極　　$4H^++4e^- \longrightarrow 2H_2\uparrow$　　　　　（還元反応）

　陽極　　　$2H_2O \longrightarrow 4H^++O_2\uparrow+4e^-$　（酸化反応）

　結果として，水の電気分解になる。$NaOH$水溶液の場合も同様。

□【　**ファラデーの法則**　】

(1)　電極で変化するイオンの物質量は，通じた**電気量**に比例する。

(2)　同一の電気量を通じたときに，電極で変化するイオンの物質量は，イオンの種類に関係なく，その価数に**反比例**する。

●ファラデー定数F：1molの電子が運ぶ電気量

　$F = 9.65\times10^4$ クーロン(C)

　※1クーロンは1アンペアの電流が1秒間流れたときの電気量である。

プラス+α

Question 塩化銅（Ⅱ）水溶液に，2Aの電流を3時間通じたとき，両極に発生するものの質量を求めよ。
〈解法のヒント〉 $Cu = 63.4$　$Cl = 35.5$
電荷の総量〔C〕＝電流の強さ〔A〕×時間〔秒〕
陰極での変化：$Cu^2+2e^- \longrightarrow Cu$　陽極での反応：$2Cl^- \longrightarrow Cl_2\uparrow +2e^-$
Answer 陰極：銅7.10g　陽極：塩素7.95g
電子のmol数＝$2\times3\times60\times60 \div(9.65\times10^4) = 0.224$
$Cu = 63.4\div2\times0.224 = 7.10$　$Cl_2 = 35.5\times0.224 = 7.95$

テーマ 3 頻出度B 物質の変化Ⅱ(酸・塩基など)

試験別頻出度 国家専門職 ★☆☆ 地上特別区 ★☆☆
国家総合職 ★☆☆ 地上全国型 ★★☆ 市 役 所 C ★☆☆
国家一般職 ★☆☆ 地上東京都 ★☆☆

学習のポイント

◎中和滴定の実験操作や指示薬は必修事項。中和の量的関係の計算問題には習熟しておきたい。
◎熱化学方程式や化学平衡も押さえておくこと。

❶ 酸と塩基

● 酸・塩基の理論

□【 アレニウス説 】…酸とは，水溶液中で電離してH^+を放出する物質であり，塩基とは，水溶液中で電離してOH^-を放出する物質である。

□【 ブレンステッド説 】…酸とは，H^+を放出する物質であり，塩基とは，H^+を受け取る物質である。

※実際には，H^+は水溶液中ではH_2Oと結合して，H_3O^+（オキソニウムイオン）として存在する。

● 酸・塩基の例

(1) アレニウス理論による酸・塩基

$HCl \longrightarrow H^+ + Cl^-$（$HCl$は$H^+$を放出するから酸である）

$NaOH \longrightarrow Na^+ + OH^-$（$NaOH$は$OH^-$を放出するから塩基である）

※CH_3OHは水酸基OHを持つがOH^-とならないので塩基ではない。

(2) ブレンステッド理論による酸・塩基の拡張

$HSO_4^- \longrightarrow H^+ + SO_4^{2-}$（$H^+$を放出するから$HSO_4^-$は酸である）

$NH_3 + H^+ \longrightarrow NH_4^+$（$H^+$を受け取るから$NH_3$は塩基である）

※H_2Oは酸にも塩基にもなる。

$H_2O \longrightarrow H^+ + OH^-$（$H^+$を放出するから$H_2O$は酸である）

$H_2O + H^+ \longrightarrow H_3O^+$（$H^+$を受け取るから$H_2O$は塩基である）

□【 酸・塩基の価数 】…1molの酸や塩基が$n$molのH^+を授受するとき，その酸や塩基の価数はnである。

	酸	塩基
1 価	HCl，HNO_3，CH_3COOH	$NaOH$，KOH，NH_3
2 価	H_2SO_4，H_2CO_3，H_2S	$Ca(OH)_2$，$Ba(OH)_2$
3 価	H_3PO_4，H_3BO_3	$Fe(OH)_3$

※ n 価の酸は n 段階の電離をする。

例　$H_2SO_4 \longrightarrow H^+ + HSO_4^-$ 　　　　$HSO_4^- \longrightarrow H^+ + SO_4^{2-}$

□【　酸・塩基の強弱　】…同じ濃度のときの電離度の大小によって決まる。

$$電離度\ \alpha = \frac{電離した分子数}{溶けた全分子数} = \frac{電離した物質量〔mol〕}{溶けた全物質量〔mol〕}$$

α が1に近いほど強い酸や塩基である。

強酸… HCl，HNO_3，H_2SO_4

弱酸… CH_3COOH，H_2S，H_3PO_4

強塩基… $NaOH$，KOH，$Ca(OH)_2$，$Ba(OH)_2$

弱塩基… NH_3，$Cu(OH)_2$，$Fe(OH)_3$，$Al(OH)_3$

□【　イオン積　】…水溶液中の水素イオン濃度 $[H^+]$ mol/L と水酸化物イオン濃度 $[OH^-]$ mol/L との積は25℃において，次の関係がある。

$[H^+][OH^-] = 1.0 \times 10^{-14} 〔mol/L〕^2$

□【　水素イオン指数pH　】

$[H^+] = 10^{-x}$ mol/L のとき pH $= x$

$[OH^-] = 10^{-y}$ mol/L のとき pH $= 14 - y$

酸性溶液：pH <7　　中性溶液：pH $=7$　　塩基性溶液：pH >7

プラス+ α

Question 10mol/L の塩酸を10万倍に希釈した水溶液のpHはいくらか。ただし，電離度を1とする。

Answer pH $=4$

「10万倍に希釈」とは，溶液の濃度が10万分の1になること。

濃度 $= 10 \times 10^{-5} = 10^{-4}$ 〔mol/L〕

●中和反応と塩

□【 中和反応 】…酸の H^+ と塩基の OH^- とから H_2O が生じる反応を**中和反応**という。このときの反応熱を**中和熱**という。

□【 塩 】…中和反応で H_2O とともに生じる物質を**塩（えん）**という。塩は中和反応以外のさまざまな反応によっても生成する。

□【 塩を生成するさまざまな反応 】

(1) 酸＋塩基　　　　　$HCl + NaOH \longrightarrow NaCl + H_2O$

(2) 酸＋金属単体　　　$2\,HCl + Zn \longrightarrow ZnCl_2 + H_2\uparrow$

(3) 弱酸の塩＋より強い酸

$$Na_2CO_3 + H_2SO_4 \longrightarrow Na_2SO_4 + CO_2\uparrow + H_2O$$

(4) 弱塩基の塩＋より強い塩基

$$NH_4Cl + NaOH \longrightarrow NaCl + NH_3\uparrow + H_2O$$

(5) 塩＋塩（沈殿生成）　　$NaCl + AgNO_3 \longrightarrow AgCl\downarrow + NaNO_3$

●塩の種類（HやOHが残っているか否かの分類であり，水溶液の性質とは直接関係がない）

□【 正塩 】…酸の水素原子が，全部金属原子で置き換えられてできた塩。　**例**… $CuSO_4$，$NaCl$

□【 酸性塩 】…**2価以上の酸**の水素原子が，一部金属原子で置き換えられてできた塩。　**例**… $NaHSO_4$，$NaHCO_3$

□【 塩基性塩 】…**2価以上の塩基**の水酸基が，一部酸基で置き換えられてできた塩。　**例**… $Mg(OH)Cl$

●中和滴定

□【 中和点 】…中和反応で，酸の持つ H^+ と塩基の持つ OH^- とが過不足なく反応し，**正塩**となる状態。

□【 中和滴定 】…モル濃度 c〔mol/L〕，m 価の酸の水溶液 v〔mL〕と，モル濃度 c'〔mol/L〕，m' 価の塩基の水溶液 v'〔mL〕とを混合して中和点に達したすると，次の関係がある。

$$\frac{mcv}{1000} = \frac{m'c'v'}{1000} \quad \text{すなわち} \quad mcv = m'c'v'$$

●中和指示薬

□【 フェノールフタレイン 】…強酸と強塩基，弱酸と強塩基との中和

滴定で用いる。酸性で無色，中和点で薄い赤色，塩基性で赤色。

□【 メチルオレンジ 】…強酸と弱塩基との中和滴定で用いる。酸性で赤色，中和点でだいだい色，塩基性で黄色。

❷化学反応と反応熱

●熱化学方程式

発熱反応の例 $H_2(g) + \dfrac{1}{2}O_2(g) = H_2O + 286 \, kJ$

吸熱反応の例 $H_2O(l) = H_2O(g) - 44 \, kJ$

※g：gas（気体）　l：liquid（液体）　s：solid（固体）

□【 反応熱の種類 】…生成熱，燃焼熱，溶解熱，蒸発熱

□【 ヘスの法則 】…（熱量保存の法則）「化学変化における反応熱は，変化する前と変化した後の物質の状態だけで決まり，途中の経路にはよらない」

□【 結合エネルギー 】…原子間の共有結合を切るのに要するエネルギー

例　$H-H$ 結合を切るのに必要なエネルギーは $436 \, kJ/mol$。

$H_2(g) = 2H - 436 \, kJ$　（吸熱反応）

❸化学平衡と平衡移動

□【 ルシャトリエの原理 】…化学平衡において，条件（濃度・温度・圧力）を変化させると，条件変化を妨げる向きに反応が進み，新しい平衡状態に至る。

(1) **濃度**

例　$NaCl(s) \rightleftharpoons Na^+ + Cl^-$

飽和食塩水に塩化水素 $HCl(g)$ を溶かすと，Cl^- の濃度が高くなるので，平衡は左に移動し $NaCl$ の固体が析出。

(2) **温度**

例　$H_2(g) + I_2(g) \rightleftharpoons 2HI + 10.45 \, kJ$

温度を上げると吸熱（左向き）の方向に，温度を下げると発熱（右向き）の方向に動く。

(3) **圧力**

例　$2NH_3 \rightleftharpoons N_2 + 3H_2$

混合気体の圧力を増加すると気体分子のモル数の少ない左辺へ，圧力を減少すると気体分子のモル数の多い右辺へ移動する。

物質の性質

試験別頻出度　国家専門職 ★★☆　地上特別区 ★★★
国家総合職 ★★☆　地上全国型 ★★★　市役所C ★★☆
国家一般職 ★★★　地上東京都 ★★☆

学習の
ポイント

◎周期表では，原子番号1～20の元素，および1族（アルカリ金属），2族，17族（ハロゲン），18族（希ガス）は暗記しておこう。
◎気体の製法や性質についても押さえておきたい。

❶ 周期律と周期表

□【　周期律　】…元素を原子番号の順に配列すると，性質のよく似た元素が周期的に現れること。ロシアのメンデレーエフ，ドイツのマイヤーらによって研究される。

□【　周期表　】…元素を原子番号の順に並べ，化学的性質の類似した元素が縦に並ぶように配列した表。縦の列を族（1～18族），横の列を周期（第1～第7周期）という。メンデレーエフは周期表をもとにして，当時の未発見元素（Ga，Sc，Ge）の性質を予言。

周期表① （典型元素）

族\周期	1	2	…	12	13	14	15	16	17	18
1	1 H		…							2 He
2	3 Li	4 Be			5 B	6 C	7 N	8 O	9 F	10 Ne
3	11 Na	12 Mg	…		13 Al	14 Si	15 P	16 S	17 Cl	18 Ar
4	19 K	20 Ca	…	30 Zn	31 Ga	32 Ge	33 As	34 Se	35 Br	36 Kr
5	37 Rb	38 Sr	…	48 Cd	49 In	50 Sn	51 Sb	52 Te	53 I	54 Xe
6	55 Cs	56 Ba	…	80 Hg	81 Tl	82 Pb	83 Bi	84 Po	85 At	86 Rn
7	87 Fr	88 Ra	…							

注　□は金属元素，□は非金属元素

物理
化学
生物
地学
数学

周期表②（遷移元素）

族 周期	…	3	4	5	6	7	8	9	10	11	…
4	…	21 Sc	22 Ti	23 V	24 Cr	25 Mn	26 Fe	27 Co	28 Ni	29 Cu	…
5	…	39 Y	40 Zr	41 Nb	42 Mo	43 Tc	44 Ru	45 Rh	46 Pd	47 Ag	…
6	…	＊	72 Hf	73 Ta	74 W	75 Re	76 Os	77 Ir	78 Pt	79 Au	…
7	…	＊＊	104 Rf	105 Db	106 Sg	107 Bh	108 Hs	109 Mt	110 Ds	111 Rg	…

＊ランタノイド　$\overset{57}{\text{La}}$ $\overset{58}{\text{Ce}}$ $\overset{59}{\text{Pr}}$ $\overset{60}{\text{Nd}}$ $\overset{61}{\text{Pm}}$ $\overset{62}{\text{Sm}}$ $\overset{63}{\text{Eu}}$ $\overset{64}{\text{Gd}}$ $\overset{65}{\text{Tb}}$ $\overset{66}{\text{Dy}}$ $\overset{67}{\text{Ho}}$
$\overset{68}{\text{Er}}$ $\overset{69}{\text{Tm}}$ $\overset{70}{\text{Yb}}$ $\overset{71}{\text{Lu}}$

＊＊アクチノイド　$\overset{89}{\text{Ac}}$ $\overset{90}{\text{Th}}$ $\overset{91}{\text{Pa}}$ $\overset{92}{\text{U}}$ $\overset{93}{\text{Np}}$ $\overset{94}{\text{Pu}}$ $\overset{95}{\text{Am}}$ $\overset{96}{\text{Cm}}$ $\overset{97}{\text{Bk}}$ $\overset{98}{\text{Cf}}$ $\overset{99}{\text{Es}}$
$\overset{100}{\text{Fm}}$ $\overset{101}{\text{Md}}$ $\overset{102}{\text{No}}$ $\overset{103}{\text{Lr}}$　　注 遷移元素はすべて金属元素

□【 同族元素 】…周期表の同じ族に属する元素。価電子の数が同じで，化学的性質に類似性がある。特別な名称で呼ばれることが多く，そのいくつかを挙げておく。

(1) **1族**（Hは除く）　アルカリ金属元素

(2) **2族**（Be, Mgは除く）　アルカリ土類金属元素

(3) **17族**　ハロゲン元素

(4) **18族**　希ガス元素　　注 希ガスは貴ガスと表記されることもある。

❷ 元素の周期的特徴

□【 性質の周期性 】…周期表で同じ周期の元素は，左から順に**最外殻の電子**が1個ずつ増えていくので，元素の性質も順を追って変わる。また，同じ族の元素は最外殻の電子の状態が似通っていることから，性質は似通っている。つまり，全体としては性質の繰り返しが見られる。化学的性質以外にも**イオン化エネルギー**, **原子半径**, **電子親和力**, **電気陰性度**などに周期性が見られる。

□【 **イオン化エネルギー** 】…正しくは第一イオン化エネルギー。気体状態の原子の最外殻の電子1個を取り除くのに要するエネルギーのこと。単位はkJ/mol。イオン化エネルギーが小さい原子ほど**陽イオン**になりやすい。周期表の右上に行くほど**大きく**なり，左下に行くほど**小さく**なる。

　例…Naのイオン化エネルギー　　　$Na(g) = Na^+(g) + e^- - 495.8\,kJ$

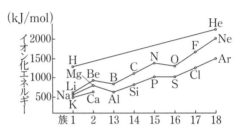

□【 **電子親和力** 】…気体状態の原子が電子1個と結合して**陰イオン**になるとき，外に放出されるエネルギーのこと。単位はkJ/mol。電子親和力が**大きい**原子ほど陰イオンになりやすい。希ガス元素を除き，周期表の右上に行くほど**大きく**なり，左下に行くほど**小さく**なる。

　例…フッ素の電子親和力　　　$F(g) + e^- = F^-(g) + 328\,kJ$

□【 **電気陰性度** 】…共有結合をする原子が共有電子対を引きつける度合いのこと。周期表の右上に行くほど**大きく**，左下に行くほど**小さい**。通常，非金属元素の陰性度は金属元素より**大きい**。

❸ 典型元素と遷移元素

□【 **典型元素** 】…1, 2, 12 ～ 18族の元素で，周期律が典型的に現れる。
　(1)　**金属元素**または**非金属元素**
　(2)　価電子の数は，族番号と一致（1，2族），または族番号の一の位と一致（12 ～ 17族）。ただし，18族の元素の価電子数は0。

□【 **遷移元素** 】…元素の周期律はあまりはっきり現れず，隣り合った元素がよく似た性質を示す（内側の電子軌道が必ずしも充填されず，最外殻の電子配置が同じになるため）。

　例…鉄族　$_{26}Fe$，$_{27}Co$，$_{28}Ni$

❹ 非金属元素

□【 **水素**H 】
- (1) 宇宙で最も多量に存在する元素。
- (2) 還元性があり希ガス以外のほとんどの元素と化合物をつくる。
- (3) 単体H_2は，すべての気体中で最も軽く，無色・無臭の気体。比重はすべての物質中で最小。水に溶けにくい。可燃性があり，H_2とO_2の体積比が2：1のときは，爆発的に燃焼（水素爆鳴気）。

□【 **希ガス** 】(He, Ne, Ar, Kr, Xe, Rn)
- (1) 価電子は0で，非常に安定。単体は単原子分子で，化学的に不活性でほとんど化合物をつくらない。融点・沸点は低い。
- (2) Heは水素に次いで軽い気体。Arは大気中に約1％含まれる。Ne, Kr, Xeも大気中にごくわずかに含まれる。

□【 **炭素**C 】
- (1) イオンになりにくく，多くの共有結合性の化合物をつくる。
- (2) **炭素の単体**…ダイヤモンド，黒鉛，無定形炭素（木炭やカーボンブラック）などの同素体として産出。
- (3) **炭素の化合物**
  - ①**一酸化炭素**CO…無色・無臭の気体。有毒。水に難溶。還元性。
  - ②**二酸化炭素**CO_2…無色・無臭の気体。水に溶けやすく，水溶液は弱酸性。石灰水を白濁。固体はドライアイス。

□【 **ケイ素**Si 】…単体は天然には存在しない。高純度のものは半導体や太陽電池として利用。二酸化ケイ素SiO_2は石英や水晶として産出。乾燥剤のシリカゲルはケイ酸ナトリウムNa_2SiO_3の水溶液を酸処理したもの。

□【 **酸素**O 】
- (1) 地球表層に最も多く存在する元素。多くは化合物として存在。
- (2) **酸素の単体**
  - ①**酸素ガス**O_2…無色・無臭の気体。水にわずかに溶ける。多くの物質と反応し酸化物をつくる。
  - ②**オゾン**O_3…酸素ガスの同素体で，特臭のある無色の気体。強い酸化力を持つ。オゾン層の破壊は大きな環境問題。

物理

化学

生物

地学

数学

□【　窒素 N 】

(1) 単体の N_2 は無色・無臭の気体で，大気の約78%を占める。常温では他の元素とほとんど反応しない。

(2) **窒素の化合物**

①**アンモニア NH_3** …無色で刺激臭を持つ気体。水に溶けやすく，水溶液は**弱塩基性**を示す。

②**窒素酸化物 NO_x** …NO，NO_2 など6種類。大気汚染・**酸性雨**の原因。

③**硝酸 HNO_3** …酸化力が強く，**Au，Pt** などを除きほとんどの金属を溶かす。Al, Fe などは酸化物の皮膜が内部を保護（不動態）。

□【　リン P 】

(1) **リンの単体**

単体は天然には存在しないが，同素体として黄リンと赤リンとがあり，黄リンは有毒。赤リンには毒性がなく，リン酸やマッチの原料。

(2) **十酸化四リン P_4O_{10}**

強い吸湿性を持つ。水を加えて加熱するとリン酸を生じる。

□【　硫黄 S 】

(1) **硫黄の単体**

数種の同素体がある。黄色の固体の斜方硫黄は天然に存在。水に不溶だが，二硫化炭素 CS_2 などに溶ける。

(2) **硫黄の化合物**

①**硫化物** …Au，Pt 以外の金属と高温で反応し，硫化物をつくる。

②**二酸化硫黄 SO_2** …無色で刺激臭を持つ有毒な気体。水に溶けて亜硝酸 H_2SO_3 を生じ，**弱酸性**を示す。

③**硫化水素 H_2S** …無色で，腐った卵のような臭いを持つ有毒な気体。

④**硫酸 H_2SO_4** …強酸。熱濃硫酸は酸化力が強く C，Cu も酸化。

□【　ハロゲン 】

(1) **電気陰性度・反応性**　　$F_2 > Cl_2 > Br_2 > I_2$

(2) **融点・沸点**　　$F_2 < Cl_2 < Br_2 < I_2$

(3) **フッ素 F_2** …淡黄色で特異臭のある気体。電気陰性度が最も**大**きい。反応性が強く，ほとんどすべての元素と化合物をつくる。

(4) **塩素**Cl_2…黄緑色で刺激臭を持つ気体。水溶液は，**酸化・漂白・殺菌作用**がある。塩化水素HClの水溶液は塩酸で，**強酸性**。

(5) **臭素**Br_2…赤褐色で刺激臭のある液体。比重は大きい。

(6) **ヨウ素**I_2…黒紫色の結晶。昇華性があり，蒸気は紫色で，有毒。デンプンと反応し青紫色を呈する（**ヨウ素デンプン反応**）。

❺ 金属元素

□【 **アルカリ金属** 】(Li, Na, K, Rb, Cs, Fr)

価電子は1個だけで，イオン化エネルギーは極めて小さく，1価の陽イオンになりやすい。

(1) **炎色反応**　Li…赤　Na…黄　K…紫　Rb…紅紫　Cs…青紫

(2) **アルカリ金属の単体**…銀白色の光沢を持つ，軟らかい軽金属（密度が約$4g/cm^3$以下の金属）。融点・沸点は低い。

(3) **酸素・水との反応性**…Li $<$ Na $<$ K の順に高い。NaやKは常温でも空気中の水分と反応するので，石油やアルゴンガス中に貯蔵。

(4) **ナトリウム**Naの化合物

①**塩化ナトリウム**$NaCl$…NaはCl_2と直接反応して$NaCl$になる。

②**水酸化ナトリウム**$NaOH$…白色の固体で，**潮解性**（空気中の水分を取り込んで自らそれに溶ける現象）を持つ。Naを水に入れると，激しく反応して水素を発生し，$NaOH$の水溶液になる。

③**炭酸ナトリウム十水和物**$Na_2CO_3 \cdot 10H_2O$…無色の結晶。十水和物は空気中で結晶水を失い，白い粉末の一水和物になる（**風解**）。

④**炭酸ナトリウム**Na_2CO_3…一水和物を100℃以上に加熱して生成。水に溶かすと，加水分解して水溶液は塩基性を示す。空気中に放置すると，CO_2とH_2Oを吸収して$NaHCO_3$に変化。

⑤**炭酸水素ナトリウム**$NaHCO_3$…白色の粉末。水にわずかに溶け，弱い塩基性を示す。

(5) **カリウム**Kの化合物

①**水酸化カリウム**KOH…$NaOH$とよく似た性質を持つ。CO_2やH_2Oを吸収する働きは$NaOH$より強い。

②**塩化カリウム**KCl，**硫酸カリウム**K_2SO_4…肥料として利用。

物理

化学

生物

地学

数学

□【 **Be，Mg，アルカリ土類金属** 】(Be，Mg，Ca，Sr，Ba，Ra)

2個の価電子を持ち，2価の陽イオンになりやすい。単体はすべて銀白色の軽金属で，アルカリ金属に次いで反応性が高い。Beを除き，水と反応して水素を発生し，水酸化物を生じる。水溶液は強塩基性。

(1) **炎色反応** Ca…橙赤 Sr…深紅 Ba…黄緑

(2) **ベリリウム**Be…2族だが，アルカリ土類金属には含まれない。地球で最も存在量の少ない部類の元素。炎色反応は示さない。

(3) **マグネシウム**Mg…2族だが，アルカリ土類金属には含まれない。常温では水とほとんど反応しないが，高温の水蒸気とは反応。炎色反応は示さない。空気中で熱すると，光を発して燃え，酸化マグネシウムMgOになる。

(4) **カルシウム**Caの化合物

　①**酸化カルシウム（生石灰）**CaO…白色の粉末で，融点が高い。水と作用すると発熱して$Ca(OH)_2$となる。常温で空気中のCO_2を吸収し，$CaCO_3$となる。H_2OやCO_2の吸収剤に用いられる。

　②**水酸化カルシウム（消石灰）**$Ca(OH)_2$…水にはあまり多く溶けない。温度上昇とともに溶解度は減少。水溶液は強塩基性。

　③**炭酸カルシウム**$CaCO_3$…石灰石，大理石などとして天然に産出。貝殻や骨などにも含まれる。塩酸に溶け，CO_2を発生。

　④**硫酸カルシウム**$CaSO_4\cdot2H_2O$…天然には石膏として産出。無水物は焼き石膏。

(5) **バリウム**Baの化合物

　①**水酸化バリウム**$Ba(OH)_2\cdot8H_2O$…無色の結晶。水溶液は強塩基性。CO_2の定量分析に用いられる。

　②**硫酸バリウム**$BaSO_4$…水や酸に難溶の白色固体。消化器官のX線撮影の際の造影剤として用いられる。

□【 **アルミニウム**Al 】

(1) 銀白色の軽金属。熱・電気伝導性が大きい。展性・延性に富む。

(2) 空気中で酸化されるが，酸化皮膜は内部を保護。

(3) 空気中，酸素気体中で熱すると，光を放って激しく酸化される。

(4) 希酸・強塩基水溶液に溶ける。濃硝酸には溶けない（不動態のため）。

□【 遷移金属元素 】…周期表の3～11族の元素

(1) スカンジウムScを除き重金属で，硬く強く融点・沸点が高い。

(2) 電気・熱の良導体。

(3) 有色の化合物や錯イオンをつくる。

①**クロム酸カリウム**K_2CrO_4…黄色の結晶。水溶液は黄色。有毒。

②**二クロム酸カリウム**$K_2Cr_2O_7$…橙赤色の結晶。水溶液は橙色。酸化剤として用いられる。有毒。

③**酸化マンガン(Ⅳ)**MnO_2…黒褐色の粉末。酸化剤として用いられる。

④**過マンガン酸カリウム**$KMnO_4$…赤紫色の結晶。水溶液は赤紫色。酸化剤として用いられる。

⑤**塩化鉄(Ⅱ)四水和物**$FeCl_2 \cdot 4H_2O$…緑色の結晶。

⑥**塩化鉄(Ⅲ)六水和物**$FeCl_3 \cdot 6H_2O$…黄褐色の結晶。潮解性がある。

⑦**硫酸鉄(Ⅱ)七水和物**$FeSO_4 \cdot 7H_2O$…淡青緑色の結晶。顔料や黒色インクの原料。

⑧**水酸化鉄(Ⅲ)**$Fe(OH)_3$…赤褐色

⑨**ヘキサシアノ鉄(Ⅱ)酸イオン**$[Fe(CN)_6]^{4-}$…淡黄色

⑩**ヘキサシアノ鉄(Ⅲ)酸イオン**$[Fe(CN)_6]^{3-}$…黄色

●金属イオンの検出

イオン	試薬	検出反応（沈殿物，色）
Ag^+	希塩酸	AgCl（白色）
Ca^{2+}	炭酸ナトリウム	$CaCO_3$（白色）　$CaSO_4$（白色）
Ba^{2+}	硫酸ナトリウム	$BaCO_3$（白色）　$BaSO_4$（白色）
Cu^{2+}	硫化水素	CuS（黒色）
	アンモニア水	$Cu(OH)_2$（少量で青白色沈殿，過剰で深青色溶液）
Fe^{2+}	ヘキサシアノ鉄(Ⅲ)カリウム	深青色
Fe^{3+}	ヘキサシアノ鉄(Ⅱ)カリウム	深青色
Al^{3+}	アンモニア水	$Al(OH)_3$（白色）
Zn^{2+}	硫化水素	塩基性でZnS（白色）

物理

化学

生物

地学

数学

試験別頻出度	国家専門職 ★☆☆	地上特別区 ★★★
国家総合職 ★☆☆	地上全国型 ★★☆	市役所C ★☆☆
国家一般職 ★★☆	地上東京都 ★☆☆	

学習のポイント

◎官能基をはじめとする有機化合物の一般的な特徴をまず押さえること。
◎日常生活に関連する有機化合物が出題されることがあるので要注意。
◎有機化合物の元素分析の実験は理解しておくことが望ましい。

❶ 有機化合物の特徴

有機化合物は，かつては生物体のみがつくりうるとされていた。人工的には，ドイツのウェーラーが尿素$CO(NH_2)_2$を合成したのが最初。現在は，数千万種類を超える有機化合物が合成されている。

●**構造上の特徴**

(1) 炭素の化合物である。ただし，CO，CO_2，シアン化合物（CNを持つ），炭酸塩（CO_3を持つ）などは有機化合物には含めない。

(2) 炭素原子間の共有結合により，鎖状や環状の構造をつくる。

(3) 結合のしかたは，単結合，二重結合，三重結合。

(4) 化合物を構成する元素は少ない。C, H, N, O, S, P, ハロゲンなど。

(5) 異性体（分子式は同じだが分子構造の違うもの）の数が多い。

異性体 $\begin{cases} \text{構造異性体} \\ \text{立体異性体} \begin{cases} \text{シス-トランス異性体} \\ \text{光学異性体} \end{cases} \end{cases}$

□【 **構造異性体** 】…原子のつながり方の違う異性体

□【 **立体異性体** 】…原子のつながり方は同じだが，形の違う異性体

(6) 原子団（官能基）の結合である。

●**性質上の特徴**

(1) 水に難溶。　**例外**…スクロース，アルコール，酢酸

(2) 有機溶媒（ベンゼン，エーテルなど）に溶けるものが多い。

(3) 非電解質である。　**例外**…酢酸は水に溶け，少し電離する。

(4) 融点・沸点が低い。

(5) 可燃性のものが多い。燃焼すると，H_2O や CO_2 などを生じる。

(6) 反応速度が遅い。

物理

化学

生物

地学

数学

❷ 有機化合物の分類

●炭化水素による分類

```
      ┌ 鎖式炭化水素 ─┬ 飽和炭化水素…炭素原子間の結合は単結合のみ。
      │ (脂肪族炭化水素)│
有     │              └ 不飽和炭化水素…二重結合や三重結合を含む。
機
化     │              ┌ 炭素環式炭化水素 ─┬ 脂環式炭化水素
合     │              │                  │
物     └ 環式炭化水素 ─┤                  └ 芳香族炭化水素…ベンゼン環を
                       │                     持つ。
                       └ 複素環式炭化水素
```

●官能基による分類

原子団	官能基名	化合物分類	例
$-SO_3H$	スルホ基	スルホン酸	ベンゼンスルホン酸 $C_6H_5SO_3H$
$-COOH$	カルボキシ基	カルボン酸	酢酸 CH_3COOH
$-OH$	ヒドロキシ基	アルコール フェノール	メタノール CH_3OH フェノール C_6H_5OH
$-O-$	エーテル結合	エーテル	ジエチルエーテル $C_2H_5OC_2H_5$
$-COH$	アルデヒド基	アルデヒド	ホルムアルデヒド $HCHO$
$>C=O$	ケトン基	ケトン	アセトン CH_3COCH_3
$\begin{matrix} O \\ \| \\ -C-O- \end{matrix}$	エステル結合	エステル	酢酸エチル $CH_3COOC_2H_5$
$-NO_2$	ニトロ基	ニトロ化合物	ニトロベンゼン $C_6H_5NO_2$
$-NH_2$	アミノ基	アミン	アニリン $C_6H_5NO_2$

●有機化合物の表し方

分子式	示性式	構造式	簡略化した構造式
C_2H_4O	CH_3CHO	$\begin{matrix} & H & \\ & \| & \\ H-C- & C & -H \\ & \| & \| \\ & H & O \end{matrix}$	$\begin{matrix} CH_3-C-H \\ \| \\ O \end{matrix}$

□【 定性分析 】

(1) CとH…試料をCuOとともに試験管に入れ加熱。発生した気体を Ba(OH)$_2$ 水溶液中に誘導し、 BaCO$_3$ の白色沈殿の生成でCの含有の確認。

誘導管の内壁に付着する水滴でHの含有の確認。

(2) N, S, P, ハロゲン…略。なお, Oは的確な検出法はない。

□【 定量分析 】

(1) CとH…下図の測定装置の吸収管の質量の増加から含有量を求める。

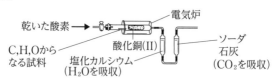

(2) O…O以外の元素の残りの量として求める。

(3) N, S, P, ハロゲン…略

 プラス+ α 組成式の決定

C, HおよびOだけからなる化合物5.00 mgを燃焼したところ, CO$_2$ 9.63 mg と H$_2$O 5.73 mgが生じた。この化合物の組成式は次のように求める。

試料中のCの質量＝秤量したCO$_2$の質量×CO$_2$の中のCの割合

$$= 9.63 \times \frac{12.0}{44.0} = 2.63 (mg)$$

試料中のHの質量＝秤量したH$_2$Oの質量×H$_2$Oの中のHの割合

$$= 5.73 \times \frac{2.0}{18.0} = 0.64 (mg)$$

この物質は, CとH以外にはOしか含まないから,

試料中のOの質量＝試料の質量－試料中のCとHの質量
$$= 5.00 - (2.63 + 0.64) = 1.73 (mg)$$

次に, C, H, Oの原子数の比を求める。

原子数 ＝ $N_A \times \dfrac{質量}{モル質量}$ N_A：アボガドロ定数

であるから, C, H, Oの原子数の比は, N_Aを省略して,

$$\frac{2.63}{12.0} : \frac{0.64}{1.0} : \frac{1.73}{16.0} = 0.219 : 0.64 : 0.108 = 2 : 6 : 1$$

したがって, この化合物の組成式はC$_2$H$_6$Oである。

❹ 飽和炭化水素と不飽和炭化水素

□【 飽和炭化水素 】

(1) **アルカン**（メタン系炭化水素）C_nH_{2n+2}

　例…**メタン**CH_4，**エタン**C_2H_6，**プロパン**C_3H_8

　　　分子量の増加とともに沸点は上昇。

(2) **アルキル基**…アルカンからH原子1個を取り除いた基

　例…**メチル基**CH_3-，**エチル基**C_2H_5-，**プロピル基**C_3H_7-

(3) **シクロアルカン**C_nH_{2n}…アルカンの炭素鎖の両端がつながった環状の構造を持つ。化学的性質はアルカンに似ている。

(4) **アルカンの構造**

　メタンCH_4　　　　エタンC_2H_6　　　シクロヘキサンC_6H_{12}

　　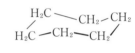

□【 不飽和炭化水素 】…不飽和結合の存在により，反応性に富む。

(1) **アルケン**（エチレン系炭化水素）C_nH_{2n}…二重結合1個を持つ。

　例…**エチレン**C_2H_4，**プロピレン**C_3H_6，**ブチレン**C_4H_8

(2) **アルキン**（アセチレン系炭化水素）C_nH_{2n-2}…三重結合1個を持つ。

　例…**アセチレン**C_2H_2

(3) **付加反応**…不飽和結合に他の原子が結合する反応。特に，水素の場合は水素付加という。

　例…エチレンにBr_2やCl_2を付加すると二臭化エチレン$C_2H_4Br_2$，二塩化エチレン$C_2H_4Cl_2$になる。また，適当な触媒のもとにH_2やH_2Oを付加するとエタンC_2H_6，エタノールC_2H_5OHになる。

(4) **エチレン，アセチレン，ベンゼンの構造**

　エチレンC_2H_4　　　アセチレンC_2H_2　　　ベンゼンC_6H_6

$$\begin{array}{cc} H & H \\ \backslash & / \\ C = C \\ / & \backslash \\ H & H \end{array} \qquad H-C\equiv C-H \qquad$$

　[平面形]　　　　　　[直線形]　　　　　　[平面形]

物理

化学

生物

地学

数学

❺ 鎖式炭化水素の誘導体

□【　アルコール　】R−OH　（Rは炭化水素基）

● **アルコールの分類**

(1) **ヒドロキシ基OHの数による分類**

一価アルコール…OHが1個。

例…メタノールCH_3OH，エタノールC_2H_5OH

多価アルコール…OHが2個以上。

例…エチレングリコール$HOCH_2CH_2OH$（二価アルコール）

グリセリン$HOCH_2CH(OH)CH_2OH$（三価アルコール）

(2) OHが結合しているC原子に結合している炭化水素基Rの数により，第一級アルコール（R 1個），第二級アルコール（R 2個），第三級アルコール（R 3個）に分類される。

● **アルコールの性質**

(1) ヒドロキシ基は電離しないので，水溶液は**中性**である。

(2) 分子間に水素結合があるため，比較的沸点が高い。

(3) Naと反応してH_2を発生し，アルコキシド（アルコラート）を生成。

$$2CH_3OH　+　2Na　\longrightarrow　2CH_3ONa　+　H_2\uparrow$$

(4) 酸化反応

第一級アルコール $\xrightarrow[\text{酸化}]{(-2H)}$ アルデヒド $\xrightarrow[\text{酸化}]{(+O)}$ カルボン酸

例…$CH_3OH　\longrightarrow　HCHO　\longrightarrow　HCOOH$

第二級アルコール $\longrightarrow$ ケトン

$$\begin{matrix} R \\ R' \end{matrix}>CH-OH \xrightarrow[\text{酸化}]{(-2H)} \begin{matrix} R \\ R' \end{matrix}>C=O$$

□【　アルデヒド　】…強い**還元性**を持つ。ホルムアルデヒド$HCHO$，アセトアルデヒドCH_3CHOなどがある。

(1) フェーリング液を還元し，赤色沈殿を生じる。[フェーリング反応]

(2) アンモニア性硝酸銀水溶液に加えると金属銀が生じる。[銀鏡反応]

□【　カルボン酸　】…**弱酸**性を示す。ギ酸$HCOOH$，酢酸CH_3COOHなどがある。$HCOOH$は他のカルボン酸とは違い，還元性を有する。

物理

化学

生物

地学

数学

□【 エステル 】…カルボン酸とアルコールの脱水縮合により合成される。

$$R-COOH + R'-OH \longrightarrow R-COO-R'$$

□【 油脂 】…グリセリンと高級脂肪酸のエステル。

$$C_3H_5(OH)_3 + 3RCOOH \longrightarrow C_3H_5(OCOR)_3$$

●油脂の分類

脂肪…室温で固体の油脂。

例…バター（乳脂），ラード（豚脂），ヘット（牛脂）

脂肪油…室温で液体の油脂。

乾性油…空気中で酸化され，固化しやすい脂肪油。多数の二重結合を持つ脂肪酸からなる。 例…ひまわり油，大豆油

半乾性油…中間的な性質の脂肪油。

例…綿実油，ごま油，米ぬか油

不乾性油…固化しにくい脂肪油。 例…オリーブ油，落花生油

硬化油…不飽和脂肪酸で構成されている脂肪油にH_2を付加した脂肪。 例…マーガリン，ショートニング

□【 加水分解 】…水を加えて放置すると，エステルはもとのカルボン酸とアルコールになる。

□【 けん化 】…塩基による加水分解のこと。

□【 セッケン 】…高級脂肪酸のナトリウム塩。アルキル基の部分が親油基（疎水基），カルボキシ基の部分が親水基。油性の汚れはセッケン分子に取り込まれて水中に分散して，安定な乳濁液になる。水溶液は塩基性を示す。

□【 界面活性剤 】…水と油の境界面の性質を変える働きをする。

⑥ アルコールとフェノール

●アルコールとフェノールで異なる性質

	アルコール水溶液	フェノール水溶液
酸性・中性・塩基性	中性	微酸性
NaOHとの反応	無反応	ナトリウム塩を生成
ハロゲンとの反応	無反応	ベンゼン環のHと置換
塩化鉄(Ⅲ)溶液との反応	無反応	呈色反応（紫色）
酸化剤との反応	アルデヒドまたはケトンを生成	ベンゼン環のHが酸化されてOH基を生じる

学習の
ポイント

◎日常生活によく見られる主なプラスチックの特性は記憶しておきたい。
◎天然高分子化合物の油脂，デンプン，セルロース，タンパク質の特性も
よく問われる。

❶ 天然高分子化合物

□【 単糖類 $C_6H_{12}O_6$ 】…多くの糖類の構成単位（モノマー）

(1) **グルコース（ブドウ糖）**…デンプンやセルロースの構成単位。白
色粉末状の結晶。多価アルコール。水溶液は還元性を示す。

(2) **フルクトース（果糖）**…果実などに含まれる白色粉末状の結晶。
水溶液は還元性を示す。

□【 二糖類 $C_{12}H_{22}O_{11}$ 】…加水分解により2個の単糖類になる。

(1) **スクロース（ショ糖）**…砂糖の主成分。希酸や酵素（インベルター
ゼ）により加水分解され，グルコースとフルクトースになる。

(2) **マルトース（麦芽糖）**…無色の結晶で水あめの主成分。希酸や酵素
（マルターゼ）によって加水分解され，2分子のグルコースになる。

□【 デンプン $(C_6H_{10}O_5)_n$ 】（$n = 40 \sim 3000$）

(1) **所在**…クロロフィルを触媒として光合成で作られ，植物の種子・
果実・塊茎・塊根中に多量に含まれる。

(2) **構造**…多数のα-グルコース分子が縮合重合した多糖類。

　アミロース（分子量1万～5万）…グルコースが直鎖状に結合
　アミロペクチン（分子量5万～100万）…枝分かれが多い構造
アミロースは水に溶けるが，アミロペクチンは難溶。小麦粉の
デンプンでは，25％がアミロース，75％がアミロペクチン。

(3) **性質**…冷水には難溶。熱湯に溶けてコロイド溶液になる。水溶液は
ヨウ素デンプン反応を示す(青紫色)。フェーリング液を還元しない。

(4) **酸や消化酵素との反応**…希硫酸を加えて加熱，または消化酵素の
アミラーゼ，マルターゼの作用により，デキストリン，マルトー
スを経てグルコースに加水分解される。

□【 セルロース$(C_6H_{10}O_5)_n$ 】$(n = 3000 \sim 6000)$

(1) **所在**…植物体の細胞壁の主成分。植物体の $30 \sim 50\%$ を占める。

(2) **構造**…多数の β-グルコース分子が縮合重合した多糖類。

(3) **性質**…水，エーテル，アルコールなどに**不溶**。還元性はない。

(4) **希酸との反応**…希酸を加えて加熱するとセロビオースを経てグルコースに加水分解される。セロビオースは**フェーリング液を還元**。

(5) **エステル化**…混酸の作用により**ニトロセルロース**（火薬の原料になる）を生じる。酢酸などの作用により**トリアセチルセルロース**（繊維製品，写真フィルムの原料になる）を生じる。

□【 **タンパク質** 】

(1) **所在**…動物体の主要構成物質で，植物体にも多く含まれる。人体では約 40% を占める。

(2) **構造**…多種類の α-アミノ酸（$-NH_2$ と $-COOH$ とを持つ化合物）が縮合重合して結合（**ペプチド結合**）した構造を持つ（**ポリペプチド**）。タンパク質を構成する α-アミノ酸は **20種類**あり，このうち **12種類**は人体内でつくることができるが，残る **8種類**は体外から摂取しなければならない（**必須アミノ酸**）。

(3) **タンパク質の分類**

　　　単純タンパク質…アミノ酸だけから構成。
　　　複合タンパク質…糖，核酸，リン酸などを含む。

(4) **性質**…溶液は**コロイド溶液**で，多量の無機塩類を加えると**塩析**が起こって沈殿を生じる。加熱すると凝固する（**変性タンパク質**）。塩酸を加えて加熱すると加水分解して**アミノ酸**になる。濃い $NaOH$ 水溶液とともに加熱すると，分解して NH_3 を生じる。

(5) **呈色反応**

①**ビウレット反応**…$NaOH$ 水溶液と $CuSO_4$ 水溶液を加える→紫色
②**キサントプロテイン反応**…濃硝酸を加えて加熱→黄色
　　　　　　　　　　　　　　　冷却した後，アルカリを加える→橙色
③**ニンヒドリン反応**…ニンヒドリンを加えて加熱した後，冷却→紫色
　　　　　　　　　　　α-アミノ酸の検出に用いられる。

❷ 合成高分子化合物

●重合反応の種類とその仕組み

□【 付加重合 】…単量体（モノマー）の炭素間の二重結合が開いて，その両側に次々と単量体が結びついて**高分子（ポリマー）**になる反応。

$$例 \quad n\,CH_2=CH- \longrightarrow \left[CH_2-CH \right]_n$$
$$\quad\quad\quad | \quad\quad\quad\quad\quad\quad | \quad$$
$$\quad\quad\quad Cl \quad\quad\quad\quad\quad\quad Cl$$

塩化ビニル　　　　ポリ塩化ビニル

□【 縮合重合 】…モノマーが結合するとき一部が**水**などとして取り除かれて重合する反応。

●合成樹脂（プラスチック）

□【 ポリエチレン 】…**エチレン** $CH_2=CH_2$ の付加重合体。熱可塑性。熱や電気の不良導体。耐熱性は低い。用途は，洗面器などの日用品，包装フィルム，電気絶縁材料など。

□【 ポリプロピレン 】…**プロピレン** $CH_2=CHCH_3$ の付加重合体。ポリエチレンによく似た性質を持つ。用途は，浴槽，ポリバケツ，自動車部品，包装フィルムなど。

□【 ポリスチレン 】…**スチレン** $CH_2=CHC_6H_5$ の付加重合体。熱可塑性。耐水性。有機溶剤に溶けやすい。用途は，カップラーメンの容器，断熱材，梱包材など。

□【 ポリ塩化ビニル 】…**塩化ビニル** $CH_2=CHCl$ の付加重合体。熱可塑性。熱や電気の不良導体。用途は，水道管，電線の被覆など。

□【 ポリ酢酸ビニル 】…接着力が大きく接着剤に用いられる。ビニロンの原料になる。

□【 ポリエチレンテレフタラート (ポリエステル繊維) 】…**PET**（ペット）と呼ばれるテレフタル酸とエチレングリコールの縮合重合体。用途は，ペットボトル，繊維（商品名ダクロン，テトロン）など。

□【 フェノール樹脂（ベークライト） 】…**フェノール** C_6H_5OH と**ホルムアルデヒド** $HCHO$ の縮合重合体。網目構造。熱硬化性。電気の不良導体。用途は，電気器具，配線基盤，接着剤など。

□【　尿素樹脂　】…**尿素**H_2NCONH_2と**ホルムアルデヒド**$HCHO$の縮合重合体。網目構造。熱硬化性。用途は，成形品，化粧板など。

□【　メラミン樹脂　】…**メラミン**と**ホルムアルデヒド**$HCHO$の縮合重合体。用途は，食器などの成形品，接着剤，塗料など。

□【　イオン交換樹脂　】

　　①**陽イオン交換樹脂**…酸性基（スルホ基,カルボキシル基,フェノール性水酸基）を有し，水素イオンH^+が溶液中の他の陽イオンと交換される。

　　②**陰イオン交換樹脂**…塩基性基（アミノ基,置換アミノ基）を有し，$-NH_2+H_2O$の反応で生じた水酸化物イオンOH^-が溶液中の他陰イオンと交換される。

　　※長時間使用してイオン交換作用が弱くなった樹脂は，それぞれ酸とアルカリで洗浄すると再びもとの能力を回復する。

●合成繊維

□【　ナイロン6,6　】…**アジピン酸**と**ヘキサメチレンジアミン**の縮合重合によって合成。初めて作られた合成繊維で**絹**に似た性質を持つ。

□【　ナイロン6　】…日本でつくられた**ポリアミド**（モノマーがアミド結合で連結した高分子）で,カプロラクタムの開環重合によって合成。

□【　ポリ塩化ビニリデン　】…燃えにくく，耐薬品性に優れる。酸素や水蒸気を通しにくい性質を持つ。

□【　ポリアクリロニトリル（アクリル繊維）　】…アクリロニトリルの付加重合体。**羊毛**に似た感触で保温性に優れる。

□【　ビニロン　】…**酢酸ビニル**が原料。日本で初めて開発された合成繊維で，吸湿性に優れ，木綿に似た性質を持つ。

●合成ゴム

□【　天然ゴム　】…**イソプレン**の付加重合体。加硫（硫黄を加え，加熱すること）により，弾性・強度・耐久性が増大。加硫ゴムは低温でも硬化せず，溶剤にも溶けにくい。なお，硫黄を30％以上使って加硫したものがエボナイト。

□【　合成ゴム　】…**ブタジエン**，**クロロプレン**，スチレンなどの付加重合体。天然ゴムと同様の性質を持つ。

頻出度 **B**

テーマ **7**

時事問題・環境問題

試験別頻出度	国家専門職 ★★☆	地上特別区 ————
国家総合職 ★★☆	地上全国型 ★★☆	市役所C ————
国家一般職 ★☆☆	地上東京都 ————	

学習の
ポイント

◎新素材に関する問題は近年よく出題されている。日頃から，新聞・雑誌・テレビなどで新素材に関して知識を深めておこう。

◎オゾン層の破壊，環境汚染，環境ホルモン，地球の温暖化などの環境問題は近年多く出題されている。

❶ 新素材とその用途

●エンジニアリングプラスチック

大きな強度と耐熱性を持ち，金属に代わる素材として利用。

□【 ポリアミド樹脂 】…電気部品，機械部品，自動車部品，建材部品

□【 ポリカーボネート樹脂 】…電子機器部品，有機ガラス，光ディスク

□【 ポリフェニレンオキシド樹脂 】…OA機器のケース

□【 ポリオキシメチレン樹脂 】…電子機器のリール，ギア，軸受け

□【 ポリブチレンテレフタラート樹脂 】…電気部品，電子部品

●生分解性プラスチック

□【 グリーンプラ 】…生分解性プラスチックのことで，通常のプラスチックと同様の性質・機能を持つが，自然界の微生物の働きにより最終的に水と二酸化炭素に分解される。

□【 エコマテリアル 】…地球環境に対する影響や負荷の小さい材料をいう。上記の生分解性プラスチック以外にも，生分解性インキ，無溶剤型接着剤,非臭素系難燃エンジニアリングプラスチックなどがある。

●炭素繊維

□【 カーボンファイバー 】…炭素繊維のことで，ほとんどが炭素でできている。軽量で強度が大きく，弾性に優れているところから，ゴルフクラブやテニスラケットなどのスポーツ用品や航空宇宙関係などで広く利用されている。アクリル繊維などの化学繊維を高温で処理して製造されるものが一般的である。ピッチを高温で処理して製造されるものは強度は落ちるが安価なので，コンクリートの強度を大きくする複合材料として用いられる。

●ニューセラミックス

精製された高純度，微粒の人工の無機化合物を焼成して作った物質。技術的により上の段階にあるのをファインセラミックスというが，それをも含めてニューセラミックスということも多い。

□【　アルミナ　】…強度，耐熱性，絶縁性に優れ，薬品にも強い。用途は，IC基板，切削工具，軸受け，ノズルなど。

□【　フェライト　】…磁気を保持する性質に優れる。用途は，永久磁石，磁気メモリーなど。

□【　チタン酸ジルコン酸鉛　】…力を加えると電気的な分極を生じる。用途は，着火素子，超音波洗浄器など。

□【　窒化ケイ素　】…強度，耐熱性に優れ，衝撃に強い。セラミック製エンジンの材料として有望視されている。

□【　ヒドロキシアパタイト　】…生体になじみやすい。用途は，人工歯根，人工関節，人工骨など。

□【　石英ガラス　】…光を弱めることなく遠方まで伝える。用途は，光ファイバーなど。

●新合金

従来の合金にはない，特殊な性質を持つ合金。

□【　形状記憶合金　】…変形しても，適当な温度に加熱するともとの形に戻る。

□【　水素貯蔵合金　】…熱や圧力の変化により，水素の吸収・放出をする。

□【　アモルファス合金　】…結晶構造を持たない。強度が大きい。磁気の保持に優れる。

□【　防振合金　】…振動や音のエネルギーを吸収して熱に変える。

□【　超塑性合金　】…自由自在に変形して型どおりになる。

❷ 放射性同位体とその利用

□【　放射性同位体（ラジオアイソトープ）　】…放射能を持つ同位体のこと。放射能とは，原子が放射線を出す性質のこと。天然にも存在するが，大部分は原子炉などで人工的に作られる。なお，すべての同位体が放射能を持つ元素を放射性元素という。

物理

化学

生物

地学

数学

●**放射線**

□【 **X線 (レントゲン線)** 】…電磁波の一種で，波長はおおよそ10^{-10}cm
　　～10^{-6}cm。ドイツの物理学者レントゲンによって発見された。

□【 **α線** 】…高速のα粒子（ヘリウムの原子核）の流れで，初速度は
　　光速の20分の1程度。粒子が大きいため生体に対する影響も大きい。

□【 **β線** 】…高速のβ粒子（電子e^-）の流れで，初速度はほぼ光速
　　に等しい。

□【 **γ線** 】…電磁波の一種で，X線より波長が短く，透過力が強い。

　注　α線は正の電荷，β線は負の電荷を持つので，電場や磁場で湾曲
　　　するが，γ線は電荷を持たないので影響を受けない。

□【 **原子核崩壊** 】…原子核から放射線を出して，他の元素の原子核に
　　変わること。

□【 **α崩壊** 】…α粒子を放出。質量数は4，原子番号は2だけ減少する。

　例　$^{238}_{92}\text{U} \longrightarrow {}^{234}_{90}\text{Th} + {}^{4}_{2}\text{He}$ （α粒子）

□【 **β崩壊** 】…β粒子を放出。その結果中性子が陽子に変わる。質量
　　数は変わらず，原子番号が1だけ増える。

　例　$^{234}_{90}\text{Th} \longrightarrow {}^{234}_{92}\text{U} + 2e^-$

　注　γ線を放出しても，質量数や原子番号は変化しない。

□【 **半減期** 】…放射性同位体が，初めの量の半分になるのに要する時
　　間。半減期は，放射性同位体のもとの量に関係なく**一定**で，各放射性
　　同位体**固有**の値を持つ。半減期の長さは，短いものは1μ秒に満たな
　　いものから，長いものは2×10^{18}年を超えるものまでさまざまである。

●**放射線の強度や量を表す単位**

□【 **ベクレル〔Bq〕** 】…線源の強度（放射性物質の量）を表す単位で，
　　以前はキュリー〔Ci〕が用いられた。

□【 **レントゲン〔R〕** 】…放射線そのものの強さ（照射線量）を表す
　　単位

□【 **グレイ〔Gy〕** 】…吸収される放射線のエネルギーの量（吸収線量）
　　を表す単位

□【 **シーベルト〔Sv〕** 】…放射線による生物学的影響（人体の放射線
　　障害の程度）を表す単位

●放射性同位体・放射線の利用

□【　トレーサー　】…物質に放射性同位体を含む物質を少量混ぜて，その放射線を手がかりにして，化学反応や生体内の物質の動きを追跡するのに用いられる。

□【　医療　】…胸部X線写真，放射性同位体を利用した胃透視などの検査や放射線の照射によるがん治療などに用いられる。

□【　品種改良など　】…放射線照射により突然変異を起こさせ，植物の品種改良や発芽の抑制に役立てる。

□【　X線検査　】…物体の構造を調べる。空港での携行品検査。

□【　エネルギー源　】…核反応による高熱を利用する。原子力発電は核分裂反応を利用したものである。太陽など恒星のエネルギー源となっている核融合反応は超高温を維持するのが難しく実用化のめどは立っていない。

□【　年代測定　】…「 プラス+ α 」を参照。

プラス+ α ¹⁴Cを用いた年代測定の仕組み

考古学では放射性元素の半減期を利用して年代測定に役立てている。
大気中に CO_2 などとして存在する ^{14}C は β 崩壊して ^{14}N になるが，宇宙線の作用により新たに ^{14}C が生成され，平衡状態にある。したがって，大気中の ^{14}C と ^{14}C の存在比率は場所や時間によらず一定と考えられる。生物は呼吸活動によりCを体内に取り入れるので，生体内での存在比率は大気中のそれと同じであるが，生命活動をやめると新たに ^{14}C を取り入れなくなるので存在比率が変化する。この存在比率の変化を測定すれば，生命活動をやめた時期を特定できるわけである。
今，ある土器に付着した木炭化したブナの実の ^{14}C と ^{12}C の組成比率が，現在の大気中のそれの20％であったとしよう。これは，ブナの実の ^{14}C の量がもとの20％になったことを示すから，次式が成り立つ。

$$0.20 = \left(\frac{1}{2}\right)^{\frac{t}{5.7 \times 10^3}}$$

　　t：ブナの実が生体活動をやめてから現在までの時間

両辺の対数を取ることにより，　　$\frac{t}{5.7 \times 10^3} \log_{10}\frac{1}{2} = \log_{10} 0.20$

$\log_{10} 2 = 0.301$ とすると，

$$t = 5.7 \times 10^3 \times \frac{\log_{10} 2 - 1}{-\log_{10} 2} = 5.7 \times 10^3 \times \frac{0.301 - 1}{-0.301} = 1.3 \times 10^4$$

したがって，この土器の製作年代は今から約13,000年前と推定される。

❸ 大気汚染

□【　硫黄酸化物（SO_x）　】…**ソックス**とも呼ばれる。二酸化硫黄SO_2（亜硫酸ガス），三酸化硫黄SO_3（無水硫酸）などの総称。主に，重油や石炭などの化石燃料の燃焼により発生する。大気中ではエーロゾル（エアロゾル）に吸着したり硫酸などの酸化物として存在する。SO_xは**呼吸器系疾患**や**酸性雨**の原因物質として知られ，ロンドンのスモッグや四日市ぜんそくなどはこれが原因とされる。大気中のSO_x濃度が0.1ppm～0.2ppmで呼吸器系の異状が現れるという。現在ではSO_xに対しては**環境基本法**で厳しい排出基準が設けられている。

二酸化硫黄SO_2に関しては，硫黄分を回収する脱硫装置の開発・普及が推進された。その結果，東京都の二酸化硫黄濃度は，1960年代後半には約60ppbであったものが1990年代には約10ppbにまで減少している。

注　ppmやppbは気体の濃度を表すときに用いられる。ppmはparts per million，ppbはparts per billionの略。millionは100万（$=10^6$），billionは10億（$=10^9$）の意味を表す。1ppmは気体10^6mL（$=1\,m^3$）中に当該物質が1mL，1ppbは気体10^9mL（$=1000\,m^3$）中に当該物質が1mL存在することを示す。

□【　窒素酸化物（NO_x）　】…**ノックス**とも呼ばれる。一般には一酸化窒素NOと二酸化窒素NO_2との総和をいう。発生源は，雷や土壌中の微生物など自然界に由来するものもあるが，大部分は工場や自動車から排出される。NO_xは人体の目や呼吸器系に悪影響を与え，大気汚染，**光化学スモッグ**，酸性雨などの原因ともされる。NO_xの排出量を減らすにはエンジンの改良が不可欠であり，自動車の排ガス中のNO_xの量に対して厳しい規制が設けられている。また，NO_xを排出しない**アルコール燃料のエンジン**や**電気自動車**などの開発も進められている。

□【　浮遊粒子状物質（SPM）　】…大気中に浮遊する微粒子で粒径が$10\,\mu m$以下のもの。さらに粒径が$2.5\,\mu m$以下の超微粒子を**PM2.5**（微小粒子状物質）と呼ぶ。近年はPM2.5による呼吸器や循環器系の健康被害が注目されており，中国の大規模な大気汚染が国際的な問題となっている。

❹ 酸性雨

□【　酸性雨　】…SO_xやNO_xが大気中の水分と結びついて，**硫酸**や**硝酸**となることで生じる。広義では，降雨以外にも降雪，霧，あるいは乾燥状態での降下をも含める。作物や森林に被害をもたらし，湖沼などの生物に影響を与える。北ヨーロッパや北米大陸五大湖沿岸北部では大きな被害が報告されているが，近年では東アジアでも，各国の工業化に伴い被害が多く見られるようになっている。大気の循環により，SO_xやNO_xの発生源とは異なる地域で被害が生じるので，問題の解決には国際的な協力が必要となる。

❺ 地球温暖化

□【　温室効果　】…大気中の**二酸化炭素**CO_2，メタンCH_4，亜酸化窒素N_2O，**フロン**などのハロゲン化炭化水素，オゾンO_3などの気体には，本来地球外へ放出されるべき，地表からの熱線を吸収する特性があり，さらに地表に向かって放射するので，CO_2などの増加とともに地表の温度が上昇することになる。このため南極や北極あるいは氷河の氷が融解し，**海水面の上昇**など重大な問題を引き起こすといわれている。**異常気象**の一因ともいわれ，農作物の生育に悪影響を与えたり，大洪水を引き起こすことにもなる。対策の一つとしてCO_2などの温暖化ガスの発生抑制が急務とされる。1997年12月の温暖化防止京都会議で，これら温暖化ガスの排出量の削減目標を定めた**京都議定書**が採択された。その後紆余曲折はあったが，2005年2月に発効した。2015年には，気候変動枠組条約に加盟する全196か国間で，気候変動を抑制する**パリ協定**が合意された。

❻ 森林破壊，砂漠化

□【　熱帯雨林　】…熱帯林，熱帯降雨林ともいう。大半は赤道から南北へ緯度にして10度以内のところにある。中でも南米の**アマゾン川流域**は最大の熱帯雨林となっている。豊かな植生を持ち，多くの生物種が生息している。また光合成により多量の**酸素**を供給している。近年，この熱帯雨林の急激な減少や劣化が進んでいる。主な原因は，自然の再生力を超えた過度の，商業用伐採，焼畑耕作，薪炭材の採取，あるいは農牧地への転用である。熱帯雨林の消失は，生態系を破壊して多

くの生物の種を絶滅させ，大洪水などの災害を引き起こし，また，地球温暖化の一因ともなる。

□【　砂漠化　】…人為的な原因としては，家畜の過剰放牧，土壌の限界を超えた耕作，薪炭用木材の過剰採取などが挙げられる。現在世界各地で，砂漠の緑地化，マングローブ林の再生などへのさまざまな努力が行われている。しかし，根底には開発途上国が抱える**貧困**や**人口増加**などの諸問題が横たわっているので，経済面も含めた総合的な対策が求められている。

❼ 水汚染

□【　水質汚濁（水汚染）　】…水が汚濁，汚染することによって水質が悪化し，本来の用途に適さなくなること。汚染源としては工場排水，農薬，生活排水などが挙げられる。他に，タンカーの事故による原油の流失や釣り人による過剰な寄せ餌なども一因となる。汚染物質としては，無機酸とその塩類，重金属，シアン化合物，合成洗剤中のリン酸塩，アンモニア性窒素，放射性物質などがある。また，工場や発電所が放流した冷却水によって，水域の水温が上昇するときには，熱も汚染物質とされる。

□【　生物濃縮　】…水中の有害な重金属や化合物が，**食物連鎖**によって，より上位の消費者ほど体内で高濃度になることをいう。熊本県水俣湾周辺の水俣病，新潟県阿賀野川流域の新潟水俣病などは，工場の排水中の**有機水銀**（メチル水銀）が食物連鎖によって体内に濃縮された魚を摂取して発症した例である。水汚染の問題点は，このように水中生物の汚染が人間の食生活と密接なかかわりを持つことである。

□【　油汚染　】…タンカーの事故やタンカーの洗浄水による汚染が近年増加傾向にある。原油は水より比重が小さいので海水面に薄い皮膜となって漂う。こうした浮遊する油を除去する有効な手段は現在のところほとんどなく，せいぜい**オイルフェンス**でその拡散を防いだり，油をくみ出す程度の対策しかとれない。油の皮膜は海水面からの水蒸気の蒸発を妨げるので気象にも影響を与え，大気と海水との気体（酸素や二酸化炭素など）の交換を妨げるので水中の生物にも悪影響を与える。

□【 富栄養化 】…狭い水域に**リンP**や窒素Nなどの**栄養塩類**が大量に流れ込んで過剰になること。これらの塩類によって，植物プランクトンや藻類が大量に発生し，それに伴い動物プランクトンも大量に発生することになる。こういった連鎖により水質が汚濁する。滋賀県の琵琶湖や茨城県の霞ヶ浦などでは，リンや窒素を含む生活排水が湖沼に流れ込み，**アオコ**（藻類の一種）が異常発生することが毎年繰り返され問題となった。滋賀県，茨城県では1980年頃に条例を制定し，琵琶湖や霞ヶ浦の富栄養化を防止するためリンを含む合成洗剤の規制を行っている。海水が富栄養化するとプランクトンが異常発生し赤潮の原因ともなる。赤潮は魚介類に窒息死，中毒死などの甚大な被害を及ぼす。

❽ オゾン層の破壊

□【 オゾン層 】…地上から$15 \sim 35\,\mathrm{km}$のところにあるオゾンO_3の層のこと。オゾンには生物にとって有害な**太陽紫外線**を吸収する働きがある。紫外線は皮膚がんの原因となり，また生物の突然変異を引き起こす。オゾンO_3は，酸素分子O_2と酸素原子Oとが結合してできるが，この酸素原子は太陽紫外線の解離作用によって酸素分子から生じる。

□【 フロン 】…炭化水素の水素原子をフッ素や塩素で置き換えた化合物の総称。大気中に放出されたフロンにはオゾン層を破壊する働きがあり，南極上空で巨大なオゾンホールが発見されている。フロンは冷蔵庫やエアコンなどの冷媒として大量に用いられてきたが，**特定フロン**（CFC）は先進国では20世紀中に生産が中止された。**代替フロン**（HCFC，HFC）も温室効果のため規制対象である。

❾ 環境ホルモン

□【 環境ホルモン 】…人間の体内に入って，ホルモンに似た働きをすることで正常なホルモンの機能を阻害する化学物質をいう。これらは分解しにくく，体内への残留性が高い。現在までにDDT，PCB（ポリ塩化ビフェニール）など100種類以上が確認されている。

□【 ダイオキシン 】…環境ホルモンの一種で，ごみとして塩化ビニルなどを焼却する際，不完全燃焼によって発生する。対策には焼却炉の性能向上，煤煙中の有害物質の化学的除去法の開発，代替品の製造・使用などがあるが，ごみの分別の徹底など消費者の努力も必要である。

物理

化学

生物

地学

数学

頻出度
B 化学全般

テーマ
8

試 験 別 頻 出 度
国家専門職 ★★☆ 地上特別区 ──
国家総合職 ★★☆ 地上全国型 ★☆☆ 市役所C ──
国家一般職 ★☆☆ 地上東京都 ★☆☆

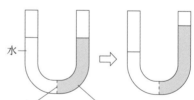

学習の
ポイント

◎化学の各分野から複合的な問題が出題されることがある。また，意外と
盲点になりそうな出題もあるので注意が必要。
◎生物など他科目に関連する内容が出題されることがある。

① 基礎知識

□【 **氷の体積** 】…普通の物質では，液体のほうが固体より体積が大き
いが，水は例外で，固体のほうが液体より体積が大きい。

□【 **水の最大密度** 】…水は約 **4℃** のとき体積が最小になり，密度が
最大になる。

□【 **半透膜** 】…溶媒だけを通す半透膜を仕切りにした2室に，溶媒・
溶質が同じで，濃度が異なる溶液を入れる。このとき，半透膜を通し
て移動する溶媒分子の数は，低濃度の溶液から高濃度の溶液へと移動
するもののほうが多い。

□【 **浸透圧** 】…図のように，
U字管を半透膜で仕切り，右
側にスクロース水溶液を，左
側に純水を同体積ずつ入れ放
置する。すると，左から右に
半透膜を通過する水分子のほ

水 ──

半透膜 スクロース水溶液

うが，右から左へ通過する水分子より多くなり，右側の液面は上昇す
る。そこで，始めに右側のスクロース水溶液にある圧力をかけておく
と，半透膜を通して移動する水分子の数が等しくなり，両側の液面の
高さが等しいままになる。この圧力を浸透圧という。

□【 **ファントホッフの法則** 】…一般に，体積 V〔L〕の溶液中の物質量
が n〔mol〕であるとき，浸透圧を Π〔Pa〕，溶液の温度を T〔K〕として，
次式が成り立つ。ここで，R は理想気体の状態方程式の定数 R と同じ
ものである。この式をファントホッフの法則という。

$$\Pi V = nRT$$

❷ 生物と関連する知識

□【 原形質分離 】…細胞液より浸透圧が高い溶液を高張液，低い溶液を低張液，等しい溶液を等張液という。細胞膜は半透膜であり，植物の細胞を高張液に浸すと，細胞液から水分が減少して細胞膜が細胞壁から離れる。これを原形質分離という。真水に浸すと，細胞膜は膨らむが，細胞壁に保護されるので膨らむだけで破裂することはない。一方，動物の細胞では細胞壁がないので，たとえば血液を真水に浸すと，血液中の赤血球は膨らんで壊れてしまう。これを溶血という。

□【 生体物質 】…生体を構成する重要な物質としてタンパク質，糖類（炭水化物），脂質，核酸などがある。タンパク質は生体構造の形成や触媒作用に，糖類はエネルギーの貯蔵に，脂質はエネルギーの貯蔵や生体膜の形成に，核酸は遺伝情報の保存や発現に重要な役割を果たす。また，タンパク質，炭水化物，脂質をまとめて三大栄養素という。

□【 タンパク質 】…タンパク質は多数のアミノ酸が結合重合してできた構造を持つ物質で，人体を構成する物質としては水に次いで多い。1つのアミノ酸分子のアミノ基 $-NH_2$ と別のアミノ酸分子のカルボキシル基 $-COOH$ との間で水 H_2O 1分子が取れるとペプチド結合 $-CO-NH-$ がつくられる。縮合するアミノ酸分子が2分子のときはジペプチド，3分子のときはトリペプチドという。そして，多数の分子が縮合したものがポリペプチド（アミノ酸）である。

□【 核酸 】…核酸は，リン酸・糖・塩基からなるヌクレオチドが多数縮合重合したポリヌクレオチドであり，遺伝において中心的な役割を担う。核酸にはDNA（デオキシリボ核酸）とRNA（リボ核酸）がある。

□【 DNA 】…遺伝子の本体はDNAであり，DNAを構成する糖はデオキシリボースで，塩基はアデニン（A）・グアニン（G）・シトシン（C）・チミン（T）である。AとT，GとCとの間で水素結合をつくり，2本鎖がよじり合わさった二重らせん構造になっている。

□【 RNA 】…RNAはタンパク質合成に深くかかわり，糖のリボースと，塩基のアデニン（A）・グアニン（G）・シトシン（C）・ウラシル（U）とから構成される。RNAには伝令RNA（mRNA）・運搬RNA（tRNA）・リボソーム（rRNA）の3種類がある。

Question

□1 同温・同圧・同体積の気体中には，気体の種類に関係なく，同数の分子を含む。これを ☐ の法則という。

□2 温度が一定のとき，一定量の気体の体積は圧力に反比例する。これを ☐ の法則という。

□3 ☐ とは，気体が冷やされて一定の温度まで下がり，気体分子中のエネルギーの低いものが分子間力に打ち勝てずに液体になる現象である。

□4 ☐ とは，固体の分子間の引力が比較的弱いとき，大きな運動エネルギーを持った分子がその引力に打ち勝って空間に飛び出し，気体になる現象である。

□5 ☐ 結合による物質は，固体では電気を通さないが，融解すると電気を通すようになる。

□6 300kPa，27℃の下で2Lの体積を占める気体は，100kPa，0℃では何Lになるか。

□7 温度が一定の下で300kPaの酸素40Lと400kPaの窒素80Lとを，容積が100Lのボンベに入れると，全圧は何kPaになるか。

□8 KNO_3は，水100gに80℃で169g，10℃で22gまで溶ける。80℃の飽和水溶液200gを10℃まで冷却すると何g析出するか。

□9 コロイドの半透膜に対する不浸透性を利用して，コロイド粒子をイオンまたは通常分子と分離させることを ☐ という。

□10 次の化合物において，下線をつけた原子の酸化数が$BaSO_4$のSの酸化数と等しい

Answer

1 アボガドロ

2 ボイル
$PV = 一定$

3 凝縮

4 昇華
気体が固体になる現象も昇華という

5 イオン
$NaCl$などである

6 5.5L
$$\frac{300 \times 2}{300} = \frac{100 \times V}{273}$$

7 440kPa
$$300 \times \frac{40}{100} + 400 \times \frac{80}{100}$$

8 109g
$$100 : 200 \times \frac{100}{100 + 169}$$
$$= (169 - 22) : x$$

9 透析
コロイド粒子は半透膜の孔より大きい

10 Cr

ものはどれか。

$SnCl_2$，K_2CrO_4，H_2SO_3，$HClO_4$

□**11** 次の化学反応において酸化剤となっている物質は何か。その名称を記せ。

$SO_2 + 2H_2S \longrightarrow 3S + 2H_2O$

□**12** イオン化傾向の小さい金や白金は，□と濃塩酸を1:3に混合した王水にのみ溶ける。

□**13** アルミニウムやクロムは，空気中では表面が安定な酸化皮膜で薄く覆われて酸化が進まず，金属光沢が保たれる。このような状態を□という。

□**14** 白金を電極として水酸化ナトリウム水溶液を電気分解すると，陽極からは①，陰極からは②が発生する。

□**15** Ni-Cd蓄電池などの□では，電解液としてKOH溶液が使われている。

□**16** 希硫酸に□を入れ，次に水酸化ナトリウムを入れると，無色から赤色になった。空欄に該当するものを以下から選べ。

BTB液，メチルレッド，メチルオレンジ，フェノールフタレイン，ヨウ素液

□**17** 酸と塩基の中和によってできた塩を加水分解すると，硝酸カリウムKNO_3は①性，硫酸銅(Ⅱ)$CuSO_4$は②性，炭酸水素ナトリウム$NaHCO_3$は③性を示す。

□**18** 0.2 mol/LのH_2SO_4溶液50 mLを中和させるのに0.1 mol/LのNaOH溶液は何mL必要か。

□**19** 硫化鉄に希硫酸を加えたとき発生し，悪臭を持ち有害な気体の化学式は□である。

$BaSO_4 \to S(+6)$
$Sn(+2)$，$Cr(+6)$
$S(+4)$，$Cl(+7)$

11 二酸化硫黄

酸化剤は，自身は還元される。Sの酸化数が+4から0に減少

12 濃硝酸

13 不動態

14 ①酸素 ②水素

結果として水の電気分解である

15 アルカリ蓄電池

16 フェノールフタレイン

17 ①中 ②酸 ③塩基

① (強酸，強塩基)
② (強酸，弱塩基)
③ (弱酸，強塩基)

18 200 mL

硫酸は2価の酸
$0.2 \times 2 \times 50 = 0.1 \times x$

19 H_2S

硫化水素

□20 Ca^{2+}, Cu^{2+}, Fe^{3+}, Zn^{2+}, Ag^+ の
各イオンを含む溶液に，次の操作を行ったと
き，最後まで沈殿しなかったイオンはどれか。
① HCl を加える。(白色沈殿)
② H_2S を通す。(黒色沈殿)
③ NH_3 を加える。(赤褐色沈殿)
④ H_2S を通す。(白色沈殿)

20 Ca^{2+}
① $AgCl\downarrow$
② 酸性で $CuS\downarrow$
③ $Fe(OH)_3\downarrow$
④ 塩基性で $ZnS\downarrow$

□21 次の熱化学方程式からアンモニアの生成
熱を求めよ。
$4NH_3+3O_2=2N_2+6H_2O(L)+1530\,kJ\cdots①$
$2H_2+O_2=2H_2O(L)+572\,kJ\cdots②$

21 46.5 kJ/mol
①②式から O_2 と H_2O
を消去し，NH_3 を1モ
ル生成する式を導く

□22 20gのメタン CH_4 を完全燃焼すると二酸
化炭素は何g生じるか。

22 55g
CH_4+2O_2
$\longrightarrow CO_2+2H_2O$

□23 次のような反応が平衡状態になった後，
反応を右（→）に進ませるには①～⑤のど
の操作を行えばよいか。
$H(g)+Br(g)\Longleftrightarrow 2HBr(g)+103\,kJ$
① 圧力を上げる。 ② 圧力を下げる。
③ 加熱する。 ④ HBr を取り除く。
⑤ H のモル数を減らす。

23 ④
左右両辺のモル数が等
しいので圧力の変化で
は平衡は移動しない

□24 周期表において，元素は ☐☐☐ に基づい
て並べられている。

24 陽子数

□25 $^{13}_{6}C$ は陽子を ① 個,中性子を ② 個持つ。

25 ①6 ②7

□26 Li, Na, K を ① 金属，Ca, Sr を
② 金属という。

26 ① アルカリ
② アルカリ土類

□27 次の表は18種類の元素をある規則性に
従って並べたものである。①～⑤に入る元
素は何か。

27 ①C ②O
③Na ④S
⑤Ar

H							He
Li	Be	B	①	N	②	F	Ne
③	Mg	Al	Si	P	④	Cl	⑤

□**28** Na^+ と同じ電子配置を持つものはどれか。
　　Li^+, Na, K, K^+, Mg^{2+}

28 Mg^{2+}

□**29** 次の元素のうち，1つだけ異質なものが混じっている。それはどれか。
　　Br, P, I, Cl, F

29 P
　Pは15族，他は17族の
　ハロゲン元素

□**30** 有機化合物は，□□を主成分とし，H, O, Nなどを補助成分とした化合物で，無機化合物と比べてその数は非常に多い。

30 C

□**31** アセトン，アニリン，フェノール，安息香酸のうち，□□が最も沸点が低い。

31 アセトン

□**32** エステルは，アルコールと□□とを反応させて得られる化合物である。

32 カルボン酸

□**33** 次のうち単糖類は□□と□□である。
　　ショ糖，果糖，麦芽糖，乳糖，ブドウ糖

33 果糖，ブドウ糖

□**34** アミノ酸は1分子中に，塩基性の①□基$-NH_2$と酸性の②□基$-COOH$を持つ。

34 ①アミノ
　　②カルボキシ

□**35** タンパク質は多数のアミノ酸が□□結合してできたものである。

35 ペプチド

□**36** D-乳酸とL-乳酸のように互いに鏡像の関係にある異性体を□□異性体という。

36 光学

□**37** メタノールCH_3OHを酸化すると①□になり，さらに酸化すると②□になる。

37 ①ホルムアルデヒド　②ギ酸

□**38** エタノールC_2H_5OHを酸化すると①□になり，さらに酸化すると②□になる。

38 ①アセトアルデヒド　②酢酸

□**39** C，H，Oからなる有機化合物4.6 mgを燃焼させ，CO_2 8.8 mg，H_2O 5.4 mgを得た。この有機化合物の組成式を求めよ。

39 C_2H_6O
　$C : 8.8 \times \dfrac{12}{44}$
　$H : 5.4 \times \dfrac{2}{18}$

□**40** 天然ゴムに□□を混ぜ，加熱すると弾力性が増し，耐久性が大きくなる。

40 硫黄
　加硫という

□**41** セッケンなどのように，水の表面張力を著しく低下させる溶質を□□剤という。

41 界面活性

物理

化学

生物

地学

数学

□**42** セッケンが洗浄作用を持つのは，油の小滴を多数のセッケン分子の ① 基で包み込み，表面に ② 基が並んで，油滴どうしの接着を妨げるからである。

42 ①疎水（親油）
　　②親水（疎油）

□**43** タンパク質溶液にNaOH水溶液を加え，さらに薄い硫酸銅水溶液を1～2滴加えると紫色を呈する。これを □ 反応という。

43 ビウレット

□**44** 生分解性プラスチックのように地球環境に優しい素材を □ という。

44 エコマテリアル

□**45** □ 合金は変形しても，適度の温度に加熱するともとの形に戻る。

45 形状記憶

□**46** □ は電磁波の一種で，レントゲンによって発見された。

46 X線（レントゲン線）

□**47** 考古学では，放射性元素の □ を利用して年代測定に役立てている。

47 半減期

□**48** スプレーの噴射剤や冷蔵庫の冷媒として用いられていた □ が，オゾンと反応してオゾン層を破壊するといわれている。

48 フロン

□**49** 化石燃料の大量使用がもたらす大気中の □ などの増加による温室効果のため，地球の温暖化が問題になっている。

49 二酸化炭素

□**50** 体内に入って正常なホルモンの作用を阻害する，PCBやダイオキシンのような物質を □ という。

50 環境ホルモン

化学の50問スコアアタック得点		
第1回（　／　）	第2回（　／　）	第3回（　／　）
／50点	／50点	／50点

生物

重要テーマ BEST 10

本試験の出題傾向から，重要と思われるテーマを
ランキングした。学習の優先順位の参考にしよう。

1 核酸（DNA, RNA） P.118

　DNAは，デオキシリボース，リン酸，塩基から構成される二重らせん構造の核酸であり，遺伝子の本体である。RNAは，リボース，リン酸，塩基から構成される核酸であり，遺伝情報を運搬するなどの働きをする。DNAの塩基は，A，T，G，Cであり，RNAの塩基は，A，U，G，Cであって，一部異なることに注意。

2 ABO式血液型 P.152

　ヒトのABO血液型の遺伝子は複対立遺伝子で，A，Bは共にOに対して優性，AとBの間に優劣はない。
遺伝子型AO→発現型A　　　遺伝子型BO→発現型B
遺伝子型AB→発現型AB　　遺伝子型OO→発現型O
　両親の血液型からどのような血液型の子供が生まれるのかについても理解を深めておきたい。

3 肝臓の働き P.136

　肝臓は人体で最大の臓器で，その働きは多岐にわたる。アンモニアを無毒化するオルニチン回路，グリコーゲン合成と貯蔵による血糖の調整，解毒作用，血液成分の調整，胆汁の合成など主要な役割は覚えておくこと。

4 ヒトのホルモン

P.138

ホルモンは主に内分泌腺でつくられ，ごく微量で作用する。インスリン，グルカゴン，甲状腺ホルモン，パラトルモン，アドレナリンなどのホルモンの働きと，分泌する内分泌腺は覚えておくこと。

5 ヒトの血液の成分

P.134

赤血球・白血球・血小板・血しょうの名称・形状・働きは確実に覚えておこう。

6 環境破壊

P.160

オゾン層の破壊，地球温暖化，酸性雨，熱帯雨林などのグローバルな環境破壊について，その状況と原因について理解しておくこと。

7 走性

P.142

走性とは，方向性のある刺激に対して生物が反応する生得的行動である。刺激の方向に向かう正の走性と，刺激から遠ざかる負の走性がる。走性の実例について理解しておくこと。反射，本能行動などについても理解を深めておくこと。

8 伴性遺伝（ヒトの色覚異常）

P.152

雌雄に共通している性染色体のX染色体やZ染色体上にある遺伝子による遺伝を伴性遺伝という。ヒトの色覚異常やキイロショウジョウバエの白眼など遺伝のしかたを理解しておくこと。

9 生態系

P.156

ある地域の生物群集は互いに影響し合いながら，独立と調和を保っている。これを生態系という。生産者・消費者・分解者の意味と役割を必ず確認しておくこと。

10 植物ホルモン

P.145

オーキシン，ジベレリン，エチレンなど植物の体内でつくられる植物ホルモンの働きを理解しておくこと。

頻出度 B 細胞・組織

> **学習の ポイント**
> ◎細胞小器官のミトコンドリアなどを取り上げ，その説明文として正しいものを選択する問題が，過去に出題されている。
> ◎葉緑体やゴルジ体などの構造と働きには注意しておきたい。

❶ 細胞の微細構造と機能

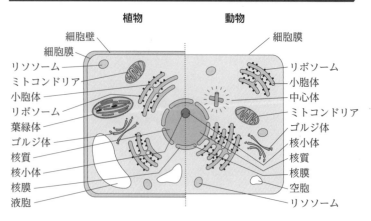

植物　　　　　　動物

	構造物	主な働きや特徴
原形質	核	核小体・染色体があり，核膜で仕切られる
	細胞質 ミトコンドリア	好気呼吸の場
	葉緑体	光合成の場
	ゴルジ体	扁平な袋状構造で物質の貯蔵・分泌に関与
	小胞体	網目状に分布するすき間で，物質の通路
	リボソーム	タンパク質合成の場。RNAを含む粒子
	中心体	細胞分裂に関与。動物細胞に多く見られる
	リソソーム	細胞内消化に関与。球状の袋で酵素を含む
	細胞膜	選択（的）透過性を持つ薄い膜
後形質	細胞壁	セルロースやペクチンからなる外壁
	液胞	植物細胞で発達
	細胞含有物	デンプン，脂肪，タンパク質等の粒子

❷ 体細胞分裂（植物）

　母細胞が自分と同じ2つの娘細胞をつくる過程を体細胞分裂といい、体細胞分裂は、分裂の準備段階である**間期**と**分裂期**（前期・中期・後期・終期）からなる。分裂前の間期に核のDNA量が2倍になる。植物では、体細胞分裂の様子は、茎や根の先端にある**成長点**や双子葉植物の茎の**形成層**で見ることができる。

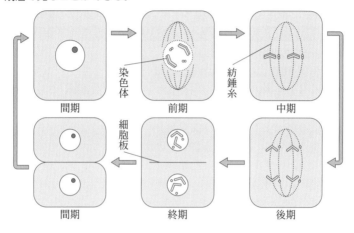

□【　前期　】…糸状の染色体が太く短くなり核膜・核小体が消える。

□【　中期　】…染色体が細胞中央の赤道面に並ぶ。

□【　後期　】…染色体が、両極に移動する。

□【　終期　】…染色体は細い糸状になり分散。核膜、核小体が現れる。
　植物では赤道面に細胞板が生じ、動物では中央からくびれて細胞質が二分される。

□【　クローン　】…1996年イギリスのロスリン研究所で世界で初めての体細胞**クローン羊ドリー**が誕生した。クローンとは、無性生殖で生じた同じ遺伝子型を持つ生物個体をさす。ドリーは**生体の体細胞**を用いたクローンである。**受精後発生初期の細胞**を使う方法と異なり、生体の体細胞を使用する方法では、理論上新しく生まれてくる個体が持つ遺伝子構成は体細胞の遺伝子と同じになる。このため、**生まれてくる個体の特徴を予測できる**。

❸ 細胞の発見

ロバート・フックによって最初に報告される。しかし実際に観察したのは**コルク片の細胞壁**の部分（1665年）。

❹ 細胞説

シュライデン(1838年)は植物について，**シュワン**(1839年)は動物について，「生物の体はすべて細胞から成り立っている」ということを発見し，細胞が生物体の構造上・機能上の基本単位であるという細胞説を提唱した。

❺ 細胞成分と構成元素

□【　原形質の成分　】…水85％，タンパク質10％，脂質2％，無機塩類1.5％，核酸1％，炭水化物0.5％

□【　水　】…生体内の化学反応の仲立ちをする。原形質で行われる化学反応は水溶液の状態で行われる。比熱が大きく細胞の温度を安定させる。

□【　タンパク質　】…多数の**アミノ酸**がペプチド結合した高分子化合物で，細胞膜や核などの細胞小器官の主成分となっている。そのほかに酵素やホルモンの主成分として重要。

□【　核酸　】…**DNA**と**RNA**の2種類がある。DNAは遺伝子の本体である。そのDNA遺伝情報に基づいてタンパク質合成を行うのがRNA。

▶ ワンポイントアドバイス　DNAの分子量は200万〜1億という巨大分子である。RNAも分子量は数10万にも及ぶ物質である。RNAには3種類あり，**mRNA・tRNA・rRNA**という名前がついている。mRNAはDNAの情報をコピーする働き，tRNAは細胞質にあるアミノ酸をタンパク質合成が行われるリボソームに運ぶ。rRNAはリボソームを構成している。

□【　脂質　】…**単純脂質**と**類脂質**（複合脂質）を合わせて脂質という。類脂質にはリン脂質や糖脂質などがある。水に溶けにくく，エーテルやクロロホルムのような有機溶媒に溶ける性質を持つ有機化合物。

□【　炭水化物　】…生体内のエネルギー物質として利用されることが多いのが特徴。グルコース（ブドウ糖），スクロース（ショ糖），マルトース（麦芽糖），グリコーゲン，セルロースなどがある。主に**呼吸基質**として，**エネルギー（ATP）生成**に利用される。

□【　無機塩類　】…ナトリウムNa，リンP，カルシウムCa，マグネシウムMgなどがイオンとして存在し，浸透圧やpHを一定の範囲に保っている。

❻ 核とその働き

(1) 原核細胞と真核細胞

□【　原核細胞　】…核膜で包まれた核を持たない。DNAが細胞の中央部に集まっている。ミトコンドリア，ゴルジ体などの細胞小器官を持たない。**細菌・ランソウ植物**。

□【　真核細胞　】…核膜で包まれた明瞭な核を持つ生物。**細菌とランソウ植物を除くすべての生物**。普通の細胞の図として教科書などに載っているのは真核細胞。

(2) 核の働き

カサノリ（緑藻植物の一種）のカサの再生は，核を含んだ**仮根**の部分によって行われる。

❼ 細胞膜と浸透圧

細胞を高張液につけたり，低張液につけたりすると細胞の原形質が水を失ったり，逆に水を生体内に入れたりすることで体積が変化する。この変化は，植物細胞と動物細胞で異なってくる。

●植物細胞の場合

①高張液に浸す…原形質が細胞壁から離れる原形質分離を起こす。

②低張液に浸す…膨圧が増加し，原形質が膨張する。

●動物細胞の場合

①高張液に浸す…原形質から水が出て細胞は収縮する。

②低張液に浸す…原形質に水が入ってくる。細胞の体積は増加し，膨張する。極端な低張液や水の中では膨張しすぎて細胞膜が破裂してしまう。

▶ ワンポイントアドバイス　**水の移動と物質の移動を分けて考えること。**低張液と高張液を半透性の膜で仕切っておくと，水は低張液のほうから高張液のほうに浸透していく。浸透とは，半透性の膜を通して水が移動することをいう。半透性の膜であれば，水分子は半透性の膜を通って高濃度のほうに移動できるが，ショ糖のような溶質は移動できない。これが大原則。しかし，細胞膜は完全な半透性膜でないため，低分子のイオンなどはこの半透性の膜を通って移動することができる。そのときは，高張液側から低張液側に移動する。これは水とまったく反対になる。しかし，両方とも**濃度差を小さくする方向に反応が起こっている**ことに注意する。

葉の組織

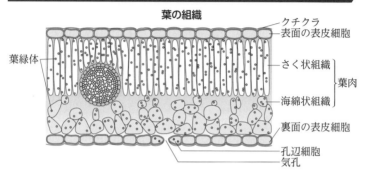

- クチクラ
- 表面の表皮細胞
- 葉緑体
- さく状組織
- 葉肉
- 海綿状組織
- 裏面の表皮細胞
- 孔辺細胞
- 気孔

茎の組織

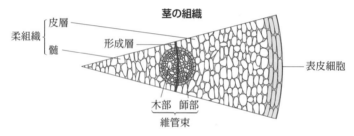

- 柔組織
  - 皮層
  - 髄
- 形成層
- 表皮細胞
- 木部　師部
- 維管束

（1）**組織**

① **分裂組織**…細胞分裂を盛んに行う組織。**茎頂分裂組織，根端分裂組織，形成層**など

② **永久組織**…分化した細胞からなる組織

□【　表皮組織　】…根毛，表皮細胞，孔辺細胞，毛（刺毛，腺毛など）

□【　柔組織　】…細胞壁が薄く原形質が多い細胞からなる。**さく状組織，海綿状組織，貯蔵組織**など。基本組織系に含まれる

□【　機械組織　】…細胞壁が厚く，植物体を強固にしている。**厚角組織，厚膜組織**（厚壁組織）など。基本組織系に含まれる

□【　通道組織　】…水分や養分の通路。**木部**（道管・仮道管・木部繊維・木部柔組織），**師部**（師管・伴細胞・師部繊維・師部柔組織）など。維管束系に含まれる

(2) **組織系**

　関連のあるいくつかの組織が集まって，一定の働きをするところ。表皮系・維管束系・基本組織系などに分けられる。

❾ 動物の組織と器官，器官系

(1) **組織**

　動物の組織は以下の4種類しかないが，多くの器官を形成している。

□【 **上皮組織** 】…体の外表面や消化管の内面を覆う。**皮膚の表皮，汗腺**など

□【 **結合組織** 】…組織や器官の間を満たし，これらを結合または支持する。**軟骨組織，骨組織，血液**など

□【 **神経組織** 】…ニューロンからなり，興奮を伝える。**脳，脊髄，末梢神経**

□【 **筋肉組織** 】…筋肉をつくる。**骨格筋，内臓筋**など

(2) **器官，器官系**

　動物の器官は，組み合わさって器官系を形成する。

器官系	器官
消化系	胃・小腸・肝臓・すい臓
循環系	心臓・血管・リンパ管
呼吸系	肺・気管
排出系	腎臓・ぼうこう

プラス+ α　植物と動物の組織と器官

組織に関する出題では，植物では被子植物と裸子植物の構造の違いが問われている。たとえば，被子植物では根から吸い上げた水や無機塩類は**道管**を通って植物全体に運ばれるが，裸子植物では，道管の代わりに**仮道管**がその役目を担う。

葉でつくられた同化産物は**師管**を通って植物体全体に運ばれる。これを転流という。師管は被子植物にも裸子植物にもある。

一方，動物の組織や器官については，発生の分野と融合されて出題されることが多い。たとえば，**外胚葉**からは脊髄などの**神経系**，網膜などの**上皮組織系**が形成される。**中胚葉**からは**脊椎骨や骨格**，心臓などの**循環系**，腎臓などの**排出系**，卵巣・精巣といった**生殖系**が形成される。**内胚葉**からは胃腸などの**消化器系**，肺などの**呼吸器系**が形成される。

試験別頻出度 国家専門職 ★★☆ 地上特別区 ★☆☆
国家総合職 ★☆☆ 地上全国型 ★★☆ 市役所C ★★☆
国家一般職 ★☆☆ 地上東京都 ★☆☆

学習のポイント

◎光合成に関する出題は，近年は少ない。基本的事項を押さえ，光─光合成曲線のグラフから光合成量を求められれば十分であろう。

◎好気呼吸と嫌気呼吸の仕組みの違いは理解しておきたい。また，アルコール発酵についても理解を深めておきたい。

❶ 光合成の反応

光合成は緑色植物の葉緑体で起こる反応で，光エネルギーを用いてH_2OとCO_2からグルコースに代表される糖などの有機物を合成する働きをいう。この反応は次の反応1〜反応4に分かれる。

反応1 クロロフィルが光エネルギーによって活性化される。

反応2 H_2Oが光分解されて，$NADPH_2$とO_2が生成される。

反応3 光リン酸化という過程でATPが生成される。

反応4 CO_2の固定と還元が行われる。

上の反応1〜反応3は葉緑体の**チラコイド**の部分で行われ，反応4は葉緑体の**ストロマ**の部分で行われる。

▶ **ワンポイントアドバイス** 現在では，**明反応**と**暗反応**という用語は使われなくなっている。明反応とは上記の反応1〜反応3までを，暗反応とは反応4をさす。以前は明反応は光の強さに影響され，温度の影響を受けないとされていた。しかし，研究が進むにつれて，反応2〜反応4は温度の影響を強く受ける反応であることがわかってきたため，「明反応＝温度の影響を受けない反応」が成り立たなくなってきた。そこで，上記のように細かく反応1から反応4までに分類した。本当に温度の影響を受けない反応は反応1ということになる。

❷ 光合成の限定要因

光合成の反応は，さまざまな外部の環境要因によって制約を受ける。このときの要因を限定要因といい，特に，**光の強さ・CO_2濃度・温度**は最も強い影響を与えることが知られている。これら3つの要因をいろいろ変えることで，光合成速度がどのような影響を受けるのかを知るために，次のようなグラフが考えられ，その場合の要因の分析が行われた。

□【 **限定要因説（ブラックマン）** 】…光合成速度は，関係する環境要

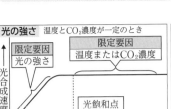

図2-1

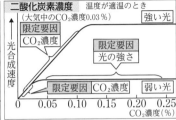

図2-2

因の中で最も不足した要因によって限定される。

図2-1は光の強さと光合成速度との関係を表したもの。光合成速度は**光飽和点**に達するまでは光の強さによって決まる。光飽和点より強い光では，光合成速度は温度またはCO$_2$濃度に比例する。

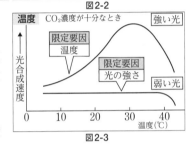

図2-3

図2-2は温度が適温のときのCO$_2$濃度と光合成速度との関係を表したもの。CO$_2$濃度が低いときは，光合成速度はCO$_2$濃度によって決まるが（限定要因はCO$_2$濃度），CO$_2$濃度が高くなったときは温度か光の強さが限定要因になる。しかし，ここでは温度が最適温度になっているので，限定要因にはなりえない。よって，光の強さが限定要因となる。

図2-3はCO$_2$濃度が十分（CO$_2$飽和）なときの温度と光合成速度との関係を表したもの。光が強いときには，温度の上昇に伴って光合成速度は大きくなるが，光が弱いと温度の影響をほとんど受けない。

❸ 補償点と光飽和点

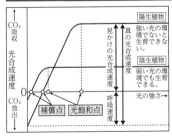

補償点
光合成と呼吸の速度がつりあっているときの光の強さ。このとき，見かけのうえで，O$_2$とCO$_2$の出入りは見られない。

光飽和点
それ以上強くしても光合成速度が変わらない光の強さ。

	陽生植物	陰生植物
補償点	高い	低い
光飽和点	高い	低い

$$\text{光合成速度} = \text{見かけの光合成速度} + \text{呼吸速度}$$

物理

化学

生物

地学

数学

□【 ヘルモントの実験 】…17世紀ベルギーの医者・化学者。ヤナギに水だけを与えて5年間育てた。その結果ヤナギは74.5kgも成長したが，土は56.8gしか減らなかった。このことより，植物の成長は土壌の養分だけを用いているのではないことがわかった。

□【 プリーストリーの実験（1772年） 】…イギリスの化学者。密閉したガラス容器内にネズミと植物を一緒に置くとネズミはいつまでも生存する。しかしネズミだけをガラス容器内に入れておくと呼吸ができなくなって死亡する。このことより，植物は動物の呼吸に必要な気体（O_2）を放出していることがわかった。

□【 インゲンホウスの実験（1779年） 】…オランダの医者・植物学者。密閉した容器内に緑色植物とネズミを一緒に入れておく。このようなセットを2つ設定し，一方は明所に，もう一方は暗所に置くと暗所に置いたほうのネズミは死んでしまった。このことより，植物がO_2を発生するには光が必要であることがわかった。

□【 ソシュールの実験（1804年） 】…スイスの植物学者。空気中のCO_2減少量と植物体の炭素量の増加が一致することを見いだした。このことより，植物体はCO_2とH_2Oを原料としてつくられることが推定された。

□【 ザックスの実験（1862年） 】…ドイツの植物学者。葉の中のデンプンの存在をヨウ素溶液によって確認した。葉の一部を覆って光が当たらなくすると当たった部分だけでデンプンが合成されていた。このことより，葉に光を当てると同化産物としてデンプンがつくられることがわかった。

□【 エンゲルマンの実験（1882年） 】…ドイツの科学者。スライドガラスにアオミドロ（緑藻類）をのせ，水生の**好気性細菌**を含む水で封入してプレパラートを作る。このアオミドロに光を当てると光が当たった葉緑体部分に細菌が集まってきた。また，波長の異なる光を当てると，赤色光と青紫光の照射部分に細菌が集中した。このことより，光合成は葉緑体部分で行われ，光合成には赤色光や青紫光がよく利用されることがわかった。酸素を好む細菌（好気性細菌）が葉緑体に光

を当てたほうに集まっていることから，葉緑体で光合成が行われ，O_2 が発生していることがわかる。

❺ 光合成で発生するO_2の由来

光合成で発生する O_2 が CO_2，H_2O のいずれに由来するかは2人の生物学者によって解明された。

□【　ヒルの実験（1939年，イギリス）　】…ハコベの緑葉から取り出した葉緑体に**シュウ酸鉄（Ⅲ）**などの水素を受け取りやすい物質を与えて光を照射すると，CO_2 が存在しない場合でも O_2 を発生し，与えたシュウ酸鉄（Ⅲ）は還元されることを発見した。この反応は，光合成で発生する O_2 が CO_2 **由来ではない**ことを発見した重要な反応で**ヒル反応**と呼ばれる。

□【　ルーベンの実験（1941年，アメリカ）　】…ルーベンは普通の酸素（^{16}O）の**同位体（アイソトープ）** ^{18}O を用いた。2つのフラスコを準備して，クロレラを入れる。一方には，$H_2^{18}O$ と $C^{16}O_2$（フラスコＡ）を，もう一方には $H_2^{16}O$ と $C^{18}O_2$（フラスコＢ）を入れて光を照射すると，**フラスコＡでは $^{18}O_2$ が，フラスコＢでは $^{16}O_2$ が発生**することを見いだした。これにより，光合成で発生する O_2 は H_2O **のOに由来**することが証明された。

以上のことから緑色植物の光合成の反応式は

① $6CO_2 \ + \ 6H_2O \ \longrightarrow \ C_6H_{12}O_6 \ + \ 6O_2$

② $6CO_2 \ + \ 12H_2O \ \longrightarrow \ C_6H_{12}O_6 \ + \ 6H_2O \ + \ 6O_2$

①と②の反応式のうち①では，発生する酸素が水のOにのみ由来していることは説明できないが，②の式ではそれが説明可能となる。そのため，現在では光合成の反応式として②のほうを用いる。

 プラス+α **ヒトの脳**

ヒルの実験で用いたシュウ酸鉄（Ⅲ）の代わりに，葉緑体内では，NADPが水素受容体として働いている。また，ルーベンの実験で用いた ^{18}O は非放射性同位体なので，^{16}O とは質量差で区別することになる。

❻ 二酸化炭素の固定の解明

　これを行ったのが**カルビンとベンソン**である。培養液中のクロレラに $^{14}CO_2$ を取り込ませ，一定時間光合成を行わせた後に熱アルコールに滴下して反応を止め，^{14}C を取り込んだ物質の試料をとる。これを2次元クロマトグラフィーにかけ，それをオートラジオグラフィーにかける。これによって，2次元に展開された試料のうち，放射性のスポットの位置から ^{14}C を取り込んだ化合物の種類を知ることができた。

▶ **ワンポイントアドバイス**　カルビンとベンソンの実験の結果，この反応は回路の反応をなしていることがわかった。光がなくても進行する反応系なので**暗反応**と呼ばれていた。その大筋は次のようになる。

①CO_2 はリブロース二リン酸（RuBP）と結合して，グリセリン酸リン酸（PGA）となる。
②PGAはリン酸化と還元作用を受け，グリセルアルデヒドリン酸（GAP）となる。
③GAPの一部が回路から出て，フルクトース二リン酸を経てやがてグルコースになる。
④残りのGAPは回路にとどまって五炭糖となり，リン酸化されてリブロース二リン酸（RuBP）になる。

　この研究によって，CO_2 がどの段階で取り込まれ，どのような中間産物を経ていくかがはっきりとわかってきた。研究初期には「暗反応」で吸収された CO_2 は H_2O と反応してホルムアルデヒド（HCHO）となると考えられていた。カルビン・ベンソンによって CO_2 はまず**グリセリン酸リン酸**（PGA）となることが証明された。

　カルビン・ベンソンの実験より，まず CO_2 が取り込まれて最初につくられる物質はグリセリン酸リン酸（**PGA**）である。この物質は炭素数が3個であるから，このような植物を **C₃植物** といい，大半の植物がこれに属する。

❼ C₄植物・CAM植物の光合成

　CO_2 を固定して最初にできる物質が炭素数3個の植物を **C₃植物** というのに対して，炭素数が4個の有機物（オキサロ酢酸）をつくるのが **C₄植物** である。C₄植物は光合成の適温が $30 \sim 40℃$ と高く，補償点は低いが光飽和点は高い。

　C₃植物 では，気孔から取り入れた CO_2 は直接カルビン・ベンソン回路に入る。それに対して，**C₄植物** では CO_2 は **C₄-ジカルボン酸回路** に入って濃縮されてカルビン・ベンソン回路に渡される。

　CAM植物 も C₄植物と同様に C₄-ジカルボン酸回路を持っていて，濃縮した CO_2 をカルビン・ベンソン回路に渡す。両者の違いは，C₄植

物では日中気孔を開いてCO_2をC_4回路に取り入れるが，CAM植物では夜間に気孔を開いてCO_2を取り入れ，日中には夜間に取り入れたCO_2を使ってデンプンを合成する。日中の乾燥が厳しい砂漠地帯の植物に多い。

C_4植物には**サトウキビ・トウモロコシ・ヒエ**など熱帯・亜熱帯に多く見られる草本性植物があり，CAM植物には，**ベンケイソウ・パイナップル・サボテン**などがある。

❽ 同化産物のゆくえ

(1) 同化デンプンと糖類織

光合成の産物のことを同化産物という。同化産物はグルコース（ブドウ糖）であるが，これが葉緑体中の**ストロマ**でデンプンに合成されるものと，グルコース・ショ糖といった段階で停止するものがある。

(2) デンプン葉と糖葉

光合成の結果，葉緑体中に同化デンプンをつくる植物の葉を**デンプン葉**という。被子植物の双子葉類に属する植物がこれに当たる。一方同化デンプンは合成されず，糖のままで終わる植物の葉を**糖葉**という。被子植物の単子葉類の植物がこれに当たる。

(3) 同化産物の移動と利用

□【 同化デンプン 】…夜の間に同化デンプンはグルコースに分解されて，葉緑体の外の細胞質基質中でショ糖となり，**師管**を通って植物の各組織や器官に運ばれ（**転流**という）呼吸基質となったり，一部は再び**貯蔵デンプン**として蓄えられる。

□【 糖類 】…そのまま師管を通って植物体の各組織や器官に運ばれて吸基質やほかの物質をつくる材料となる。種子・鱗茎で**貯蔵デンプン**となる。

❾ 植物の窒素同化

□【 窒素同化 】…植物は，土壌中の硝酸塩やアンモニウム塩などの無機窒素化合物からアミノ酸やタンパク質などの有機物を合成する。**多くの植物は，空気中の窒素ガスを直接利用することはできない。**

□【 窒素同固定 】…マメ科植物と共生する**根粒菌**，ラン藻や**アゾトバクター**などは空気中の窒素を利用して窒素化合物を合成する。

❿ 呼吸とはどのようなものをいうか

□【 呼吸の目的 】…生物体と外界の間でガス交換（O_2とCO_2）を行
　う働きを外呼吸という。生物では呼吸といった場合これをいうのでは
　なく，組織細胞が取り入れた有機物を分解して生活活動に必要な
　ATPを生産することをいう。これを内呼吸という。

□【 内呼吸の種類 】…呼吸基質の分解にO_2を用いる好気呼吸とO_2
　を用いない嫌気呼吸の2つがある。

⓫ 好気呼吸の仕組み

　呼吸はすべての生物が行っている生命活動に必要なエネルギーを供給
する反応である。呼吸基質となる有機物が細胞内で分解され，ATPが
生産される。その主役はミトコンドリアだが，細胞質基質においても重
要な反応が行われる。好気呼吸が同じ酸化反応である燃焼とは異なり有
機物を少しずつ分解していくことで，熱エネルギーとして失われていく
量をできるだけ少なくした効率のよい反応である。

　グルコースを呼吸基質とするとき，好気呼吸は3つの段階からなる。

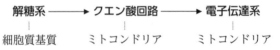

□【 解糖系 】…グルコース1分子がピルビン酸2分子までに分解され
　る過程。2分子のATPが消費され，4分子のATPが生産される。また，
　脱水素反応によって，NADH₂2分子を生じる。ATPの生成量は差
　し引き2分子増加する。この場合単に2分子のATP生成ということ
　が多い。

□【 クエン酸回路 】…ピルビン酸が活性酢酸に変えられた後，脱水素
　反応や脱炭酸反応によって完全に分解される。ピルビン酸2分子はこ
　の回路を1巡する間に，NADH₂8分子，FADH₂2分子と$CO_2$6分
　子，ATP2分子を生じる。

□【 電子伝達系 】…解糖系とクエン酸回路で生じたNADH₂と
　FADH₂の水素は水素イオン（H^+）と電子（e^-）に分かれる。e^-
　がシトクロムの中を酸化と還元を繰り返しながら次々と伝わってい

く。最後に e^- は酸素に渡される。電子を受け取った酸素が水素イオンと結合して水（H_2O）ができる。このとき34分子のATPができる。

⑫ 好気呼吸の反応のまとめ

⑴ 反応式

好気呼吸の3つの過程をまとめて次のように表すことができる。

$$C_6H_{12}O_6 + 6O_2 + 6H_2O \longrightarrow 6CO_2 + 12H_2O + (38\,ATP)$$

上の反応式の両辺に H_2O が含まれていて、これを差し引いていない。これは、左辺の $6H_2O$ はクエン酸回路で加えられる水を示し、右辺の $12H_2O$ は水素伝達系で24原子の水素が酸化されてできた水を示しており、同じ水でもその意味合いが異なるので、勝手に差し引いたりしないのである。

⑵ ATP生成の分析

グルコース1分子当たり（原則としてグルコース1分子が基本）、解糖系では、**2分子のATP**ができる。クエン酸回路でも**2分子のATP**ができる。水素伝達系では、解糖系・クエン酸回路で生じた10 $NADH_2$ から、$NADH_2$ 1分子当たりATP 3分子ができ、2 $FADH_2$ から、$FADH_2$ 1分子当たりATP 2分子ができる。よって、前者より**30分子**、後者より**4分子**できるので、計**34分子のATP**ができる。

⑶ エネルギー効率

ATP 1分子には、**約8kcal**のエネルギーが蓄えられる。グルコース1分子が呼吸基質に用いられると、**686kcal**のエネルギーが放出される。この放出したエネルギーのうちATP生成に用いられるエネルギー

プラス+α クエン酸回路

クエン酸回路は発見者の名前にちなんで「クレブス回路」とも呼ばれることがある。また、「TCA回路」とも呼ばれる。「TCA回路」とはトリカルボン酸回路のことでクエン酸などがトリカルボン酸の一種なのでそのように命名された。グルコース1分子は2分子のピルビン酸になるため、酸化終了までにクエン酸回路が2回回ることになる。また、クエン酸回路と水素伝達系が行われる**ミトコンドリア**は、光合成により原始大気中に O_2 が蓄積した頃出現した好気性細菌が原始細胞と共生して誕生したと考えられている。ミトコンドリアは核とは別にDNAを持ち、細胞内で分裂して増える。

（生活活動に利用できるエネルギー）の割合を**エネルギー効率**といい，次の式で求められる。

$$\{(8 \times 38) \div 686\} \times 100 = 44 \%$$

⑷　呼吸商

呼吸によって放出されたCO_2の体積を消費したO_2の体積で割った値を**呼吸商**という。**R.Q.**という略号を用いて表す。つまり次のようにして求めることができる。

$$R.Q. = \frac{CO_2 \text{の体積}}{O_2 \text{の体積}}$$

上の式でCO_2やO_2は実験的には気体の体積を測定することで求められるが，理論的には**モル数の比**で求められる。

この値で生物が何を呼吸基質として利用しているかがわかる。

R.Q.は**炭水化物1.0，タンパク質0.8，脂肪0.7**と基質によって決まっている。たとえば，シマウマは植物食性動物（草食動物）なのでR.Q.は1に近い値である。それに対してライオンは動物食性動物（肉食動物）なのでR.Q.は0.7～0.8程度になる。

　例題

あるヒトが炭水化物50gと脂肪Xgを同時酸化分解し，R.Q.が0.85となった。脂肪量を求めよ。ただし，炭水化物，脂肪1gを酸化するのに必要な酸素はそれぞれ0.8L，2.0Lとする。また，R.Q.は炭水化物を1.0，脂肪を0.7とする。

（解き方）吸収した酸素量は，

$$0.8 \times 50 + 2.0 \times X = 40 + 2X$$

放出した二酸化炭素量は，

炭水化物由来のものが$40 \times 1 = 40$

脂肪由来の二酸化炭素量はO_2量×0.7で求められ，

$$2X \times 0.7 = 1.4X$$

よって　$(40 + 1.4X)/(40 + 2X) = 0.85$

これより　$X = 20$ g …**答**

⓭ 嫌気呼吸

　酵母菌や乳酸菌などが酸素がないときでも，グルコースなどの有機物を分解してエネルギーをつくることができる生物がいる。このような微生物が行う酸素を必要としない呼吸を嫌気呼吸という。嫌気呼吸を行う生物は無酸素条件下でも生存できる。嫌気呼吸は細胞の中の細胞質基質で行われる。得られるATPは好気呼吸と比較して少ない。

□【　アルコール発酵　】…アルコール発酵は酵母菌などの微生物が行う嫌気呼吸の一種でグルコース1分子から2分子の**エタノール**と2分子のCO_2ができる。アルコール発酵で生じたエタノールとCO_2は酵母菌の体外に排出されるので，酵母菌が酔っ払うことはない。

$$C_6H_{12}O_6 \longrightarrow 2C_2H_5OH + 2CO_2 + (2ATP)$$

▶ ワンポイントアドバイス　アルコール発酵には10種類以上もの酵素が関与する。その酵素を総称してチマーゼという。アルコール発酵には生きた酵母菌は必要ではないが，それがつくり出した酵素が必要である。

□【　乳酸発酵　】…乳酸菌が行う嫌気呼吸。グルコース1分子から**乳酸2分子**ができる。一般の動物細胞において，激しい運動などによってO_2の供給が追いつかなくなったとき，筋肉細胞などでは，乳酸発酵と同じ化学反応が起こり，乳酸ができる。これを解糖という。

$$C_6H_{12}O_6 \longrightarrow 2C_3H_6O_3 + (2ATP)$$

▶ ワンポイントアドバイス　筋肉における解糖では乳酸がつくられる。この乳酸は筋肉の収縮を妨げる物質であって，これを除くことが**疲労の回復**となる。つくられた乳酸の一部(1/5)は脱水素反応によってピルビン酸に戻り，好気呼吸によって多量のATPをつくり，このエネルギーによって残りの乳酸 (4/5) がグリコーゲンに再合成される。

□【　酢酸発酵　】…酢酸菌が行う発酵。エタノールを酸化して酢酸とH_2Oを生じる反応。アルコール発酵や乳酸発酵と異なりO_2を用いる発酵。

$$C_2H_5OH + O_2 \longrightarrow CH_3COOH + H_2O$$

アルコール類は栓をしっかり締めないと酢酸になるので注意。

□【　腐敗　】…微生物が嫌気呼吸によってタンパク質を分解し，悪臭を伴う有害質が生じること。

物理

化学

生物

地学

数学

発酵食品に利用される微生物は，大別すると細菌類，酵母菌，カビ類の3つに分けられる。たとえば，**ビール，ウイスキー，ワイン**は主に**酵母菌**の作用でつくられる。**チーズ，バター**はもともと牛・ヤギ・ヒツジなどを家畜として遊牧生活をする人々がつくった発酵食品である。いずれも家畜の乳を原料にして主に乳酸菌の働きを利用してつくられる。また，**ヨーグルト**も乳酸菌を牛乳に加えて発酵させたものである。

　甘酒などは主にカビ，特に**コウジカビ**の働きによってつくられた食品である。一方，**しょう油**や**みそ**などはカビと酵母菌と細菌類の3つの作用を受けて製造される。

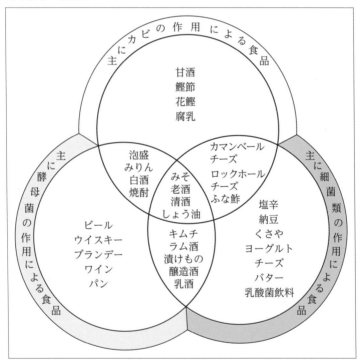

⑮ 酵素とその働き

(1) 触媒としての酵素

酵素は生体内の化学反応を触媒する生体触媒であり、常温でしかも微量で働く。酵素は活性化エネルギーを低下させることで化学反応を起こりやすくする。触媒には、**二酸化マンガン・白金**などの無機触媒と酵素などの生体触媒（有機触媒）がある。

(2) 酵素の構造

酵素の本体は**タンパク質**である。酵素反応は酵素の特定の部分だけで行われる。この部分を活性中心という。酵素はタンパク質だけからなるものと低分子の補酵素などを持つものがある。補酵素を持つ酵素には脱水素酵素などがあり、酵素本体と補酵素の両者がそろって初めて酵素として働く。

(3) 酵素の性質

①酵素は特定の基質にしか反応しない（酵素の基質特異性）。

②酵素本体はタンパク質でできているので、温度の影響を受けやすい。多くの酵素は30～40℃で最もよく働き（最適温度）、70℃を超すと熱変性を起こし、酵素の働きを失う。

③酵素の活性は周囲のイオン濃度の影響を受け、最も酵素活性が高くなるpHが存在する（最適pH）。

(4) 酵素反応と酵素・基質濃度

反応速度は酵素濃度に比例して大きくなる（基質濃度一定）。一方、基質濃度が高まるにつれて反応速度は大きくなるが、一定の基質濃度以上では反応速度は変わらなくなる。これは酵素の処理能力、つまり単位時間内に処理できる基質分子数に、限界があるためである。

⑯ ヒトの消化酵素

アミラーゼ（だ液）	デンプン→マルトース（麦芽糖）
マルターゼ（腸液）	マルトース→グルコース（ブドウ糖）
リパーゼ（すい液）	脂肪→脂肪酸＋モノグリセリド
ペプシン（胃液）	タンパク質→ペプトン（ポリペプチド）
トリプシン（すい液）	ペプトン→ポリペプチド
ペプチターゼ（腸液）	ポリペプチド→アミノ酸

❶ 内部環境としての体液

ヒトの体の大部分の細胞は外部環境に直接さらされているのではなく，**血液・リンパ液・組織液**に浸されて生きている。血液・リンパ液・組織液を合わせて**体液**という。**クロード・ベルナール**はこの体液を**内部環境**としてとらえ，内部環境が一定の状態に保たれていることが，生命維持の条件であると考えた。

このように内部環境が安定した状態に保つことを**ホメオスタシス**という。

❷ 血液の成分と働き

血液は有形成分と液体成分からなる。有形成分が血球で，液体成分が血しょうである。その割合は，血球が45％，血しょうが55％である。血球は赤血球・白血球・血小板に分かれる。

□【 **赤血球** 】…血液1mm^{3}中に男子500万個，女子450万個含まれる。内部にO_2を運搬する働きを持つ**ヘモグロビン**を含む。**核を持たない**細胞。骨髄で生成。

□【 **白血球** 】…血液1mm^{3}中に6,000〜8,000個含まれる**核を持つ細胞**である。働きは**食作用・免疫作用**。骨髄，ひ臓，リンパ節で生成。

□【 **血小板** 】…血液1mm^{3}中20〜40万個含まれる**核のない細胞**で**血液凝固**に関与する。骨髄で生成。

□【 **血しょう** 】…タンパク質・脂質・糖類・無機塩類を含む。小腸で吸収した養分・ホルモン・呼吸によって生じたCO_2や老廃物の運搬などを行う。

❸体液の循環

　血液やリンパ液などの体液は、血管やリンパ管を通って絶えず体内を循環している。これによって，体内のあらゆる細胞に**養分と酸素**が供給され，細胞の代謝によってできた**CO_2と老廃物**が運び去られる。

(1) 血液の循環

　肺循環と体循環がある。**肺循環**では心臓の右心室から出た血液（肺動脈）は肺へ行き，左心房へ戻る（肺静脈）循環路である。**体循環**では，左心室から出た血液（大動脈）は体全体を流れて，右心房へ戻る（大静脈）循環路で酸素と養分を身体中の組織に与え，組織で生じたCO_2や老廃物を集めて心臓のほうに戻ってくる。

　　[肺循環] 心臓（右心室）──→ 肺動脈→肺の毛細血管→肺静脈→心臓
　　　　　　　心臓（左心房）──→ 体循環に入る
　　[体循環] 心臓（左心室）──→ 大動脈→組織の毛細血管→大静脈
　　　　　　　心臓（右心房）──→ 肺循環に入る

(2) リンパ液の循環

　リンパ系は血管系と違って，リンパ管だけで循環経路をつくっているのではなく，一方の端は**毛細リンパ管**となり，もう一方の端は静脈とつながっている。つまり，組織液を取り込んだ毛細リンパ管は次第に太くなって，**リンパ管**となり，**胸管**やリンパ総管となり，左鎖骨下静脈で血液と合流する。リンパ液を循環させる原動力は心臓によって与えられる。リンパ管には逆流を防ぐ弁があり，心臓に向かって流れるようになっている。

❹ヒトの心臓の自動性

(1) 刺激伝導系と拍動の調節

　拍動のリズムを調節するのは右心房の上部にある洞房結節（ペースメーカー）という**自動能を持つ心筋細胞の集団**である。ここで生じた興奮が筋繊維を伝わって**房室結節**を経て左右の心室へ達する。

(2) ポンプとしての役割

　ヒトの心臓は毎分約70回収縮し，**1回に50～90mL**の血液を送り出す。したがって，1日では，**約7t**もの血液を循環させていることになる。

❺ 肝臓の働き

肝臓は最大の内臓器官である。機能の最小単位である肝小葉が約50万個集まってできている。肝臓の働きは次のとおり。

☐【 **尿素の合成** 】…代謝で生じた有害なNH_3をオルニチン回路によって尿素に変える。

☐グリコーゲンの合成・分解・貯蔵

☐【 **胆汁の合成** 】…胆汁中の胆汁酸は脂肪を乳化して消化を助ける。胆汁色素（ビリルビン）はヘモグロビンの分解産物。

☐【 **血液の貯蔵** 】…全身を流れる血液量のうち**3分の1を常時貯蔵**しており，血液の循環量を調節している。

☐【 **解毒作用** 】…有害物質を無毒化する。

☐【 **熱の発生** 】…活発な代謝を行うので，**筋肉に次いで熱発生が多く**体温の保持に役立っている。

☐血しょうタンパク質（アルブミン・フィブリノーゲン）の生成

❻ 腎臓の働き

腎臓は腹腔背側に1対あり，**握りこぶし大のソラマメ形**の器官。腎臓は体内でできた老廃物を体外に排出する器官である。

(1) **腎臓の構造**

腎臓の内部は，皮質・髄質・腎うの3つの部分に分かれている。皮質には糸球体とボーマンのうがある。**糸球体とボーマンのう**を合わせて**マルピーギ小体**（腎小体）という。皮質に続く髄質部分には腎細管がある。マルピーギ小体と腎細管を合わせて**ネフロン**（腎単位）という。

(2) **尿の生成**

血液のうち**血球**と**タンパク質**を除いた成分（水・グルコース・無機塩類・尿素など）が糸球体からボーマンのうにろ過される。これが原尿となる。これが腎細管を通るときに，**グルコースはすべて，水は99％以上**，無機塩類もここで再吸収される。こうして再吸収されずに残ったものが尿である。尿は集合管を通って**腎う**に流れ，**輸尿管**を経て**ぼうこう**にたまる。

❼ 免疫

　免疫には体液中の抗体が抗原の働きを抑える**体液性免疫**とリンパ球が直接抗原（移植臓器などの非自己）を攻撃する**細胞性免疫**の2つがある。細胞性免疫では**抗体はできない**。

(1)　体液性免疫と抗原抗体反応

　体内に抗原（外部から入ったタンパク質・多糖類などの異物）が入ると抗体がつくられ，異物を溶解・凝集・無毒化する。これを**抗原抗体反応**という。このときつくられた抗体は抗原がなくなった後も血液中にあって，再度同じ抗体が体内に侵入したときすぐこの抗原に結合してその働きを抑制する。これが**体液性免疫**である。

▶ ワンポイントアドバイス　体液性免疫はB細胞（Bリンパ球）がヘルパーT細胞の助けを借りて抗体産生細胞に分化してこれからつくられる。初めて抗原が体内に侵入してから，抗体ができるまでは約1週間程度かかる。またつくられた後，その能力が保持される期間が長いものもあれば，すぐに消えてしまうものもある。

(2)　細胞性免疫

　キラーT細胞というリンパ球そのものが免疫反応を行う。異物はT細胞に囲まれて攻撃され破壊されてしまう。細胞性免疫の代表には，他人の**皮膚・臓器**を移植されたときなどに起こる脱落や壊死がある。これを**拒絶反応**という。

(3)　免疫に関係するリンパ球

　B細胞（Bリンパ球）と**T細胞**（Tリンパ球）の2種類あり，前者は体液性免疫に後者は細胞性免疫に関与する。B細胞は骨髄でつくられ，胸腺を通過せず，直接脾臓やリンパ節に行く。一方T細胞は骨髄でつくられた細胞が，胸腺で成熟してできる。働きのうえで**ヘルパーT細胞**や**キラーT細胞**などに区別される。

□【　**エイズ（後天性免疫不全症候群）**　】…**HIV**（ヒト免疫不全ウイルス）は**T細胞**を破壊するため，T細胞からの情報が伝わらずB細胞では抗体が産生されないなど，免疫のメカニズムが破壊される。そこで，普通は感染しない病原体に感染しやすくなり，さまざまな感染症を発症する状態をエイズという。

□【　**アレルギー**　】…花粉・薬剤・食物など特定の抗原に対して**抗原抗体反応**が過剰に起こること。

❽ヒトの内分泌腺とホルモン

脳下垂体前葉からは，甲状腺刺激ホルモン・副腎皮質刺激ホルモンなどの各種の刺激ホルモンが分泌される。この結果，甲状腺から**チロキシン**，副腎皮質から**コルチコイド**の分泌を促進する。

チロキシンは代謝を促進する。副甲状腺からは，**パラトルモン**が分泌される。骨からのCaを奪って，血液中のCaの濃度を高める。副腎髄質から血糖量を増加させる**アドレナリン**，副腎皮質からはタンパク質の糖化を促進する**糖質コルチ**

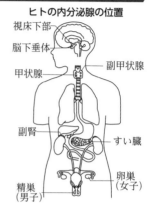

ヒトの内分泌腺の位置

視床下部
脳下垂体
副甲状腺
甲状腺
副腎
すい臓
卵巣（女子）
精巣（男子）

コイドと腎臓の腎細管でのNa^+の再吸収を促進する**鉱質コルチコイド**が分泌される。すい臓からは，血糖量を増加させる**グルカゴン**と血糖量を減少させる**インスリン**が分泌される。卵巣からは，二次性徴の発現を促進する**エストロゲン**（ろ胞ホルモン）と排卵を抑制し，妊娠を持続させる**プロゲステロン**（黄体ホルモン）が分泌される。精巣からは，男子の二次性徴の発現を促進する**テストステロン**（雄性ホルモン）が分泌される。

❾自律神経系による調節

□【　**自律神経系**　】…大脳の意志とは無関係に，内臓諸器官や皮膚の働きを調節している。交感神経と副交感神経からなり，互いに拮抗的に働いている。**自律神経系の中枢は間脳の視床下部にある。**

□【　**交感神経系**　】…心臓の**拍動を促進，血管を収縮，血圧を上昇，ひとみを拡大**といったように，一般に促進的に働くが消化系には抑制的に働く。副交感神経はその逆に働く。

□【　**交感神経**　】…脊髄の胸髄・腰髄から出る神経で，興奮すると末端から**ノルアドレナリン**を分泌する。

□【　**副交感神経**　】…中脳から動眼神経，延髄から顔面神経・迷走神経，そして脊髄から仙髄神経が出る。興奮すると末端から**アセチルコリン**を分泌する。

⑩ 神経の働き

(1) 静止電位

神経は**細胞内にK$^+$が多く，膜の外側にはNa$^+$が多い**。神経興奮していないときは，このため細胞内は外側に対して負（マイナス）になっている。この電位差（約$-60\,\mathrm{mV}$）を**静止電位**という。

(2) 活動電位

刺激が細胞膜に加わると，その部分の膜の働き（**能動輸送**）が停止し，**Na$^+$に対する透過性が高まる**ので，**細胞内にNa$^+$が大量に流入してく**る。その結果，膜の内側が正の電位になって電位の逆転が起こる。この状態を**興奮**という。また，このときの膜電位の変化を**活動電位**という。

(3) 興奮の伝導と伝達

興奮が1つのニューロンを伝わるのが**伝導**で，シナプスを越えて次のニューロンに伝わるのが**伝達**である。興奮の伝導は両方向に伝わるが，伝達は1方向である。また，伝導は電気的に興奮が伝わるのに対し，伝達は化学的に伝達物質によって伝わっていく。

⑪ ヒトの脳

脳は大脳・間脳・中脳・小脳・延髄の5つの部位からなる。

□【　大脳　】…**感覚**，思考，記憶，**随意運動**，本能的行動の中枢

□【　間脳　】…**自律神経系中枢**（体温，水分などの調節）

□【　中脳　】…姿勢保持，**眼球運動**の中枢

□【　小脳　】…**平衡感覚**，筋肉協調運動の中枢

□【　延髄　】…**呼吸運動**や心臓の拍動調節の中枢

中枢神経としては，脳と脊髄がある。脊髄には多くの反射の中枢がある。ひざの下を軽くたたくとすぐに足が跳ね上がるしつがい腱反射はこの例である。

プラス+α　ヒトの脳

ヒトの脳の重さは成人で約1,400gあり，体重のわずか2％程度を占めるに過ぎない。しかし，体全体の20％ものO$_2$を消費する。この脳のうち大脳の機能の一部，または全部を失った状態を植物状態という。それに対して脳幹（間脳・中脳・橋・延髄）が機能を失った状態を脳死という。

⑫ 刺激と受容体

目（視覚器）は光の刺激を受け取る器官である。視覚器は明暗視覚→方向視覚→形態視覚というように発達に応じて3種の視覚を持つようになる。

□【 眼点 】…ミドリムシのベン毛の基部に見られる感光点で，主に**明暗視覚**。

□【 散在視覚器 】…ミミズなどの**環形動物**に見られる。体表の皮膚に視細胞が散らばっている。主に**明暗視覚**。

□【 杯状眼 】…プラナリアに見られる。**明暗視覚＋方向視覚**。

□【 単眼と複眼 】…**昆虫類**に見られる。**単眼**は明暗視覚＋方向視覚である。**複眼**は明暗・方向・形態の各視覚を生じる。

□【 カメラ眼 】…タコなどに見られ，**水晶体**を通った光が屈折し網膜上に倒立像を結ぶ。明暗・方向・形態の各視覚を生じる。

□【 ヒトのカメラ眼 】…外界から目に達した光は**角膜→ひとみ→水晶体→ガラス体→網膜**と伝わる。明暗・方向・形態の各視覚を生じる。

▶ ワンポイントアドバイス ヒトの目の網膜の黄斑部には錐体細胞が集中している。この錐体細胞には**青・赤・緑**の光を吸収する3種類がある。この3種類の錐体細胞で起こる**興奮**の割合を，大脳で判断して色を見分けている。もう1種類の視細胞である桿体細胞は弱い光のもとで働き，**明暗を鋭敏に識別**する。ヒトの場合，**網膜の周辺部に多く分布**している。

⑬ 聴覚器・平衡感覚器

ヒトの耳には，**音を聞く・体の傾きを感じる・体の回転を感じる**の3つの働きがある。

□【 コルチ器 】…音波の振動はうずまき管の中では**リンパ液の振動**に代えられ，この振動によって基底膜上のコルチ器の**聴細胞が興奮**し，この興奮が**聴神経**を経て聴覚，中枢に伝えられ，聴覚が生じる。

□【 ヒトの内耳 】…リンパ液の動きにより，**からだの回転や加速度を感じる半規管**や，平衡石（耳石）の動きにより，**体の傾きを感じる前庭**がある。

⑭ 筋肉の種類

脊椎動物の筋肉を顕微鏡で見ると，明暗の横しまがあるものとないものがある。しま模様のあるほうを横紋筋，ないほうを平滑筋という。

□【 横紋筋 】…骨格筋・心筋などを構成する筋肉をいう。収縮は速く，力も強い。骨格筋は**随意筋**であるが，心筋は意志とは無関係に働く**不随意筋**である。

□【 平滑筋 】…消化壁や内臓，血管をつくる筋肉，つまり内臓筋をいう。収縮は緩やかで，力は弱いが，疲労しにくい。**不随意筋**である。

⑮ 筋収縮の仕組み

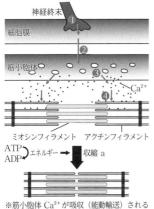

神経終末
細胞膜
筋小胞体
Ca^{2+}
ミオシンフィラメント　アクチンフィラメント
ATP
ADP
エネルギー → 収縮 a

※筋小胞体 Ca^{2+} が吸収（能動輸送）されると，ミオシンはアクチンに結合できなくなり，収縮がやむ（弛緩）。

ミオシンフィラメントには，ATPアーゼ（ATP分解酵素）の活性中心を持った多数の突起がある。筋収縮は**ATPの分解**によって放出されたエネルギーを使って起こる。その仕組みは次のとおり。

①神経終末からの神経伝達物質によって筋細胞の細胞膜が興奮する。

②興奮が筋小胞体に届く。

③筋小胞体から，**Ca^{2+}** が放出される。

④Ca^{2+} が**アクチンフィラメント**に結合。

⑤アクチンとミオシンが結合できるようになり，ATP分解酵素としての働きを持つミオシンが活性化され，ミオシンフィラメントがアクチンフィラメントをたぐり寄せることで筋肉が収縮する。

プラス+ α 毒ガス「サリン」

シナプス小胞からアセチルコリンが出て，シナプスで情報を伝えるとコリンエステラーゼという酵素で分解される。「サリン」はその作用を阻害して，ヒトを死に至らしめる神経ガスである。

　動物の行動は生まれつきの行動（生得的行動）と生後身についた行動（習得的行動）の2つに分けて考えられる。

⑴　生得的行動…生まれつきの行動

□【　走性　】…走性はその刺激の種類によって走光性，走化性，走地性（重力に対する反応）などがある。刺激に対して向かって行くのが**正の走性**，反対に遠ざかるのが**負の走性**。ガなどが夜間，街灯に向かって集合しているのが正の走光性。

▶ ワンポイントアドバイス　**ミジンコの走光性の逆転**というおもしろい現象がある。ミジンコは普通，外敵に見つかりにくいように**負の走光性**を示す。しかし，水中のO_2が不足しCO_2が上昇すると正の走光性を示すようになる。これは，**光が当たっているところでは植物プランクトンが活発に光合成を行ってO_2を発生するため**である。

□【　反射　】…たとえば手・足に刺激を加えると引っ込める反応がこれに当たる。水が顔にかかると一瞬目を閉じてしまう。これは延髄反射の例であり，この反射によって，眼球を保護している。反射のときの興奮の伝わる経路を反射弓という。

□【　本能行動　】…特定の刺激（信号刺激）によって引き起こされる決まった行動で，途中で条件が変わっても行動パターンを変更することはできない。**スズメガの防衛行動，ラッコの採餌行動，イトヨの生殖行動**など。

▶ ワンポイントアドバイス　昆虫の体内で合成され，体外へ放出された化学物質が同種個体間での本能行動の信号刺激となるとき，そのような化学物質をフェロモンという。代表的フェロモンには次のようなものがある。カイコガのメスから分泌されオスを誘引する性フェロモン。働きアリが自分の通った後につけ，仲間にえさまでの道順を教える道しるべフェロモン。アリ・ミツバチ・シロアリが敵に襲われたとき分泌し，仲間に危険を知らせる警報フェロモンなど。

⑵　習得的行動…生後経験によって身についた行動

□【　学習　】…経験を繰り返すことによって，ある条件に適した行動をとるようになることをいう。条件反射・慣れ・刷り込み・試行錯誤などに分類される。

▶ ワンポイントアドバイス 慣れというのは繰り返し同じ刺激を与えると，反応の減少または消滅が起こる現象をいう。試行錯誤は，動物が試行錯誤を繰り返すことで偶然に都合のよい行動を発見し，学習を進行させることをいう。刷り込みは**生後のごく早い時期に特定の行動が学習されること**をいう。ガチョウ・アヒル・カモなどのひなは，ふ化後初めて見た動く物を「親」としてついて歩く。

□【　知能　】…大脳皮質が発達しているホ乳類などが，思考や推理によって新しい事態に対して適切な行動を選択できる能力をいう。チンパンジーなどが，箱を積み重ねて，天井から下げてあるバナナを取る行動はその例である。

▶ ワンポイントアドバイス チンパンジーに見られる知能行動の場合は，ある行動をとるための道具があらかじめ用意されている。ヒトと異なり，必要に応じて道具を加工する能力には乏しい。

⑰ 生物時計と概日リズム

　生物体内にある時間を計る仕組みを**生物時計**（体内時計）といい，それがほぼ1日を単位とするリズムを**概日リズム**（サーカディアンリズム）という。

　生物時計によるリズムはぴったり24時間ではないことが多い。たとえば，ヒトは**約25時間**の生物時計を持っている。しかし，実際の1日の生活リズムは24時間である。これは，実際の生活リズムが生物時計による概日リズムを外界からの情報（明暗の周期）などによって修正してつくられるからである。

　時差ぼけが起こるのは，この修正が正しく行われなかったためである。生物時計の詳しい仕組みはまだ不明であるが，鳥類では間脳の近くにある**松果体**がその機能を担っていることが判明している。

プラス+α ゾウリムシの走性

走熱性…25℃で正，低（10℃）・高（40℃）には負の走性を示す。
走電性…弱い電流を流すとゾウリムシは陰極に集まる。これを正の走電性という。
走化性…弱酸（0.02％）には正，強酸（0.2％）には負の走性を示す。
走地性…培養液中では上層部に集まる。これを負の走地性という。

頻出度 B

テーマ 4

植物の恒常性

試験別頻出度
国家総合職 ★☆☆　　地上全国型 ★☆☆　　市役所C ———
国家一般職 ★☆☆　　地上東京都 ———
国家専門職 ★★☆　　地上特別区 ★☆☆

学習の
ポイント

◎植物ホルモンの5つの代表的な働きは頻出事項。
◎光周性，動物の感覚器，走性・反射・本能など行動に関するものもよく
　出題される。
◎長日植物と短日植物に関する出題もある。

❶ 光周性

　植物が日長の長さに応じて花芽を形成するものがある。このように日長の変化によって引き起こされる生物の反応性を光周性という。

(1) 光周性による植物の分類

□【 長日植物 】…暗期が一定の長さ以下で花芽をつける。**アブラナ・ニンジン・ダイコン・ホウレンソウ**など。春咲きが多い。

□【 短日植物 】…暗期が一定の長さ以上で花芽をつける。**アサガオ・キク・イネ・ダイズ**など。秋咲きが多い。

□【 中性植物 】…日長とは関係なく成長して花芽形成に十分な栄養分を蓄積したときに花芽をつける。**トマト・ナス・トウモロコシ・キュウリ**など。四季咲きが多い。

(2) 限界暗期と光中断

　暗期の途中で短時間でも光を当てて暗期を**光中断**すると，その後，限界暗期に達しなければ花芽が形成されない。植物の光周性を支配しているのは**連続した暗期の長さ**である。

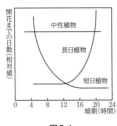

図5-1

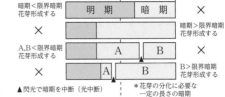

図5-2

144

物理

化学

生物

地学

数学

❷ 発芽の調節

普通の種子は，適当な温度，十分な酸素と水分があれば発芽する。

□【　光発芽種子　】…発芽に光を必要とする種子をいう。これには，フィトクロムという色素タンパク質が関与する。フィトクロムは赤色光を照射すると**Pfr型**に，近赤外光を照射（または暗黒中）で**Pr型**に変化する。赤色光を照射すると発芽が促進され，近赤外光を照射すると，発芽が抑制されることから，**Pfr型が発芽促進**に働く。

❸ 植物ホルモン

□【　オーキシン　】…①茎の先端で合成され，成長帯の細胞の伸長を促進する。②茎の先端で光を感知し，光と反対側に移動する。これが茎や根が曲がる原因。③器官によって最適濃度が異なる。茎は最も高い濃度で成長促進に働くが，根は薄い濃度でよい。濃度が濃すぎると成長を抑制する。茎では，ホルモンが下に集まるので，下の細胞が伸長して上向きに曲がる。根では，下に集まったホルモンが濃すぎるため，細胞の成長が抑制され，下向きに曲がる。

□【　ジベレリン　】…①**イネの馬鹿苗病**を起こさせるカビから精製された。②**タネナシブドウ**の生産に利用される。

□【　アブシシン酸　】…①落葉の促進。②芽や種子の休眠促進。③気孔を閉じさせる。

□【　サイトカイニン　】…①オーキシンとともに**植物の組織培養**に利用。②**クロロフィルの分解することを阻止**することで，葉の老化を抑制。③気孔を開かせる。

□【　エチレン　】…①果実の成熟促進。②落葉・落果の促進。

□【　フロリゲン　】…①花成ホルモンであるフロリゲンは，2007年にその正体がタンパク質であることが明らかにされた。②葉で合成されたフロリゲンは師管を通って茎の先端に達し，花芽形成を促進すると考えられている。

▶ ワンポイントアドバイス 屈性に関する実験がよく出題される。茎の先端を黒いキャップで覆うと光を一方から照射しても屈曲しない。しかし成長は普通どおり見られる。これは，**オーキシンは光が当たらなくても茎の先端で合成される**ため。また，**光を感知するのは先端だけ**なので，先端に光が当たらなければ曲がることなくまっすぐ伸びる。

テーマ 5

試験別頻出度	国家専門職 ──	地上特別区 ★★☆
国家総合職 ★☆☆	地上全国型 ──	市 役 所 C ★☆☆
国家一般職 ──	地上東京都 ──	

学習の ポイント

◎シュペーマンの誘導実験，核移植実験などの古典的な発生生物学が基本。
◎組織培養，クローン生物のでき方や，それが持つ意義や危険性を十分理解しておくこと。iPS細胞など時事的なトピックにも注意しよう。

❶ 生殖

□【 無性生殖 】…配偶子によらない生殖法をいい，4つに分かれる。

　□【 分裂 】…単細胞生物である**大腸菌**などの細菌類，**アメーバ**や**ゾウリムシ**などの原生動物に見られる。

　□【 出芽 】…体の一部が膨らんで，それが母体から分離して新個体をつくる生殖法。**酵母菌・ヒドラ**に見られる。

　□【 栄養生殖 】…体の一部（**栄養器官**）から新個体をつくる方法。**オニユリ**（むかご）・**ジャガイモ**（塊茎）・**サツマイモ**（塊根）など。

　□【 胞子生殖 】…**コケ植物・シダ植物・カビ・キノコ**などに見られる。

□【 有性生殖 】…配偶子による生殖法。卵と精子による**受精**，卵と精子以外の配偶子の合体による**接合**，卵が単独で発生する**単為生殖**。

❷ 植物の生活環

　陸上植物の生活環では，**有性世代と無性世代の交代が見られる**。この交代を世代交代という。

□【 有性世代 】…配偶子によって子孫を増やす世代。

□【 無性世代 】…配偶子によらず，胞子によって子孫を増やしていく世代。

```
                  有性世代＝単相世代（n）          無性世代＝複相世代（2n）
              胞子                                                    
基本型    ○ ──→ 配偶体 ──→ ○ 配偶子 ──→ 接合 ──→ ● ──→ 胞子体
                              ○                    接合子            │
              ↑                        減数分裂                      │
              └──────────────────────────────────────────────────┘
```

　植物では胞子形成のときに減数分裂が起こり単相（n）となる。配偶子形成（卵や精子をつくる）は体細胞分裂による。コケ植物では，配偶体が発達し胞子体は配偶体上に寄生する。シダ・種子植物は，胞子体が発達し，配偶体は非常に小さくなっている。

物理

化学

生物

地学

数学

❸ 卵の種類と卵割様式

発生初期に起こる細胞分裂を**卵割**という。卵割は卵黄を多く含む部分を避けるように起こるので，その様式は卵細胞内に含まれる**卵黄の量と分布状態の違い**によって分けられる。

卵の種類	等黄卵	端黄卵		心黄卵
卵割様式	等割	不等割	盤割	表割
動物例	ウニ・ヒト	カエル・イモリ	ニワトリ・メダカ	エビ・カニ

❹ 卵割と細胞分裂の違い

卵割は体細胞分裂と異なり，①分裂後の細胞成長が見られないので，割球は，分裂するごとに**小さくなる**。②分裂速度が**著しく速い**。③細胞周期が等しい**同調分裂**を行う。たとえば，植物の頂端分裂組織などでは，普通20時間程度に1回分裂を行うが，ウニやカエルの卵割では約1時間に1回の割合で起こる。

❺ ウニとカエルの発生過程の比較

	卵	8細胞	胞胚	原腸胚
ウニ	卵黄は均等に分布	等割	卵割腔（胞胚腔）卵割腔は中央にできる	外胚葉／中胚葉／原腸／内胚葉 植物極から陥入する
カエル	卵黄は植物極側に多い	不等割	卵割腔（胞胚腔）卵割腔は動物極側にできる	外胚葉／中胚葉／原腸／原口／卵割腔／内胚葉 植物極と動物極の中間から陥入する

●ウニとカエルの相違点

①ウニの均等分裂は**第3卵割**までであるが，カエルでは**第2卵割**までで，第3卵割は，赤道面より動物極側で起こる不等割。

②胞胚腔（卵割腔）のできる位置が両者で異なっている。

③原腸胚のときの原口の陥入場所が異なっている。

□【　**動物極**　】…減数分裂で卵が生じるときに**極体**が放出される側。反対側を植物極という。

❻ 局所生体染色法と原基分布図 (予定運命図)

　フォークトはイモリの後期胞胚～初期原腸胚の胚表を局所生体染色して正常発生における予定運命図を作成した。

●局所生体染色法

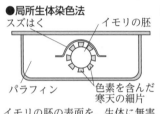

イモリの胚の表面を，生体に無害なナイル青や中性赤などの色素で部分的に染め分ける。

●原基分布図 (イモリ)

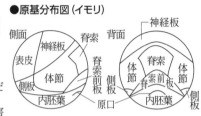

❼ シュペーマンの交換移植実験

　シュペーマンは**スジイモリ**と**クシイモリ**という2種類の色の違うイモリの胚を用いて移植実験を行った。この実験では初期原腸胚と後期原腸胚というように，発生の時期が違うことが移植片の分化にどのような影響を及ぼすかが検討された。

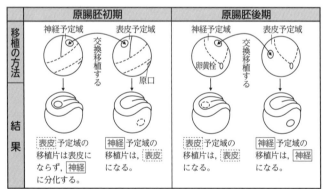

　この実験結果より，**初期原腸胚の移植実験**では，移植片は本来の自己とは異なる組織へと分化している。ところが，**後期原腸胚**では移植片は移植された場所に関係なく，本来の自己の組織に分化している。

　このことから予定神経域と予定表皮域の発生運命は，初期原腸胚と後期原腸胚の間に決定されることがわかる。

また，シュペーマンは胚の未分化な部分に働きかけて分化**誘導**する，**形成体**を発見した。形成体は，予定運命を決定する。一例として，原口背唇部（形成体）が，原腸の陥入に伴って外胚葉に作用し，神経管に誘導することが挙げられる。

❽ 減数分裂

第一分裂と第二分裂が続いて起こり，染色体数が半減する。

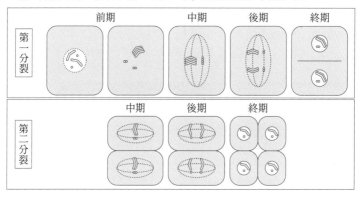

❾ 植物細胞の融合

2種の植物の細胞を取り出して融合することにより，交配ができなかった種間で雑種植物をつくることができる。たとえば，オレンジとカラタチからできた**オレタチ**やトマトとポテトからできた**ポマト**など。

❿ トランスジェニック生物

外来性の遺伝子が組み込まれた動物や植物を**トランスジェニック生物**（遺伝子導入生物）という。**フレーバーセーバートマト**など。

⓫ iPS細胞

iPS細胞（人工多能性幹細胞）は，人間の皮膚などの体細胞に極少数の遺伝子を導入して作製され，さまざまな組織や臓器の細胞に分化し，ほぼ無限に増殖する能力を持つ。**ES細胞（胚性幹細胞）**は作製時に受精卵を用いる必要があるため，生命倫理の観点から根強い批判があり，拒絶反応も問題視されている。これに対してiPS細胞はこれらの問題を解決できると考えられており，再生医療での実用化が期待されている。

試験別頻出度	国家専門職 ★★☆	地上特別区 ★★☆
国家総合職 ★☆☆	地上全国型 ★★★	市 役 所 C ★☆☆
国家一般職 ★★★	地上東京都 ★☆☆	

学習のポイント

◎連鎖・組換えがあるタイプの配偶子の分離比や次世代の表現型の分離比が出題されている。
◎DNAについては遺伝子組み換え，DNA鑑定，遺伝子治療などに注意。

注 近年，遺伝用語の「優性」「劣性」は「顕性」「潜性」に変更された。今後，試験では「顕性」「潜性」が用いられる可能性があることは留意しておきたい。

❶ メンデルの遺伝の法則

□【 優性 】の法則…優性ホモ（遺伝子型AA）と劣性ホモ（遺伝子型aa）を両親とする雑種第一代F_1には，優性形質（表現型$[A]$）だけが現れる。

□【 分離 】の法則…配偶子がつくられるとき，個体が持つ対立遺伝子は分離して，それぞれ別々の配偶子に入る。

□【 独立 】の法則…配偶子がつくられるとき，異なる染色体上にある各対立遺伝子は，互いに独立して行動し，新たな組合せができる。

❷ 雑種第二代F_2の表現型の分離比

遺伝子型がAAとaaの純系個体を交配して得られたF_1の遺伝子型はすべてAaである。これらのF_1の個体をすべて自家受精すると，得られるF_2の表現型の比は，$[A]:[a]＝3:1$である。

遺伝子型が$AABB$と$aabb$の純系個体を交配して得られるF_1の遺伝子型はすべて$AaBb$である。これらのF_1の個体をすべて自家受精すると，得られるF_2の個体の表現型の分離比は，

$[AB]:[Ab]:[aB]:[ab]＝9:3:3:1$である。

❸ 検定交雑

ある個体と劣性のホモ接合体と交雑して得られる個体の表現型の分離比から求める。この分離比から元の個体の遺伝子型を判定することを検定交雑という。検定交雑によって得られる子の表現型の分離比は，検定個体の配偶子の遺伝子型の分離比と一致する。

ある哺乳類の体毛は，短毛（L）は長毛（l）に対し，巻き毛（C）は直毛（c）に対し優性である。また，各対立遺伝子は異なる2対の相同染色体にある。

短・巻き毛の個体と長・直毛の個体を交配して生じたF_1をすべて，長・直毛の個体と交雑したところ，その表現型は，（短・巻き毛）：（短・直毛）：（長・巻き毛）：（長・直毛）＝1：1：3：3に分離した。最初の短・巻き毛の遺伝子型を示せ。

解き方

2種類の遺伝子は独立しているから，形質ごとに考察すればよい。

① AAの個体とaaの個体を交雑すると得られるF_1はすべてAaである。

　これらをaaの個体と検定交雑すると，得られるF_2の遺伝子型は，

　　$(A+a)\times(a+a)=2Aa+2aa$より，　$Aa：aa=2：2=1：1$

　これから表現型の分離比は，$[A]：[a]=1：1$である。

② Aaの個体とaaの個体を交雑すると，F_1として，Aaの遺伝子型をもつ個体とaaの遺伝子型をもつ個体が同数得られる。これらのF_1をaaの個体を用いて検定交雑すると，得られるF_2の遺伝子型は，

　　$(A+a)\times(a+a)=2Aa+2aa$，　$(a+a)\times(a+a)=4aa$より，

　　$Aa：aa=2：6=1：3$なので，

　表現型の分離比は，$[A]：[a]=1：3$

③ aaの個体とaaの個体を交雑すると得られるF_1はすべてaaである。

　これらのF_1をaaの個体を用いて検定交雑すると得られるF_2はすべてaaである。

以上のことを問題に適用する。

Lとlについて，

　　$[L]：[l]=(1+1)：(3+3)=2：6=1：3$

これは②の場合であるから，遺伝子型はLlである。

Cとcについて，

　　$[C]：[c]=(1+3)：(1+3)=4：4=1：1$

これは①の場合であるから，遺伝子型はCCである。

以上から，求める遺伝子型は$LlCC$である。　…**答**

□【 **不完全優性** 】…オシロイバナの赤色の花をつける個体（RR）と白色の花をつける個体（rr）を交配すると，すべて中間の桃色になる。これは，赤色を発現する遺伝子Rと白色を発現する遺伝子rの優劣関係が不完全なために起こる現象である。このような遺伝子の関係を不完全優性という。また，桃色のように，両方の親の中間の形質を示す雑種を中間雑種という。桃色の花を自家受精すると，赤色（RR）：桃色（Rr）：白色（rr）＝1：2：1となる。

□【 **複対立遺伝子** 】…対立遺伝子が3種類以上のものもあり，これを複対立遺伝子という。ヒトの**ABO式**血液型では，A，B，Oの3つの対遺伝子によって，発現が支配されている。A，BはそれぞれOに対して優性であるが，A，B間に優劣はない。したがって，各遺伝子型に対する表現型は次のようになる。

AB⇒AB型，AA⇒A型，AO⇒A型，BB⇒B型，BO⇒B型，OO⇒O型

□【 **伴性遺伝** 】…雌雄に共通している性染色体（X染色体，Z染色体）上にある遺伝子による遺伝を伴性遺伝といい，形質の現れ方が雌雄によって異なる。キイロショウジョウバエ（XY型）では，赤眼の遺伝子（W）は白眼の遺伝子（w）に対して優性であり，それらの遺伝子はともにX染色体上にある。雌雄の遺伝子型と表現型は次のようになる。

雌♀ $X^W X^W$…赤眼　　$X^W X^w$…赤眼　　$X^w X^w$…白眼

雄♂ $X^W Y$…赤眼　　$X^w Y$…白眼

ヒト（XY型）では，赤緑色覚異常は正常色覚に対して劣性であり，色覚に関係する遺伝子はともにX染色体上にあって，色覚異常は劣性の伴性遺伝によって伝わる。正常色覚の遺伝子をA，色覚異常を発現する遺伝子をaとすると，雌雄の遺伝子型と表現型は次のようになる。

雌♀ $X^A X^A$…正常色覚　　$X^A X^a$…正常色覚　　$X^a X^a$…色覚異常

雄♂ $X^A Y$…正常色覚　　$X^a Y$…色覚異常

　両親の血液型の組み合わせが次の場合，子の血液型としてどのような型が考えられるか。考えられるものをすべて書きなさい。

(1)　A型とA型　　　(2)　A型とAB型

[解き方]

(1)　A型の遺伝子型はAAまたはAOである。

　①$AA \times AA$　　F_1の遺伝子型は，AA

　②$AA \times AO$　　F_1の遺伝子型は，AA, AO

　③$AO \times AO$　　F_1の遺伝子型は，AA, AO, OO

　以上から，A型，O型 … 答

(2)　A型の遺伝子型はAAまたはAO，AB型の遺伝子型はABである。

　①$AA \times AB$　　F_1の遺伝子型は，AA, AB

　②$AO \times AB$　　F_1の遺伝子型は，AA, AB, AO, BO

　以上から，A型，B型，AB型 … 答

　正常色覚の父Aと正常色覚の母Bから生まれた男子Cは正常色覚であった。また，正常色覚の父Dと正常色覚の母Eから生まれた女子Fは正常色覚であった。CとFの間に生まれた男子Gは色覚異常であった。Gの色覚異常はA，B，D，Eのだれに由来するか。

[解き方]

　ヒトの色覚異常は伴性遺伝であり，X染色体上にある。色覚異常の遺伝子があると，男性では必ず発現することに着目する。

　正常色覚の遺伝子をA，色覚異常を発現する遺伝子をaとすると，G（♂）の遺伝子型は$X^a Y$である。Gの父Cは正常色覚であるから，その遺伝子型は$X^A Y$である。したがって，Gの色覚異常は母方に由来する。母Fは正常色覚であるから，その遺伝子型は$X^A Y^a$である。

　Fの父Dは正常色覚であるから，遺伝子aはもっていない。したがって，Fの母Eが遺伝子aをもっていることになる。

　よって，Eに由来する。

❺ 連鎖と組み換え

□【 **連鎖** 】…同じ染色体上に2個以上の遺伝子が存在する現象。

□【 **交さ** 】…減数分裂の第一分裂前期に，相同染色体が対合して二価
染色体を形成するとき染色分体が交わる現象をいう。交さが起こる
と，交さした部分で切れて，相同染色体の染色分体の一部を交換し合
うことがあり，これを乗換えという。乗換えに伴って遺伝子の組合せ
も変化するが，これを遺伝子の組換えという。

❻ 完全連鎖と不完全連鎖

連鎖している2対の対立遺伝子の間の距離が短いときは，遺伝子の組
換えは起こらない。これを完全連鎖という。2対の対立遺伝子の間の距
離が長くなるほど連鎖は不完全で，遺伝子の組換えが起こりやすい。遺
伝子の組換えが起こったときの遺伝子間の関係を不完全連鎖という。

❼ 連鎖の有無の判定

検定交雑により2対の対立遺伝子間の連鎖の有無，連鎖が完全か不完
全かの判定ができる。

検定個体（$AaBb$）と劣性ホモ（$aabb$）の検定交雑の表現型の分離比
$[AB]:[Ab]:[aB]:[ab]$

1	:	1	:	1	:	1	⇒ 独立遺伝
1	:	0	:	0	:	1	⇒ 完全連鎖
0	:	1	:	1	:	0	⇒ 完全連鎖
n	:	1	:	1	:	n	⇒ 不完全連鎖
1	:	n	:	n	:	1	⇒ 不完全連鎖

❽ 組換え価

同一染色体上で連鎖している2個の遺伝子が，減数分裂時に組換えを
起こす割合を組換え価という。理論的には，組換え価は次式で求める。

$$組換え価〔\%〕＝\frac{組換えの起こった配偶子の数}{全配偶子数}×100〔\%〕$$

実際には，組換えの起こった配偶子の数を求めるのは不可能なので，
検定交雑の結果を用いて，次式で求める。

$$組換え価〔\%〕＝\frac{組換えによって生じた個体数}{検定交雑によって得られた総個体数}×100〔\%〕$$

2組の対立遺伝子 A/a，B/b が次の図1～3に示すような相同染色体上の位置にある。なお，図中の○は動原体の位置を示す。このとき，次の問いに答えよ。

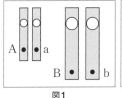
図1

図2

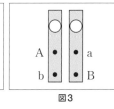
図3

次の1)～(3)の場合には，どのような遺伝子型の配偶子をどんな比率で形成するか。

(1) 図1の場合。

(2) 図2の場合。ただし，組換えは起こらない。

(3) 図3の場合。ただし，20%の組換えを起こす。

[解き方]

(1) 図1は各遺伝子が同一の染色体上に乗っていないので，独立遺伝をしている。よってこのときの配偶子の分離比は次のとおり。

　AB：Ab：aB：ab ＝ 1：1：1：1 …答

(2) A と B，a と b が完全連鎖なので生じる配偶子の分離比は

　AB：ab ＝ 1：1 …答

(3) 不完全連鎖なので，生じる配偶子の分離比を

　AB：Ab：aB：ab ＝ 1：n：n：1 と置くと

$$\text{組換え価〔\%〕} = \frac{\text{組換えによって生じた個体数}}{\text{検定交雑によって得られた総個体数}} \times 100 \text{〔\%〕} \cdots ①$$

①式に配偶子の実際の分離比の値を代入する。

$$\frac{1+1}{1+n+n+1} \times 100 = 20 \quad \cdots ②$$

②の式を解くと $n = 4$ が得られる。

∴　AB：Ab：aB：ab ＝ 1：4：4：1 …答

試験別頻出度		
	国家専門職 ★★☆	地上特別区 ★★★
国家総合職 ★☆☆	地上全国型 ★★☆	市 役 所 C ★★★
国家一般職 ★★☆	地上東京都 ★☆☆	

学習のポイント

◎植物群落の分布，遷移，生態系と食物連鎖，物質循環とエネルギーの移動，環境問題などが主な出題分野。

◎最近はフロンガス，ダイオキシン，環境ホルモンなどの出題も多い。

❶ 生存曲線

横軸に年齢（相対）を，縦軸に生存数（対数）をとったグラフを生存曲線という。

□【 ヒト型 】…幼齢期の死亡率が低く，死亡が老齢に集中する型で，晩死型ともいう。

□【 ヒドラ型 】…平均型ともいい，各年齢の死亡率がほぼ一定である。

□【 カキ型 】…早死型ともいい，親による子の保護がないため，幼齢期の死亡率が高い。

一般に晩死型に属する動物は産卵数が少なく，早死型に属する動物では産卵数が非常に多い。

生存数（対数） ／ **年齢（相対）**

ヒト型…多くのホ乳類

ヒドラ型…ハ虫類・鳥類・淡水産魚類

カキ型…海産無脊椎動物・魚類

❷ 種内・種間関係

□【 なわばり 】…一定の空間を占有すること。**アユやホオジロ**

□【 順位制 】…個体間に優劣の順位ができている現象。それによって秩序が維持され，無用な争いを避けることができる。**ニワトリ**

□【 リーダー制 】…順位の高い個体が群れ全体を統率する。**ニホンザル**

□【 相利共生 】…両方が利益を分かち合う共生。**アリとアリマキ，マメ科植物と根粒菌**

□【 片利共生 】…片方だけが利益となる共生。**カクレウオとフジナマコ**

□【 競争 】…食物や生活場所を巡って争いが起こること。**ゾウリムシとヒメゾウリムシ，ソバとヤエナリ**

□【 捕食－被食関係 】…食う－食われるの関係。**ヤマネコとウサギ**

□【 住み分け 】…生活場所を変えること。**イワナとヤマメ**

□【 食い分け 】…食物を変えること。**ヒメウとカワウ**

❸ 植物群落の階層構造

　ある地域に生育している何種類もの植物の個体群をまとめて**植物群落**という。森林などの植物群落では，階層構造が見られ，光を有効に利用している。

　階層構造は①高木層，②亜高木層，③低木層，④草本層，⑤地表層，⑥地中層の6つの層からなる。

▶ ワンポイントアドバイス　10m以上が高木層，2m～10mまでを亜高木層，0.5～2mまでを低木層という。0.5m以下が草本層である。草本層と地表層を合わせて林床という。**林床の現存量は森林全体の現存量の2%以下しかない。**また，植林されたスギ林やマツ林では森林を構成する樹種が非常に少なく，**階層構造は発達していない。**

❹ 植物群落の遷移

　植物群落が時間とともに移り変わっていくことを**遷移**という。植物群落の遷移は大きく分けて**一次遷移**と**二次遷移**の2つがある。一次遷移は陸上の裸地を出発点とする**乾性遷移**，湖沼を出発点とする**湿性遷移**に分けられる。

　一方，二次遷移は山火事や森林の伐採地など，土壌中に植物の種子や根などを含む状態から始まる遷移をいう。

[乾性遷移の進み方]

　裸地→地衣類・コケ類→一年生草本→多年性草本→低木林→陽樹林→混合林→陰樹林

　陰樹林は極相（**クライマックス**）となって遷移は止まる。

[湿性遷移の進み方]

　湖沼(貧栄養湖→富栄養湖)→湿原→草原→ここからは乾性遷移と同じ。

❺ 森林の部分的更新

　高木の枯死などによって，林冠にギャップがあくとその部分で二次遷移が始まる。高木が生育しているときは，光が届かないため，ほかの植物の生育が抑制されている。

　ギャップができることによって，そこには陰樹のほかに陽樹の幼木や種子などが急速に成長を開始する。つまり，極相林も固定的ではなく部分的遷移を繰り返している。

物理

化学

生物

地学

数学

❻ 植物群系の種類

相観（外観的特徴）により分類した植物群落を**群系**という。

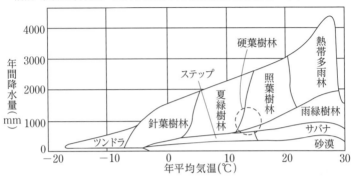

● **気温に伴う植物群系の変化（多雨条件下）**

（高温）**熱帯多雨林 ── 亜熱帯多雨林 ── 照葉樹林 ──**

　　　　夏緑樹林 ── 針葉樹林 ── ツンドラ（低温）

● **降水量に伴う植物群系の変化（高温条件下）**

（多雨）**熱帯多雨林 ── 亜熱帯多雨林 ── 雨緑樹林 ──**

　　　　サバナ ── 砂漠（少雨）

❼ 群系を構成する植物の特徴

☐【　**熱帯多雨林**　】…多様な常緑広葉樹が高密度に生育する。特定の優占種はない。ヒルギ・フタバガキなど。**マングローブ林**が見られる。

☐【　**亜熱帯多雨林**　】…高木層は熱帯多雨林ほど発達していない。冬の時期の降水量がやや少ない。東南アジア・沖縄などに発達。

☐【　**雨緑樹林**　】…雨季と乾季のある地域で発達。乾季に落葉。**チーク**など。

☐【　**照葉樹林**　】…クチクラが発達。**カシ・シイ**など。

☐【　**硬葉樹林**　】…硬い常緑の葉を持つ。**オリーブ・コルクガシ**など。

☐【　**夏緑樹林**　】…秋に紅葉，冬に落葉する。**ブナ・ナラ・カエデ**など。

☐【　**針葉樹林**　】…気温が低く，降水量が少ない地域，日本では本州の高山帯や北海道で見られる。**シラビソ**や**コメツガ**など。

❽日本の植物群系の水平分布

　植物群系の分布は気温や降水量などの気候要素によって大きく影響される。日本では、降水量が十分あるので、水平分布は主として気温によって決まってくる。

　日本列島は南北に長く伸びており、経線に沿って約100km北上するごとに気温は約1℃低下する。

　北海道東部は年平均気温が6℃程度で亜寒帯に属する。**エゾマツ・トドマツ・モミ・コメツガ**などの針葉樹林が分布する。

　東北地方や北海道の南部は年平均気温が6℃～14℃で温帯に属する。**ブナ・ミズナラ・ケヤキ・カエデ・クリ**などの夏緑樹林が分布する。

　関東地方から九州地方までは年平均気温が14℃～18℃で暖帯に属する。**シイ・カシ・タブノキ・クスノキ**などの照葉樹林が分布する。

　九州地方の南端から沖縄に至る地域は年平均気温が18℃～24℃の亜熱帯に属する。**ソテツ・ヘゴ・ビロウ・ガジュマル**などの亜熱帯多雨林が分布する。

❾日本の植物群系の垂直分布

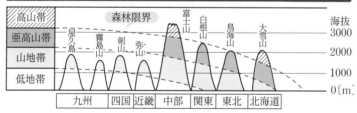

　上の図を見てわかるように、低地帯、山地帯といったところの高さはどこの地点をとるかで変化してくる。中部地方を例にとるのが最も多く出題されているので、ここをまず記憶しておく。0～500m…**低地帯**、500～1,500m…**山地帯**、1,500～2,500m…**亜高山帯**、2,500m以上が高山帯で低木や花畑が見られる。2,500mが**森林限界**に相当する。

❿ 生態系

　一定期間に生産者が**光合成**によってつくり出した全有機物量を**総生産量**という。総生産量から**呼吸**によって消費された量を引いた残りが**純生産量**である。純生産量の一部は，**枯死や一次消費者による捕食**によって失われ，残りが**成長量**となる。生態系の中を物質は循環していくが，エネルギーの流れは一方的で最終的にはすべて生態系外に放出される。つまりエネルギーは移動するだけで，循環することはない。

⓫ 森林の減少と砂漠化

　焼畑や大規模な森林火災，過度の森林伐採，放牧地への転用・農地への転用などの乱開発によって，**森林破壊**が進んでいる。特に熱帯林では，有機物の分解速度が速いため，土壌が少なく一度乱開発で失われるとその回復には多くの時間がかかる。乾燥地では**過放牧**や，地下水を多量に汲み上げるなどの不適切なかんがいにより，**砂漠化**が進行している。

⓬ 水質汚染問題

　河川や湖などに有機物が流れ込んでも水中の細菌や微生物が有機物を分解し水質の汚染を防ぐ。これを**自然浄化**という。しかし，生活汚水や産業汚水量が自然浄化作用を上回ってしまうと，**富栄養化**を起こし，浄化作用が衰えて，水質が悪化する。

⓭ 生物濃縮

　特定の物質が分解されずそのまま体内に残り，食物連鎖の過程で次第に濃縮されていく現象を**生物濃縮**という。低濃度では毒性を示さないような物質でも生物濃縮によって高濃度になると，毒性を示し生物に大きな影響を与える。

⓮ 地球の温暖化

　大気中における温室効果のある気体（CO_2，N_2O，CH_4など）の増加によって地球の温暖化が心配されている。化石燃料の使用によって放出されるCO_2が代表。**気候変動枠組条約**の第21回締約国会議（2015年）で，

気候変動抑制に関する多国間の国際的な協定(パリ協定)が合意に達した。

⓯ 地球の温暖化

　成層圏にあるオゾン層は生物にとって有害な紫外線を吸収する重要な役割を果たしているが，近年人間が生み出した冷媒やスプレーガスに用いられている**フロンガス**によって破壊されている。

　オゾン層が破壊されると，紫外線によって生物のDNAに損傷が与えられ，**皮膚がん**，**白内障**などが多く出現してくる。

⓰ 酸性雨と光化学スモッグ

　工場や自動車などの排気ガスに含まれるSO_xやNO_xが大気中で化学反応を起こして，硫酸(H_2SO_4)や硝酸(HNO_3)になる。これらの酸性物質が遠くに運ばれて，雨に溶けて地表に降り注いだものが**酸性雨**である。

　酸性雨とは$pH < 5.6$となる雨で，森林の樹木の枯死や魚の死滅などが起こっている。太陽光の紫外線で光化学反応が起きると，**光化学スモッグ**が発生する。

⓱ 環境ホルモン

　体内に取り込まれた後，本来のホルモンに似た働きをしたり，ホルモンの作用を阻害したりして，内分泌系の働きを乱す化学物質を**内分泌かく乱化学物質**という。これらはホルモンと似た働きをすることから，「環境ホルモン」と呼ばれる。

　環境ホルモンの代表としては，**ダイオキシン**，**ビスフェノールA**，**トリブチルスズ**など100種類以上知られている。環境ホルモンの人体への影響としては，**女性の乳がん発症や男性の精子数の減少**が報告されている。

⓲ 野生生物種の減少

　熱帯林には地球上の生物種の半数近くが生活している。非常に多くの生活形を持つ生物が生活し，**多様性**が保たれている。このような生物の宝庫である熱帯林の減少は野生生物種の絶滅を招き，ひいては今後人類が使用可能である未知の遺伝子を永久に葬ってしまうことになる。

テーマ 8 生物全般
頻出度 **B**

試験別頻出度		国家専門職 ———	地上特別区 ———
国家総合職 ★★★	地上全国型 ★★★	市役所C ★☆☆
国家一般職 ★☆☆	地上東京都 ———	

学習のポイント ◎生物学の歴史や，生物学の発展に貢献してきた人物に関する問題が出題されることもある。基本的な知識は押さえておきたい。

主な研究者とその業績

1665	ロバート・フック（イギリス）…コルクの細胞の発見。彼が観察したのは，細胞壁であった。
1735	リンネ（スウェーデン）…二名法を考案し，生物に学名をつけた。近代分類学の創始者。
1796	ジェンナー（イギリス）…種痘法を開発し，天然痘の流行を阻止。近代免疫学の祖と呼ばれる。
1809	ラマルク（フランス）…用不用説による進化論を提唱。
1831	ブラウン（イギリス）…細胞核の発見。
1838	シュライデン（ドイツ）…植物について細胞説を提唱。
1839	シュワン（ドイツ）…動物について細胞説を提唱。
1859	ダーウィン（イギリス）…自然選択説による進化論。『種の起源』
1861	パスツール（フランス）…生命の自然発生説を否定。近代微生物学・細菌学の創始者。
1865	メンデル（オーストリア）…エンドウの交配実験により，遺伝の法則を発見。
1900	ド・フリース（オランダ）…メンデルの法則の再発見。突然変異による進化論を展開。
1901	パブロフ（ソ連（現ロシア））…イヌを用いて条件反射の研究。
1901	高峰譲吉（日本）…アドレナリンの分離に成功。
1901	ラントシュタイナー（オーストリア）…ABO式の血液型の発見。
1910	鈴木梅太郎（日本）…ビタミンB_1の発見。
1926	モーガン（アメリカ）…ショウジョウバエの連鎖地図を作成し，遺伝子が染色体上にあることを実証。

1928	ウェント（オランダ）…植物成長ホルモン（オーキシン）の発見。
1929	ローマン（イギリス）…ATP（アデノシン三リン酸）の発見。
1929	フレミング（イギリス）…ペニシリンの発見。
1937	クレブス（イギリス）…クエン酸回路，オルニチン回路の解明。
1944	ワクスマン（アメリカ）…結核菌に対する抗生物質ストレプトマイシンの発見。
1952	ワトソン（アメリカ），クリック（イギリス）…拡散DNAの二重らせん構造モデルの完成。
1956	コーンバーグ（アメリカ）…DNAの人工合成に成功。
1960	牧野佐二郎（日本）…ヒトの染色体が$2n=46$であることを確定。

環境保全に対する国際的取り組み

1972	国連人間環境会議…環境問題を人類に対する脅威としてとらえ，国際的に取り組む姿勢を示す。
1975	ワシントン条約…絶滅危惧種の野生動物の国際取引の規制
1975	ラムサール条約…水鳥の生息地である湿地の保全
1987	モントリオール議定書…オゾン層を破壊するフロンの規制
1992	国連環境開発会議（地球サミット） ・環境と開発に関するリオ宣言の採択 ・気候変動枠組み条約の署名 ・生物多様性条約の署名 ・森林に関する原則の採択 ・アジェンダ21の採択
1994	砂漠化対策条約
1997	京都議定書…温暖化ガス排出削減のための数値目標を定める。
2000	バイオセーフティに関するカルタヘナ議定書
2001	残留性有機汚染物質に関するストックホルム条約
2002	持続可能な開発に関する世界首脳会議（ヨハネスブルグサミット）
2015	温暖化対策のパリ協定採択

物理

化学

生物

地学

数学

生物の 50 問 スコアアタック

Question

□**1** 細胞小器官の中で次の働きを担う部分はどこか。

a 好気呼吸　　b タンパク質合成

□**2** 原形質を構成する成分を上位から2つ選択した場合，最も多いのは水である。次に多いのは何か。

□**3** ゾウリムシの大きさはどの程度か。次のa～cから選べ。

a $30\mu m$　　b $100\mu m$　　c $180\mu m$

□**4** 細胞膜が濃度勾配に逆らって，ATPのエネルギーを用いて物質を移動させる仕組みを何というか。

□**5** 動物の組織は上皮・神経・筋肉の各組織があるが，もう1つ組織がある。それはどんな組織か。

□**6** DNAやRNAの基本単位となる構造は何と呼ばれるか。

□**7** 光合成にはいろいろな波長の光が利用されている。この中で特に効率よく利用される光は何色か。

□**8** 光合成で発生する酸素はルーベンの実験の結果，H_2O，CO_2のどちらのOに由来するか。

□**9** 光合成速度を規定する要因を限定要因というが，これには3つのものがある。1つは光の強さであるが，残り2つは何か。

□**10** 真の光合成速度は見かけの光合成速度に何を加えたものか。

□**11** 次のa～cの反応は葉緑体のチラコイドとストロマのどちらで起こる反応か。

a 水の分解　　b CO_2の固定　　c ATP生成

Answer

1 a ミトコンドリア

　　b リボソーム

2 タンパク質

水は全体の80％程度，タンパク質は10％

3 c

ゾウリムシの大きさは$180～200\mu m$

4 能動輸送

ATPのエネルギーを用いない輸送が受動輸送

5 結合組織

骨組織・軟骨組織・血液・脂肪組織が含まれる

6 ヌクレオチド

7 赤色光と青紫色光

赤色光は670nm付近
青紫色光は430nm付近

8 H_2OのOに由来

9 CO_2濃度，温度

普通の植物にとって最適温度は25～30℃

10 呼吸速度

11 a チラコイド

　　b ストロマ

　　c チラコイド

□**12** アルコール発酵には多数の酵素が関与している。これらの酵素を総称して何というか。

12 チマーゼ

補酵素を持つ多数の脱水素酵素からなる

□**13** グルコース1分子を呼吸基質にした場合生成されるATPは何分子か。次の**a**～**c**から最も正しいものを選べ。

  a 24分子   **b** 38分子   **c** 51分子

13 b

解糖系2分子，クエン酸回路2分子，水素伝達系34分子，合計38分子

□**14** クエン酸回路や水素伝達系が起こるところは，細胞内のどこか。

14 ミトコンドリア

□**15** 酵素が特定の物質のみに作用する性質を，何というか。

15 基質特異性

□**16** 次の酵素の最適pHはいくらか。

  a トリプシン **b** カタラーゼ **c** ペプシン

16 a: pH8
b: pH7 c: pH2

□**17** 体液は血液とリンパ液と，あと何からなるか。次の**a**～**c**から選べ。

  a 血しょう   **b** 組織液   **c** 血清

17 b

血しょう成分が毛細血管から出たのが組織液

□**18** リンパ球にはB細胞とT細胞の2つがある。このうち体液性免疫に関与するのはどちらか。

18 B細胞

T細胞は細胞性免疫に関与する

□**19** B細胞もT細胞も骨髄でつくられるが，T細胞が成熟する器官はどこか。

19 胸腺

□**20** 細胞性免疫反応の代表に移植片拒絶反応が挙げられる。このほかに，細胞性免疫反応を1つ挙げよ。

20 ツベルクリン反応

□**21** すい臓から出るホルモンで血糖量を増加させるホルモンと血糖量を減少させるホルモンを1つずつ記せ。

21 増加：グルカゴン
減少：インスリン

□**22** 腎臓の腎細管で100％再吸収される物質は何か。**a**～**c**から1つ選べ。

  a グルコース   **b** タンパク質   **c** 脂肪

22 a

高分子のタンパク質や脂肪はろ過されない

物理

化学

生物

地学

数学

□**23** 胆汁を合成する器官はどこか。

a 肝臓　　b 胆のう　　c すい臓　　d 胃

□**24** 尿素を合成する回路を何というか。また, 尿素の合成は人体ではどこで行われているか。

□**25** 交感神経と副交感神経の末端から分泌される物質はそれぞれ何か。

a グルカゴン　　　b アセチルコリン

c パラトルモン　　d ノルアドレナリン

□**26** 副交感神経は, ①心臓の拍動, ②消化系の活動に対して, それぞれどのように働くか。

□**27** 脳の中で次の機能の中枢はどこか。

a 眼球運動　　　b 呼吸運動

c 体温調節　　　d 平衡運動

□**28** 目の網膜には2種類の視細胞が存在するが, この2種類の視細胞とは何か。また明るいところで働くのはこのうちどちらか。

□**29** 「耳は平衡器と聴覚器の2つの機能を持っていて, 半規管で体の傾きを, 前庭で回転を感じる」。この文章には誤りが2か所ある。それはどこか。

□**30** 軸索が髄鞘に包まれている有髄神経繊維において, 活動電位が髄鞘部を飛び越えてランビエ絞輪のみを伝わる様式は何というか。

□**31** 種子の発芽を促進したりタネナシブドウを作るときに用いる植物ホルモンは何か。

□**32** 休眠を促進する植物ホルモンは何か。

□**33** 次の植物の中から短日植物を2つ選べ。

a ダイズ　　b ホウレンソウ　　c コムギ

d オナモミ　　e トマト

23　a

24　オルニチン回路
　　　　肝臓

25　**交感神経：d**
　　　副交感神経：b
　　aはすい臓, cは副甲状腺から分泌される

26　①抑制　②促進
　　交感神経は消化系以外は促進的に働く

27　a 中脳　b 延髄
　　　　c 間脳視床下部
　　　　d 小脳

28　錐体細胞, 桿体細胞
　　　明所：錐体細胞

29　半規管→前庭
　　　　前庭→半規管
　　前庭には平衡砂の移動による重力の変化を感じる

30　跳躍伝導
　　髄鞘部が絶縁体となっているので, ここを飛び越えて伝わる

31　ジベレリン

32　アブシシン酸

33　a, d
　　b, cは長日植物, eは中性植物

□**34** 「光周性を感受する物質はフロリゲンである」。この文章には誤りが1か所ある。それはどこか。

□**35** 昆虫などが情報伝達のため分泌する化学物質は何か。

□**36** 動物の行動様式には，次の**a**～**e**の5種類がある。

a 反射　　**b** 本能行動　　**c** 知能行動
d 走性　　**e** 学習行動

①～③は**a**～**e**のどれに合致するか。
①経験を繰り返すことで，目的に達するための，より適当な行動がとれるようになる。
②刺激に対して一定の方向に移動する。
③大脳以外が中枢で，反応が素早い。

□**37** 酵母菌の生殖方法は何か。

□**38** 一次精母細胞は減数分裂によって精子をつくる。正常な減数分裂が行われれば，100個の一次精母細胞から何個の精子ができるか。

□**39** イモリの予定運命図を最初に作成した学者はだれか。

□**40** 「iPS細胞は胚盤胞の細胞からつくられ，多能性を持つ」。この文章には誤りが1か所ある。それはどこか。

□**41** F_1 がAaBbで次の場合，F_1からつくられる配偶子の種類と分離比はいくらか。
①遺伝子が独立の場合
②Aとb，aとBが不完全連鎖をして組換え価が30%の場合

---

34 フロリゲン→
フィトクロム

35 フェロモン

36 ①e　②d
　　③a
a：刺激に対して大脳の制御を受けずに反応すること
b：反射が複雑に組み合わさった行動
c：状況を判断して適切な行動をとること
d：刺激に対して一定の方向性をもって行動すること

37 出芽

38 400個
減数分裂によって1個の一次精母細胞から4個の精子ができる

39 フォークト

40 胚盤胞の細胞→
体細胞

41 ①AB:Ab:aB:ab
＝1:1:1:1
②AB:Ab:aB:ab
＝3:7:7:3

$$\frac{1+1}{1+n+n+1}\times100=30$$
$$\therefore n=\frac{7}{3}$$

□**42** 配偶子が形成されるときに，対立形質の遺伝子は別々の配偶子に入るというのは，メンデルの何の法則か。

42 **分離の法則**
他に優性の法則と独立の法則がある

□**43** DNAの塩基が3つで1つのアミノ酸に対応しているという考え方を何というか。また，mRNAの3つ組塩基のことを何というか。

43 **トリプレット**
コドン

□**44** アユやホオジロに見られる一定の空間を占有することを何というか。

44 **なわばり**
（テリトリー）

□**45** 火山の爆発などによって生じた，まったく何もないところから始まる遷移を何というか。

45 **一次遷移**

□**46** 本州中部地方の山地帯に見られる植生で，ブナ・ミズナラなどから構成される樹林は何か。

46 **夏緑樹林**
イロハモミジ，カエデ，クリなどがある

□**47** 純生産量＋呼吸量のことをまとめて何というか。

47 **総生産量**

□**48** 河川や湖沼で栄養塩類が増加する現象を何というか。

48 **富栄養化**
食物連鎖の過程が関与

□**49** 2015年のCOP21で，温度上昇を産業革命以前の2.0度未満，さらに協力目標として1.5度以下に抑えることに国際間で合意した協定を何というか。

49 **パリ協定**
参加した196の国・地域がすべて合意した画期的なものであった

□**50** オゾン層破壊の主な物質として挙げられるのはどんな物質か。

50 **フロン**

生物の50問スコアアタック得点		
第1回（　／　）	第2回（　／　）	第3回（　／　）
／50点	／50点	／50点

地学

重要テーマ BEST 10

地学の50問スコアアタック

自然科学
地学

重要テーマ BEST 10

本試験の出題傾向から，重要と思われるテーマを
ランキングした。学習の優先順位の参考にしよう。

1 地震
P.195 ▶

　始めに到達するのが縦波のP波（初期微動）で，遅れて
到達するのが横波のS波（主要動）である。始めにP波が
到達してから始めてS波が到達するまでの時間が初期微動
継続時間であり，複数地点でこの時間を測定することで震
源が特定できる。地震の規模を表すマグニチュード，地震
の揺れを表す震度についても理解を深めておくこと。津波，
断層，流動化などの現象にも注意が必要。

2 フェーン現象
P.186 ▶

　湿った空気と乾いた空気では気温逓減率が異なることに
よりフェーン現象が引き起こされる。湿った空気が山腹を
上昇して，山頂付近で露点に達して雨を降らせた後，山腹
を下降するときには乾いた空気になる。この現象は，山に
囲まれた盆地で起こりやすいことも覚えておこう。

3 地球温暖化
P.184 ▶

　二酸化炭素などの温室効果ガスによる大気の平均気温上
昇のメカニズム，温暖化によって引き起こされる事態につ
いて理解を深めておきたい。パリ協定についても，内容を
確認しておきたい。

4 日食・月食
P.172

太陽・月・地球の順に一直線に並んだときに起こる現象が日食であり，皆既食・金環食・部分食がある。月食は，太陽・地球・月の順に一直線に並んだときに，地球の影に月が入る現象である。日食や月食のとき，太陽や月がどちら側から欠けていくかも理解しておきたい。

5 日本の気候
P.193

冬型・夏型や梅雨時の気圧配置と天候の特色は覚えておく必要がある。また，天気図や，正式な用語ではないが，「ゲリラ豪雨」なども押さえておきたい。

6 示準化石・示相化石
P.207

地質年代を比定する化石が示準化石である。アンモナイト，三葉虫など重要な化石と地質年代を結び付けて覚えておこう。地層が堆積した当時の環境を知る手がかりとなる化石が示相化石である。

7 太陽系の惑星
P.176

8個の惑星の並び順，地球型惑星と木星型惑星の特徴は必修事項である。宵の明星・明けの明星，彗星などの知識も不可欠である。

8 プレートテクトニクス
P.199

地殻は十数枚のプレートでできており，海洋プレートは移動して大陸プレートの下に沈み込んでいる。日本列島近辺の大陸プレート・海洋プレート，海溝，トラフについて理解しておくこと。

9 HR図
P.179

絶対等級とスペクトル型による星の分布を示したものがHR図である。主系列には星の90％が含まれる。主系列星→赤色巨星→白色矮星という星の進化の過程について理解を深めておきたい。

10 火山の形状
P.201

溶岩の粘性が小さいと楯状火山，大きいと，昭和新山，平成新山のような溶岩ドームが形成される。富士山などの成層火山，阿蘇山などの複式火山などの成因についても理解しておこう。

頻出度 **A** 地球の運動と太陽系

試験別頻出度
国家専門職 ★★☆　地上特別区 ★★★
国家総合職 ★★★　地上全国型 ★★★　市役所C ★★★
国家一般職 ★★☆　地上東京都 ★★★

学習のポイント

◎太陽系は頻出事項であり，惑星の特徴はしっかり把握しておく必要がある。
◎天体の運動を理解するために，天球図の見方には習熟しておきたい。

❶ 地球の運動

□【　**自転**　】…恒星日では，約23時間56分（太陽日では約24時間）で**西から東**へ1回転（360°），つまり1時間で約**15°**の回転。天の北極側から見ると**反時計回り**になる。地球の自転軸は公転面に対して約**66.6°**傾いている。自転が原因で起こる現象は，昼夜の別など1日単位。

□【　**フーコーの振り子**　】…振り子の振動面（おもりをつるした糸が掃く面）は自転と反対回りに回転するように見える。北半球では**時計回り**，南半球では**反時計回り**，極では**360°**回転し，赤道では**回転しない**。

□【　**コリオリ力**　】…回転している系の上で速度を持って運動する物体に加わる力。北半球で台風が**東**に迂回するのは，この力のため。

□【　**公転**　】…地球の場合，365.24日（1太陽年）かけて太陽の周りを1周する。公転の向きは天の北極から見れば自転と同じく，**反時計回り**である。公転が原因で起こる現象は，季節の別など1年単位。

□【　**年周視差**　】…地球の公転による観測位置の変化によって生じる天球上の位置のずれ。恒星は年間を通して楕円運動するように見える。年周視差は，恒星までの距離に反比例する。

□【　**年周光行差**　】…星からの光が実際の位置より斜め前方から来るように見える現象。地球の公転運動により生じる。

❷ 月

□【　**月**　】…地球から約38万km離れ，地球の周りを約**1か月**で回る地球の衛星。太陽の光を反射して光り，満ち欠けをする。

□【　**日食，月食**　】…**太陽－月－地球**の順で並び，太陽が月に隠される現象を**日食**という。**太陽－地球－月**の順で並び，地球の影が月を隠す現象を**月食**という。

日食　太陽 ◯━ 地球　月

月食　太陽 ◯━ 地球　月

❸ 太陽系の天体

□【　惑星　】…**水星，金星，地球，火星，木星，土星，天王星，海王星**の8個。**冥王星**は惑星から除外された。太陽から冥王星までの距離は，太陽から地球までの距離の約40倍。惑星は太陽の周りを回っており（公転），公転の向きは天の北極側から見れば**反時計回り**。

□【　小惑星　】…**主に火星と木星の間**にある多数の小さな天体の総称。いずれも大気はなく，形も不規則である。現在40万個以上発見されている。

□【　すい星　】…メタンやアンモニアなどの氷が核となっている。太陽に近づくと**太陽風**などの影響で，太陽と反対側に長い尾を持つようになる。ハレーすい星などのように太陽の周りを周期的に回っているものもある（周期すい星）。

□【　流星群　】…すい星が地球の公転軌道上に残した微小な天体の中に地球が突入すると，大気圏との摩擦熱により多くの流星が観測される（流星群）。公転軌道上の位置はほぼ決まっているため，流星群が見える時期は毎年ほとんど変わらない。

❹ ケプラーの法則

ティコ・ブラーエの詳細な観測データから，ケプラーは以下の3つの惑星の運動の特徴を見いだした。

□【　第1法則　】…惑星は太陽を1つの焦点とする楕円軌道上を公転する。←ただし，ほぼ円に近い。

□【　第2法則　】…惑星と太陽を結ぶ線分は，一定時間に同じ面積を描く（面積速度一定の法則）。←太陽に近いところでは惑星の公転速度は速く，遠いところでは遅い。

□【　第3法則　】…惑星の太陽からの平均距離の3乗と公転周期の2乗との比は一定である。

　プラス+**α** 太陽系に占める太陽の質量

木星の質量は，太陽の質量の約1000分の1である。ほかの惑星が仮に木星と同じ質量だとしても惑星の総質量は太陽の100分の1であり，太陽系では，太陽が99％以上の質量を持っている。

物理
化学
生物
地学
数学

173

❺ 赤道座標と地平座標

□【 **天球** 】…地球と中心を同じくした，地球より大きな仮想的な球面。地球から観測できるすべての天体は，天球上にはりついていると考えて位置を表す。

□【 **赤道座標** 】…春分点（天の赤道と黄道との交点）を通る経線を基準にした**赤経**と，天の赤道から極までの**赤緯**で天体の位置を表す。**赤経**の単位は時・分・秒で表す。

□【 **地平座標** 】…地平線と天の子午線を基準に**方位角**（南から西回りにとる）と**高度**（地平線からとる）で天体の位置を表す。

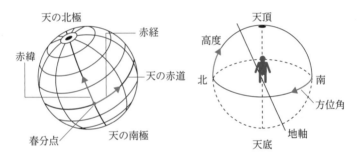

赤道座標　　　　　　　　地平座標

❻ 惑星の見かけの運動

　太陽が年間で天球上を移動することを太陽の年周運動という。惑星の見かけの運動は太陽の年周運動の方向（**西→東**）と必ずしも一致していない。そのような運動が「惑星（惑う星）」の語源になった。

□【 **黄道** 】…太陽の天球上の通り道。太陽は黄道を1日に約1°西から東へ動く。これを太陽の年周運動という。

□【 **順行** 】…太陽の年周運動の方向と同じ方向に惑星が動くこと。

□【 **逆行** 】…太陽の年周運動の方向とは逆向きに惑星が動くこと。

□【 **留** 】…順行から逆行またはその逆に運動が移行するとき，惑星が天球上で止まって見える状態。

❼ 惑星現象

　地球の軌道より内側を回る惑星を**内惑星**，外側を回る惑星を**外惑星**という。惑星が地球と特別な位置関係に来ることを**惑星現象**という。

□【　合　】…地球から見て，惑星が太陽と同じ方向に位置すること。内惑星では地球に近いときを**内合**，遠いときを**外合**という。日周運動が太陽と同じで日の出と一緒に東から現れ，日の入りで西に沈む。

□【　衝　】…惑星が太陽とは反対方向に位置すること。内惑星ではこの状態は存在しない。日の入りで東から現れ，日の出で西に沈む。一晩中観測できる。

□【　最大離角　】…内惑星が見かけ上最も太陽から離れて見える状態。太陽の東にあるときは**東方最大離角**といい，夕方西の空に比較的長い時間観測できる。逆に西にあるときは**西方最大離角**といい，明け方東の空に観測できる。金星は太陽光の反射率が高いため非常に明るく輝き，明け方に見えれば「**明けの明星**」，夕方に見えれば「**宵の明星（一番星）**」と呼ばれる。

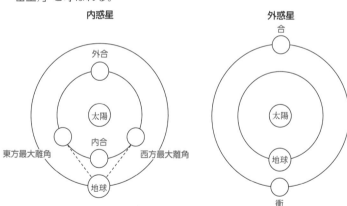

□【　会合周期　】…衝から次の衝，あるいは合から次の合になるまでの時間を会合周期という。次の式に，内惑星なら長いほうに地球を，外惑星なら短いほうに地球を当てはめることで会合周期は求められる。

$$\frac{1}{\text{会合周期}} = \frac{1}{\text{短いほうの公転周期}} = \frac{1}{\text{長いほうの公転周期}}$$

❽ 惑星の特徴

質量，密度，衛星の数などの特徴で，惑星を分類することができる。
冥王星は現在は惑星から除外され「**準惑星**」に分類されている。

□【 地球型惑星 】…水星，金星，地球，火星。

□【 木星型惑星 】…木星，土星，天王星，海王星。

性質	地球型惑星	木星型惑星
質量	小さい	大きい
赤道半径	小さい	大きい
密度	大きい	小さい
自転周期	長い	短い
大気	CO_2，N_2，O_2など重い	CH_4，NH_4，H_2など軽い
惑星の数	少ない	多い

□【 水星 】…太陽に最も近く，大気がほとんど存在しない。表面温度
は昼間で400℃以上，夜間は約 −180℃になる。表面には多数のクレー
ターが見られる。

□【 金星 】…半径と質量がほぼ地球に等しい。二酸化炭素を主成分と
する高圧の厚い大気に覆われ，強い温室効果が生じており，表面温度
は470℃に達する。自転速度を超える強い風（スーパーローテーショ
ン）が吹いている。火山があり，表面は起伏に富む。

□【 地球 】…水が大量に存在する。現在のところ，太陽系で生命が存
在する唯一の天体である。

□【 火星 】…半径は地球の約半分。地軸の傾きが地球と似ており四季
がある。二酸化炭素を主成分とする薄い大気が存在する。過去に水が
大量に存在した証拠が見つかっている。

□【 木星 】…太陽系最大の惑星。赤道に平行な縞模様や，**大赤斑**と呼
ばれる高気圧性の巨大な嵐による渦巻き型の斑点模様が見られる。

□【 土星 】…密度は太陽系最小で，平均密度は水よりも小さい。

□【 天王星・海王星 】…ともに半径は地球の4倍程度。天王星はほぼ
横倒しになって自転している。

物理
化学
生物
地学
数学

❾ 太陽

太陽は，半径が地球の約109倍の恒星。太陽の元素組成は，スペクトルの暗線（**フラウンホーファー線**）の分析からわかり，**水素**と，それに次いで**ヘリウム**が多く含まれる。

- □【 光球 】…最も明るく輝いている部分。温度は約**5,800K**。
- □【 コロナ 】…希薄な大気で，**皆既日食**のとき太陽から放射されているように見える。温度は約**100万K**以上。
- □【 黒点 】…光球面上に黒いしみのように見えることからこう呼ばれる。黒く見えるのは，周りより温度が低い（約**4,500K**）ため。
  太陽活動と密接な関係があり，活動が活発なときは**多く**観測される。
  太陽活動は**11年**周期で，活動が活発な時期を極大期という。
- □【 彩層 】…光球の外側にある薄い層。
- □【 プロミネンス（紅炎） 】…光球面から吹き出す炎。
- □【 核融合反応 】…太陽などの恒星のエネルギーは，**水素**から**ヘリウム**を生成する反応によって得られる。
- □【 太陽風 】…太陽から恒常的に流れ出す高速のプラズマ流（陽子などの荷電粒子）。オーロラの原因になる。
- □【 フレア 】…ときどき**黒点**付近で起こる爆発的なプラズマの放出現象。オーロラ，デリンジャー現象，磁気嵐などの原因。
- □【 オーロラ 】…太陽から放出されたプラズマは，地球に達すると磁極から大気に入り込み，**電離圏**の粒子と衝突して光を出す。カーテン状，放射状などさまざまな形で観測される。
- □【 デリンジャー現象 】…太陽フレアなどで地磁気が乱されると，電離圏の電波吸収が増加し，短波通信障害を生じる現象。
- □【 磁気嵐 】…太陽フレアなどで地球磁気圏が変動する現象。

プラス+α オーロラの発生要因

オーロラが赤道付近では見えず，北極など極付近で見えるのは，原因になるプラズマ（高エネルギーの荷電粒子）が磁力線に沿って進むという性質による。地磁気の磁力線は極付近で収束しているため，プラズマは極付近に落ち込むことになる。太陽活動が活発なときは，流れ込む範囲が広がり北海道などでもオーロラが観測できることがある（低緯度オーロラ）。

テーマ 2 恒星と宇宙

学習のポイント

◎頻出事項は, 恒星の位置と明るさ, 星の一生, HR図。
◎HR図を中心にして, 恒星の分類と進化について整理しておこう。
◎国家総合職, 一般職では宇宙の構造や宇宙論の知識も要求される。

❶ 恒星の明るさとスペクトル型

恒星とは核融合反応により, 自ら光を放つ星である。等級で表された恒星の明るさは, 数が小さいほど明るいことを表す。

□【 **光年** 】…光が1年間に進む距離。光速 $= 3.0 \times 10^5$ km/sなので1年間では $3.0 \times 10^5 \times 365 \times 24 \times 60 \times 60 \fallingdotseq$ **9.5兆km**。

□【 **パーセク** 】…年周視差 $1''$（秒）の恒星までの距離。光年で表せば, 約**3.26光年**。

□【 **実視等級** 】…見かけの明るさ。

□【 **絶対等級** 】…すべての恒星を太陽から同じ距離（**10パーセク**）においたときの恒星の明るさ。星の本当の明るさを表す。

□【 **光比** 】…5等級違う星の明るさは, 厳密に**100倍**と決められている。これをもとに1等級違う場合の明るさの比を計算すると, $\sqrt[5]{100} \fallingdotseq 2.5$ で, 約**2.5倍**になる。

□【 **質量光度関係** 】…質量の**大きい**星ほど絶対等級は**小さく**, 明るいという関係になる。

□【 **恒星のスペクトル型と表面温度** 】…星の光を異なった周波数ごとに分解して得られたものをスペクトルという。スペクトルは星の表面温度と相関があり, 温度の高いほうから, O型, B型, A型, F型, G型, K型, M型と分類される。太陽は**G型**星。

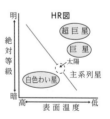

HR図

覚え方 Oh, Be A Fine Girl Kiss Me!

表面温度, 色, スペクトル型

表面温度	高 ◀──────── 低						
スペクトル型	O	B	A	F	G	K	M
色	青白				黄		赤

└太陽

❷ HR（ヘルツシュプルング・ラッセル）図

HR図はデンマークのヘルツシュプルングと，アメリカのラッセルが独立に発表した恒星の分類図で，恒星進化を理解するうえで大きな役割を果たしている。

太陽程度の質量を持つ**主系列星**は，その後膨張し表面温度が下がるためHR図の右側に移動し（**巨星，超巨星**），最後は，外側のガスを吹き飛ばして中心核だけが残り，暗く温度が高い**白色わい星**となってHR図の左下に移動する。

☐【 **縦軸** 】…**絶対等級，光度**など。星の明るさを表すもの。絶対等級の場合は，上に行くほど値が小さくなる。

☐【 **横軸** 】…**表面温度，色，スペクトル型**など。星の温度を表すもの。慣習で横軸は左に行くほど，高温になるようにとる。

❸ 宇宙論

現在の宇宙論の主流はガモフの**ビッグバン理論**に端を発する膨張宇宙論である。膨張の後どうなるかはまだはっきりとわかっていない。ビッグバンから現在までの流れは次のとおり。

☐【 **光のドップラー効果** 】…光にも音波と同じようにドップラー効果を考えることができる。観測者から遠ざかる場合には波長が**伸びて赤色**側にシフトし（**赤方偏移**），反対に近づけば波長が**短く**なり**青色**側にシフトする（**青方偏移**）。

☐【 **宇宙背景放射** 】…宇宙はもともと熱い火の玉であったと考えると，膨張して温度が下がり，現在では**3K**（ケルビン温度）の電波放射になっているはずである。この理論値はCOBE（宇宙背景放射探査機）などの衛星によって実際に観測されている。

☐【 **ハッブルの法則** 】…天体が遠ざかる速度と，天体までの距離は**比例**する。比例定数は**ハッブル定数**と呼ばれる。ハッブル定数は50 〜 100 km/(s·10^6 pc)とされるが正確な値はまだわかっていない。

❹ 恒星の進化（恒星の一生）

星は長い時間をかけて次のようなさまざまな状態に変化する。HR図を見ながらまとめて理解しよう。

□【　星間物質　】…星間にただようガスなど。1か所にたくさん集まって密度が高い領域が**暗黒星雲**である。

□【　原始星　】…密度の高いガスの中で**核融合反応**が起こり始め，星が誕生する。星のまわりにはガス円盤ができ，両極から激しいジェットを噴出している。

□【　主系列星　】…最も安定な状態で，長い間この状態が続く。誕生時に質量が大きければ温度が**高い**星になる。質量が大きい星の進化はほかに比べて**速い**。

□【　巨星　】…主系列星の段階が終わると徐々に半径が**大きく**なり，表面温度が**下がる**。質量の大きな星では膨張の度合いも大きく，**超巨星**になる。

□【　白色わい星　】…太陽程度の質量の星が巨星になった後，外部のガスが星間に流れ出て中心だけが残ったもの。半径が**小さく暗い**が，表面温度は**高い**。密度は約 $10^5 \mathrm{g/cm^3}$。

□【　超新星爆発　】…ある程度質量が大きい星は，進化の最終段階で大爆発を起こす。明るさは一時的に太陽の1億倍にもなり，吹き飛ばされたガスはまた星間物質となり，新たな星の種となる。

□【　中性子星　】…超新星爆発の後，中心核が急激に収縮してできるため非常に高密度（約 $10^{15} \mathrm{g/cm^3}$）。電波やX線を一定周期で放射する一部の中性子星は**パルサー**と呼ばれる。

□【　ブラックホール　】…非常に大きな質量の星は自己重力が大きいため，爆発後に光さえ外に出さない天体になるといわれている。

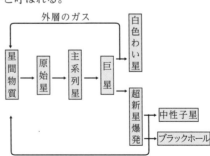

❺ 銀河系

□【 銀河 】…約**1,000億個**の恒星の集団。その形状から**楕円銀河**，**渦巻銀河**，**棒渦巻銀河**，**レンズ状銀河**，**不規則銀河**などに分類される。

□【 銀河団 】…銀河どうしの引力で，ある程度の範囲に，数十個の銀河が集まっているものがある。**おとめ座銀河団**，**かみのけ座銀河団**など。

□【 銀河系 】…太陽系も属する**天の川銀河**のこと。その構造は，**ディスク**（円盤部），**バルジ**（中心の楕円形に膨らんだ部分），**ハロー**（ディスクとバルジを球状に取り囲む領域）に分けられる。ハローに大量の**ダークマター**が存在すると考えられているが，その正体はまだ解明されていない。銀河系は**渦巻銀河**で，質量は中心付近に密集している。銀河系の自転周期は約**2億年**。

□【 銀河座標 】…銀河面と天球が交わる大円を銀河赤道，銀河面に垂直な直線と天球が交わる点を銀河北極，銀河南極として定義される座標。銀河赤道から極にとった角度の**銀緯**，銀河中心の方向から東回りにとった**銀経**で天体の位置を表す。

□【 散開星団 】…数十〜数**千**の恒星の集団。銀河系の**周縁部**に存在し，**若い星**からなる。

□【 球状星団 】…数万〜数**百万**の恒星の集団。球対称に星が分布しており，**古い星**からなる。

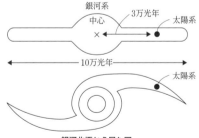

銀河北極から見た図

□【 準恒星状天体 】…**クェーサー**と呼ばれる。**スペクトル**の観測などから銀河であることがわかった。非常に遠方（**数十億光年〜**）にあり，銀河の形成初期解明の手がかりと考えられている。

◎フェーン現象の計算問題も出題されるので，計算には慣れておく必要がある。
◎海洋における現象にも目を通しておきたい。

❶ 地球磁気圏と外気圏

　磁石を空中につるすと，N極は北，S極は南を向く。これは地球の周りに磁界があるからである。地球磁場は，太陽や宇宙からの高速な粒子が直接地表に降り注ぐのを防いでおり，地球上の生命体にとって重要な役割を担っている。

□【　磁場構造　】…棒磁石の周りに砂鉄をまくと，N極とS極をつなぐ，複数の曲線（磁力線）が現れる。地球磁場の構造は，地球全体を磁石（S極が**北**）と考えた際の磁力線の構造に似ている。実際は，太陽風にさらされる方向は縮み，反対方向は膨らんでいるような形になっている。

□【　地磁気極　】…地磁気を棒磁石によるものと考えたとき，**磁石の延長線と地表とが交わる部分**をいう。磁極は北極や南極とはずれている。

□【　バンアレン帯　】…地上約4,000km（**内帯**），約20,000km（**外帯**）にあり，高速な粒子が飛び交うドーナツ上の領域。外帯には高速の**電子**が多く，内帯には高速の**陽子・電子**が存在する。

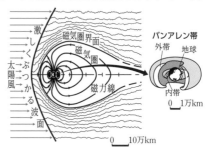

□【　外気圏　】…地上**500km**以上をさす。温度は非常に**高い**ため，存在する物質の大部分は**電離**し，高速に運動している。

❷ 大気の構造

地球大気は気温という特性で区分すると，いくつかの層に分類することができる。

□【 対流圏 】…地表から約**11km**までの範囲。大気の上下，東西方向の移動（**対流**）があり，種々の**気象現象**が起こる。気温は100m上昇すると約0.6℃**低下**し，これを**気温減率**という。

□【 成層圏 】…約**11km**から**50km**の範囲。対流はないが，東西方向の大気の移動はある。10kmから50kmの範囲にはO_3（オゾン）層があり，上空からの**紫外線**を吸収する。気温は数kmの間ほぼ一定であるが，それ以上では気温が**上昇**する。対流圏と成層圏の境界は**圏界面**と呼ばれ，上下の空気の混合が起こっている。

□【 中間圏 】…約**50km**から**80km**の範囲。対流はない。上空に行くほど気温は**低下**し，上部で大気圏中**最低気温**になる。

□【 熱圏 】…約**80km**から**500km**の範囲。**電離層**があり，上空に行くほど気温が**上昇**し，**高温**になるため物質の大部分が電離して存在する。地上からの電波を反射するD層（長波，**船舶の通信**など），E層（中波，**国内のラジオ放送**など），F層（短波，**国外のラジオ放送**など）が存在する。D層は夜間には消滅する。太陽から飛来する高エネルギー粒子の影響で，**オーロラ**や**デリンジャー現象**（電波の吸収による通信妨害）が起こる。

□【 大気の密度 】…地表付近で約$1.2\,\mathrm{kg/m^3}$程度で，上空に行くほど**減少**し，地上250km付近では約$10^{-10}\,\mathrm{kg/m^3}$ほどになる。

□【 大気の組成 】…N_2が約78%，O_2が約21%で，そのほかAr（アルゴン），CO_2などが微量に含まれる。成層圏ではO_3（オゾン）が少量加わり，電離圏以上では分子の電離などで多少の変化がある。

プラス+α 電磁波の波長

長波，中波，短波という名は電磁波の波長の長さを表している。テレビ放送の電波はもっと短く，超短波やマイクロ波（電子レンジでも使われる）と呼ばれる。

- □【 **太陽放射** 】…太陽から放射されるエネルギーは，紫外線・可視光線・赤外線によって地球に与えられる。**可視光線**によるエネルギーが最も多い。紫外線の大部分はオゾン層などの上層大気に吸収される。地表面が受ける単位面積当たりのエネルギー量は**低緯度**のほうが高緯度よりも多くなっている。

- □【 **太陽定数** 】…地球の大気の上端で，単位時間，単位面積当たりに受ける太陽エネルギーの放射量を表し，$1.37\,\mathrm{kW/m^2}$ である。この値は周期的に変化している。

- □【 **地球放射** 】…地表面または大気からの放射のことで，大部分は**赤外放射**。地表からの放射の95％は大気に吸収され，残りは大気外に散逸する。大気からの放射の65％は地表面に吸収され，残りは大気外に散逸する。

- □【 **温室効果** 】…地表面からの放射が，大気中の二酸化炭素や水蒸気などに吸収されることによって大気圏内の気温が上昇すること。大気圏外への放射が抑制されることで，地球の平均気温は約15℃に保たれている。

- □【 **地球の熱収支** 】…地球は太陽からの熱を受け続けているが，同じ量の熱を地球放射として放出している。よって，地球全体での熱収支は，大気圏外・大気中・地表でそれぞれつりあい，**熱収支はゼロ**で熱平衡が保たれている。

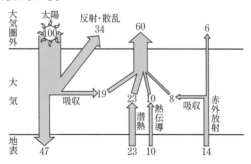

❹ 基本的な気象現象

□【　飽和水蒸気　】…水が気体状態にあるものを水蒸気という。ある温度で含むことのできる水蒸気の量は決まっており、それを超えると凝結して液体の水となってしまう。このつりあいの状態を**飽和**といい、そのときの水蒸気の量は**飽和水蒸気量**という。この量は気温が**高ければ大きく、低ければ小さい**。例えば、0℃では$4.85\,g/m^3$、20℃では$17.2\,g/m^3$である。

□【　露点温度　】…湿度が100％に達し、水蒸気が凝結して水滴が生じるときの温度を**露点温度**という。

□【　断熱膨張　】…空気の塊は普通非常に大きいので、周りの空気との熱のやりとりはない（断熱状態）と考えることができる。一般的に高度が高い場所は低い場所よりも気圧が**低い**ため、空気の塊は上昇すると**膨張**してしまう（山頂などでふもとから持っていったお菓子の袋が膨れるのはそのため）。空気が膨張するためにエネルギーが使われるため、結果として空気の塊の温度は**下がる**。

□【　断熱圧縮　】…空気の塊が下降すると、上昇した場合とは逆の過程で今度は**圧縮**され、圧縮するのに必要なエネルギーが外から加えられるので空気の温度は**上がる**。

□【　雲の生成　】…上昇した空気は断熱膨張によって気温が低下するが、露点温度以下に達しても、すぐに凝結が起こるわけではない（過冷却）。空気はさらに上昇し、より気温が低下すると、空気中の塵を核として凝結して微小な水滴を生じる。水滴は重力によって落下するが、このとき過冷却状態の周囲の空気から水蒸気が水滴を核として凝結し、水滴はより大きな水滴や氷の粒となる。この水滴や氷の粒の集合体が雲であるが、太陽光が乱反射して白く見えるのである。水蒸気が凝結するときには凝縮熱を放出するため、新たな上昇気流が生じる。この上昇気流に乗って水滴や氷の粒は上昇する。この上昇・下降の繰り返しによって、雲は空中に浮かんでいるのである。

□【　雨　】…水滴や氷の粒が大きくなると、上昇気流による浮力よりも重力のほうが大きくなり、地表へと落下する。これが雨である。空気の抵抗により地表に降り注ぐ雨滴の速さは一定になる。氷の粒の大き

さや地表付近の気温の状態などにより、雪・みぞれ、あられ、雹（ひょう）などになる。

❺フェーン現象

空気の上昇や下降によって断熱膨張・断熱圧縮が起き、空気の温度は変化する。これら断熱変化による気温の変化の割合を断熱減率という。

□【 乾燥断熱減率 】…水蒸気が飽和状態ではない（不飽和）空気が上昇すると、100m当たり約1.0℃気温が下降する。逆に空気が下降すれば、同じ割合で気温が上昇する。

□【 湿潤断熱減率 】…水蒸気が飽和状態に達している空気が上昇すると、水蒸気が凝結して水になるときに熱（潜熱）を出すため、乾燥断熱減率よりも気温の下降は緩やかになる。空気が下降するときも同様に気温の上昇は緩やかになる。気温や気圧の変化を受けるが、0℃、1,000hPa（ヘクトパスカル）の空気が上昇するときの湿潤断熱減率は、100m当たり約0.5℃の割合である。気温が高いとき、気圧が低いときは変化の割合は小さくなる。

□【 フェーン現象 】…山を越えて吹き下ろす風が、乾燥し高温な風（フェーン）となる現象。断熱減率の差と、越える山の高さによって風上側と風下側での気温差が生まれる。

①洋上などである程度水蒸気を含んだ空気が山に沿って上昇する。空気が飽和するまでは乾燥断熱減率が適用され、気温が下がって飽和水蒸気量は小さくなる。飽和状態になった後に湿潤断熱減率が適用され、気温が下がり、雲ができ雨が降って空気に含まれる水蒸気量は減少する。

②山頂から乾燥した（水蒸気は不飽和）空気がふもとまで下降する段階で①とは逆の断熱圧縮が起こるため、気温が上昇する（乾燥断熱減率を適用）。

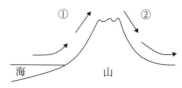

物理

化学

生物

地学

数学

❻ 空気に加わる力と風

□【 **気圧傾度力** 】…圧力の高低差のある2点があるとき，空気は気圧の**高い**ほうから**低い**ほうへ流れようとする。摩擦力が働かない上空では，気圧傾度力と**コリオリ力**（転向力）とがつりあい，**等圧線に沿って**風が吹いている（地衡風）。

□【 **大気の大循環** 】…気圧には緯度による傾向がある。赤道，30°，60°，極付近でそれぞれ交互に低圧帯，高圧帯があり，**赤道低圧帯，中緯度高圧帯，高緯度低圧帯，極高圧帯**と呼ばれている。

●年間を通して変化しない風

□【 **極東風** 】…高緯度低圧帯より高緯度では東からの風が吹いている。**周極風**ともいう。

□【 **偏西風** 】…中緯度高圧帯から高緯度低圧帯の上層では，西からの風が吹いている。上空に行くほど強くなり，圏界面付近で最大となっている。この強い風は**ジェット気流**と呼ばれる。

□【 **貿易風** 】…中緯度高圧帯より低緯度では，**北半球では北東**方向から，**南半球では南東**方向から風が吹いている。

●1日または1年で変化する風

□【 **海陸風** 】…**昼間は海から陸**に向かって風が吹き，**夜間は**その逆で**陸から海**に向かって風が吹く。

□【 **季節風** 】…夏には**海から大陸**に向かって風が吹き，冬には**大陸から海**に向かって風が吹く。日本付近では，**夏に南東風，冬に北西風**となって現れる。

□【 **比熱** 】…1gの物質を1度上げるのに必要な熱量。値が大きいものは**熱しにくく，冷めにくい**。水は $4.2\,\mathrm{J/g\cdot K}$ でほかの物質に比べて大きい。

プラス+ α 海陸風・季節風

海陸風と季節風は，比熱を考えることによって理解できる。昼間（夏）は，比熱の小さい陸で温度が上がって上昇気流が生じ，海で下降気流が起きる。結果として地表付近で海からの風となる。夜間（冬）はその逆を考えればよい。

❼ 海水の特徴と海流

□【　海水の組成　】…海水に溶けている塩類は**塩化ナトリウム**（約70%），**塩化マグネシウム**（約15%），**硫酸ナトリウム**（約10%）の順に多い。塩類の量は低緯度で多く，高緯度で少ない。水深が深いほうが**少ない**という傾向がある。組成比はどこでもほぼ一定である。

□【　海洋の鉛直構造　】…水温により海面に近い側から**表面混合層，水温躍層，深層**に分けられる。水深が深いほうが水温は**低い**が，表面混合層と深層では水温の変化はあまりない。水温躍層は深層と表面混合層の水温の差を埋めている所である。夏には海面の温度が上昇するため，表面混合層内に**季節的水温躍層**が現れる。年間を通して存在する水温躍層は**主水温躍層**とも呼ばれる。

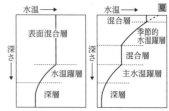

□【　海流の原因　】…海流を起こす原動力は，海洋上を吹く風（**吹送風**）と海水の**水温差，塩分量差**（一定に保つ方向に海水が運動する）に加え，**コリオリ力**（転向力）の緯度差も関係する。

❽ 海洋における現象

□【　風浪　】…洋上に吹く風の影響を直接受けている波。波はとがった形をしており，波長は短い。波長と波高は風速とともに増大する。

□【　うねり　】…発達した風浪が発生域を離れ，遠方まで伝わったために風の影響を受けなくなった波や，発生域で風速が弱くなって残った波。波は丸みを帯びており，波高は小さいが波長は長い。風浪が複雑で不規則であるのに対し，規則的な形を保つ。

□【　高潮　】…台風などの強い低気圧が通過するとき，気圧の低下による海面の吸い上げ作用や強風による海岸への吹き寄せによって，海面が異常に上昇する現象。

□【　大潮・小潮　】…太陽や月の引力の影響で，海面は1日に2回満潮と干潮を繰り返す。これを潮汐といい，太陽と月の引力および地球と月の重力系の遠心力とが原因で起こる。潮汐を起こす力（起潮力）は

太陽・地球・月がほぼ一直線になる**新月・満月**に最も大きく，直角になる**上弦・下弦**に最も小さい。前者の場合干満の差は最大になり大潮と呼ばれる。後者の場合は干満の差が最小になり小潮と呼ばれる。

□【　潮流　】…潮汐による海面差が原因で起こる流れ。鳴門海峡などで有名な渦潮は，潮流が狭い海峡を通ることで発生する。

□【　エルニーニョ現象　】…太平洋の赤道付近から南米ペルー沖にかけての広い海域の水温が平年より上昇する現象。貿易風は減退する。比較的長い期間（半年～1年）持続し，世界中で干ばつ，異常高温・低温などの異常気象が起こる。日本では**冷夏，暖冬，梅雨明けの遅れ**などの影響がある。また，同海域の水温が平年より下降する現象をラニーニャ現象といい，貿易風が強くなる。日本では**梅雨入り，梅雨明けが早まったり，冬の気温が低くなる**傾向がある。

❾ 地球環境問題

□【　地球温暖化　】…産業革命以降の化石燃料の大量消費により，大気中の二酸化濃度が上昇し，その**温室効果**により地球の平均気温が上昇し，様々な異常気象現象が起こっている。極地方の氷床や氷河が融解し，その結果海水面が上昇して，水没の危機に瀕している地域もある。

□【　オゾン層の破壊　】…冷媒，洗浄剤などに用いられたフロンガスが成層圏上部のオゾン層に達すると，紫外線の作用によって分解されて塩素原子を生じる。この塩素原子がオゾン分子と反応して，オゾン層が希薄になり，地表に大量の紫外線が降り注ぐ危険性が危惧されている。

□【　酸性雨　】…大気中に放出された硫黄酸化物（SO_x ソックス）や窒素酸化物（NO_x ノックス）が雨水に溶け込み，森林破壊，コンクリートや金属の腐食などが指摘されている。

□【　砂漠化　】…過剰な灌漑，森林伐採などにより植生が失われること。

プラス+ α 海流の影響

海流は地域の気候にも影響を与える。暖流である北大西洋海流が西を流れるイギリスは北海道よりも北に位置するが，偏西風の影響も手伝って比較的温暖な気候になっている。

学習のポイント

◎温暖前線，寒冷前線などの特徴を理解しておこう。
◎季節ごとの日本の天気の移り変わり，日本の四季の天気に関係する気象現象は頻出項目である。

❶ 気団

　気温や水蒸気量などの性質がほぼ同じである空気を気団という。気団は洋上や大陸の平原など，広範囲にわたって地表の性質が同じであるような場所で生まれる。大きくは**熱帯**気団，**寒帯**気団に分かれ，それぞれ気温が高い，低いという性質がある。また大陸部で生まれた気団は水蒸気量が少なく乾燥し，洋上で生まれたものは水蒸気量が多い。

❷ 気候変動の原因

●自然的要因

□【　太陽11年周期　】…地球の気候に影響する最も大きな自然的要因は太陽である。太陽活動の活発さは**11年周期**になっている。これは黒点の数に**比例**しているが，過去ほとんど観測されなかった時代では，平均気温の**低下**が見られる。

□【　火山灰による遮へい効果　】…大規模な火山活動の後では火山灰が太陽光をさえぎってしまうので，地表の日射量不足になり，気温が低下し，農作物が不作となることがある。

●人為的要因

□【　ヒートアイランド現象　】…都市部でエアコンなどの廃熱によって郊外よりも気温が上昇する現象。上昇気流の発生により，局地的な降水量の増加等の影響がある。

□【　地球温暖化　】…化石燃料（石炭，石油など）の燃焼により大気中のCO_2が増加する。CO_2は赤外線を吸収する性質があり，赤外線として放射される地表の熱は外に逃げることができなくなるため，熱がこもってしまう。このような現象を温室効果という。温暖化が進行すると，動植物の分布の変化，氷河の融解による**海水面の上昇**を引き起こす。

❸ 前線の種類と特徴

相対的に暖かい気団（暖気団）と冷たい気団（寒気団）との境界面（前線面）と地表との交線を前線という。

□【 **寒冷前線** 】…寒気団が暖気団に向かって進行し，暖気団の下に寒気団が潜り込む形になる。境界面の傾斜は**急**で，急激な上昇気流が生じ，前線の前後でいわゆる**にわか雨**のような**しゅう雨**性の雨が降る。前線通過後には気温が**下がる**。

□【 **温暖前線** 】…暖気団が寒気団に向かって進行し，寒気団の上に乗っている前線。境界面の傾斜は**緩やか**で，前線が近づくと**持続的**な雨が降る。前線が過ぎると雨は上がり，気温が**上昇**する。

寒冷前線と温暖前線

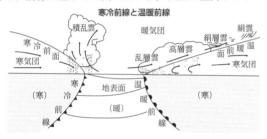

□【 **閉塞前線** 】…寒冷前線の進行速度が温暖前線より速く，寒冷前線が温暖前線に追いついてしまったもの。それぞれの前線の持つ寒気団の温度差によって**温暖**型と**寒冷**型の2つに区別される。閉塞前線の付近では**上昇気流**が生じ，比較的強い雨が降り風も強い。

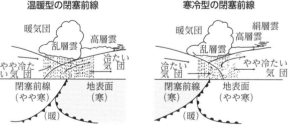

□【 **停滞前線** 】…暖気団と寒気団が互いにぶつかり合い，勢力が拮抗していると前線は動かない。停滞前線の付近では，天気の悪い日が長い間持続する。日本の**梅雨前線**，**秋雨前線**（秋霖）がこれに当たる。

❹ 低気圧と高気圧

　周囲よりも気圧が低い領域を**低気圧**，高い領域を**高気圧**という。天気図では同じ気圧を結んだ線（等圧線）が閉じており，低気圧では内側に行くほど気圧が低く，高気圧では高くなっている。コリオリの力により，北半球では，低気圧の中心に向かって**反時計回り**で風が吹き込み，高気圧では逆に**時計回り**に外側へ向かって風が吹き出している。また，低気圧では地表からの**上昇気流**があり天気は悪く，高気圧では地表への**下降気流**があり，天気はよい。

□【　温帯低気圧　】…普通低気圧といった場合これをさす。温暖前線や寒冷前線を伴う。偏西風に流されて西から東へ移動する。

□【　熱帯低気圧　】…主として緯度が5 ～ 25°付近の熱帯地方で発生する低気圧。発達初期には前線を伴わない。

□【　台風　】…熱帯低気圧のうち風速が**17.2**m/s以上のものをさす。

　風速は中心に向かうほど大きい。台風の中心（**台風の目**）は風が**弱く**，**下降気流**が存在し晴れる。

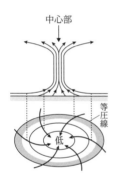

北半球の低気圧の構造

□【　寒冷高気圧　】…主として**冬季**に大陸で発達する。ほぼ停滞しており，規模が**大きい**ことが特徴である。

　[例]…シベリア高気圧など。

□【　亜熱帯高気圧　】…亜熱帯−中緯度付近で発達する海洋性の高気圧。ほぼ停滞しており，**夏**に発達する。

　[例]…北太平洋高気圧など。

□【　移動性高気圧　】…偏西風により西から東へ移動する高気圧。一般に後方に低気圧を持つため，高気圧と低気圧が交互にやってくることとなり，良い天気と悪い天気が循環する原因になる。日本では**春**と**秋**に多く通過する。

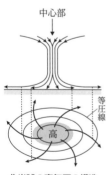

北半球の高気圧の構造

❺ 日本の天気

□【 **春** 】…春先に日本海側でフェーン現象。**移動性高気圧**と低気圧が交互にやってくるため、天気が変わりやすい。移動性高気圧が日本を覆うと、夜間の放射冷却現象により霜（**晩霜**）が降りる。

□【 **梅雨** 】…オホーツク海高気圧と小笠原高気圧（太平洋高気圧）の勢力が日本付近で拮抗し**停滞前線**（**梅雨前線**）をつくるため、雨天が長く続く。**小笠原高気圧**の勢力が徐々に増すと、前線が北に押し上げられ梅雨が明ける。

□【 **夏** 】…**南高北低**の気圧配置。**小笠原高気圧**に日本が覆われるため、気温・湿度が**高く**なる。日本海側で**フェーン現象**。**南東**からの季節風が吹く。

□【 **秋雨** 】…小笠原高気圧の勢力が減退すると、前線が再び日本付近に南下し、雨天が続く。台風が日本を襲うようになる。シベリア高気圧の勢力が増し、秋雨前線はさらに南下する。

□【 **秋** 】…大陸からの**移動性高気圧**が日本を通り晴天になるが、夜間の放射冷却現象で霜（**早霜**）が降りる。移動性高気圧は低気圧を伴うため西側で天気が悪くなる。

□【 **冬** 】…**シベリア高気圧**が一段と勢力を増し、**西高東低**の気圧配置になる。**北西**からの季節風が吹く。日本海側－雪、太平洋側－晴天が典型的。

日本付近の気団

分類		名称	特徴	関係する季節
熱帯気団	**大陸性**	揚子江（長江）気団	暖・乾	春・秋
	海洋性	小笠原気団	暖・湿	夏
寒帯気団	**大陸性**	シベリア気団	寒・乾	冬
	海洋性	オホーツク海気団	寒・湿	梅雨

プラス+α 放射冷却現象

晴れた日の夜は、地表からの熱放射が著しいために地表に接した空気が冷やされる。その結果地面や建物に空気中の水蒸気が凝結して付着する。気温が低いときは氷になるが、それが「霜」である。

試験別頻出度	国家専門職 ★★★	地上特別区 ★★★
国家総合職 ★☆☆	地上全国型 ★★★	市役所 C ★★★
国家一般職 ★☆☆	地上東京都 ★☆☆	

学習の
ポイント

◎地震についての用語，地震波の性質を正しく理解しよう。
◎地球の内部構造は地震波の伝播によって明らかにされた。地震波との関連に注意して整理しよう。

❶ 地球の内部構造

□【 **地球の形状** 】…地球は赤道半径が約6,378km，極半径が約6,357kmの回転楕円体である。太陽と比べると半径は約100分の1。地球の重力は，自転による遠心力の影響で**赤道で最小，極で最大**となる。

□【 **地殻** 】…地表から数10kmまでをいう。固体の状態で，上部は**花こう岩質**，下部は**玄武岩質**からなる。構成物質はSiO_2，Al_2O_3，CaOの順に多く，SiO_2は半分を占める。

□【 **マントル** 】…深さ数10kmから**2,900km**までをいい，地球の約80％を占める。固体だが，下部は流動性があると考えられている。構成物質は，主にかんらん石と輝石からなる**かんらん岩**（マントル上部）や，輝石とざくろ石からなる**エクロジャイト**と考えられる。

□【 **外核** 】…深さ2,900kmから5,100kmまでの液体部分をいう。構成物質はFe，Ni，Siなど。

□【 **内核** 】…深さ5,100km以下の固体部分で，地球の中心部。温度は約6,000℃で，構成物質はFe，Ni，Siなど。

□【 **アイソスタシー** 】…地下のある深さから地表までの単位面積当たりの岩石柱の質量は，地球のあらゆるところで等しいとする考え。陸に比べて，**海洋の地殻が薄い**ことを説明できる。

□【 **密度・圧力分布** 】…地球内部の密度・圧力は中心に向かうほど大きくなる。密度は，マントル－外核，外核－内核の境界で不連続になっていると考えられる。

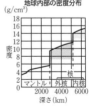

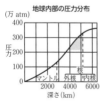

194

❷地震波の種類

地震波は音波などと同じ「波」なので，屈折・反射などの波の性質を持っている。

□【　P波　】…最も速く伝わる波（5〜7km/s）で，振幅が**小さく**周期は**短い**。縦波なので固体，液体，気体すべてを伝わる。粗密波とも呼ばれる。

□【　S波　】…P波の次に現れる波で，速度は3〜4km/s。P波より振幅が**大きく**，周期も**長い**。横波で，固体のみ伝わることができる。弾性波とも呼ばれる。

□【　表面波　】…最後に現れる振幅が**大きく**，周期の**長い**波。速度は最も遅く，3km/s。深さとともに振幅が急激に**減少**する。

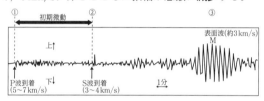

□【　初期微動継続時間　】…P波が到達してからS波が到達するまでの時間をいう。初期微動継続時間の長さは震源までの距離に比例している。

❸地震

地殻やマントルの上部に蓄積されたひずみのエネルギーがなんらかの原因で急激に放出される現象が地震である。

□【　震源　】…地震の発生源。

□【　震央　】…震源の真上の地表の点。

□【　マグニチュード　】…地震そのものが持つ**エネルギー**，**規模**を表す。地震のエネルギー E （単位はJ［ジュール］）とマグニチュード M には次の関係がある。

$$\log_{10}E = 1.5M + 4.8$$

マグニチュードが1大きくなると，エネルギーは約32倍になる。

□【　震度　】…ある観測地点での**揺れの程度**を表す。日本では，気象庁により，0〜4，5弱，5強，6弱，6強，7の10段階が定められている。

❹ 地震の分布と発生メカニズム

　地震の頻発地域は日本を含む環太平洋地震帯とアルプス－ヒマラヤ地震帯で，比較的最近造山運動が起こっている地域と一致している。

□【　浅発地震　】…震源が深さ**数10km**以内にある地震。地球上で起こる地震のほとんどはこれであることが多い。アフリカやアメリカのカリフォルニアにある**断層**付近で起こる地震などが例。

□【　深発地震　】…震源の深さが**100km**を越えるような地震。発生場所は極めて限定的でほぼ**環太平洋**地震帯のみで起こっており，海洋プレートのもぐり込む場所に関連していると考えられている。日本では**日本海**側で起こる地震がこれに当たる。

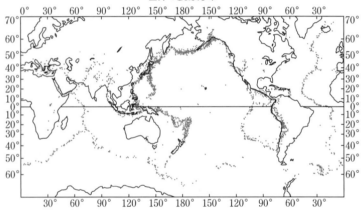

世界の震源分布

□【　日本の地震　】…マグニチュード8クラスの巨大地震は，**太平洋**側に集中している。震源の深さは**太平洋**側から**日本海**側にかけて徐々に深くなるという特徴を持っている。

❺ 地震の原因

□【　プレート境界地震　】…海洋プレートが大陸プレートの下に潜り込む際，プレート境界には大きな力がかかってひずむ。このひずみは蓄積し，限界に達すると，大陸プレートが跳ね上がり地震が発生する。このタイプの地震は規模が大きく，**津波**を伴うことも多い。

□【　活断層型地震　】…プレート運動によりプレート内部に蓄積された
ひずみが、断層のずれにより解放される際に発生する。新生代第四紀
以降に活動し、今後も活動する可能性のある断層を**活断層**という。人
の住む地域で断層が活動すると、規模のわりには大きな被害をもたら
すことがある（直下型地震）。

□【　火山性地震　】…マグマの活動により地震が発生することがある。
一般的に地震の規模は小さい。噴火の前兆となることがある。

❻ 地震関連の現象と災害

　大地震が発生するとそれに伴って地殻変動をはじめとしたさまざまな
現象が起こり、その結果人命を失うような大きな災害を引き起こすこと
もある。

□【　地震断層　】…地震により水平方向、上下方向の力が地下の岩盤に
加わって割れる現象。

□【　地割れ　】…強い揺れにより、地下の岩盤ではなく地表面に割れ目
ができる現象。**埋立地や斜面**に起こりやすい。

□【　土石流　】…山の斜面などが地震によって崩れ、洪水のように土砂
が流れる現象で山津波ともいわれる。地震の後、雨などが降ると特に
起こりやすい。

□【　津波　】…海底に震源を持つ地震の場合、海底の変動が波として伝
わる。海が深い部分ではあまり目立たないが、浅瀬では位置エネルギー
に変換され、非常に波高が高くなる現象。**港湾や入り江**などでは被害
が大きい。チリ沖で起こった地震による津波が日本に押し寄せたこと
もあり、遠隔地で起こった地震による影響もある。

□【　地盤と災害　】…地震災害は、地震のマグニチュード、震源の深さ、
震源までの距離に左右されるが、地盤の状態も影響する。地盤が**弱い**
所のほうが被害が大きい。

□【　液状化現象　】…土砂の粒の大きさがそろっており、地下水を含ん
でいる地盤の弱い場所において、地震の際に地盤が泥水のようになる
現象。**埋立地や海岸平野**で起こる可能性が高い。丘陵地などでは起き
にくいと考えられている。

❼ 走時曲線と地球内部構造

縦軸に地震波の到達時間（走時），横軸に震央からの距離を取り，各観測地点の観測値を記入すると曲線が描ける。これを走時曲線という。走時曲線の傾きの逆数は，地震波の速度を表す。

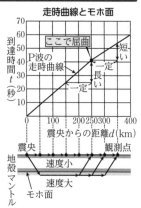

走時曲線とモホ面

□【 **地殻－マントル境界** 】…モホロビッチ**不連続面**（モホ面）と呼ばれる。マントルでは地殻よりも地震波の速度が**速く**なる。これより上層を地殻，下層をマントルという。

□【 **マントル－外核境界** 】…震源からの角距離が$103°$〜$143°$の間に，P波の到達しない部分（シャドーゾーン）が存在することから，約2,900kmの深さにマントルと核の境界（**グーテンベルク不連続面**と呼ばれる）があることが明らかになった。外核にはS波が伝わらないことから，外核は液体だと考えられている。

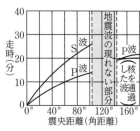

□【 **外核－内核境界** 】…**レーマン不連続面**と呼ばれる。ここでのP波の弱い反射波が観測され，境界があることがわかった。

走時曲線の解析から右図のようなP波，S波の速度分布が得られる。上に挙げた境界で地震波の速度が不連続になっていることがわかる。

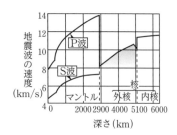

❽ プレート・テクトニクス

マントル上部にある，流動性を持つアセノスフェアの上に，硬い岩石からなるリソスフェアがある。リソスフェアは，地球表面を何枚にも分かれて覆っており，この1枚1枚を**プレート**という。プレートの運動により，地震，火山，地殻変動などの地学現象を説明する考え方をプレート・テクトニクスと呼んでいるが，以下の2つの説がもとになっている。

□【　大陸移動説　】…地球上のいくつかの大陸はもともと1つの大陸（**パンゲア**）であり，約2億年前から分裂して移動し今に至ったという説。証拠としては大西洋岸の地形の類似が挙げられる。

□【　海底拡大説　】…海洋プレートは，それが生成される海嶺から離れるように移動し，海溝で消失するという説。証拠としては，海嶺の両側に見られる**地磁気の縞模様**が挙げられる。

❾ プレート・テクトニクスと地学現象

□【　地震との関連　】…大陸プレートの下に海洋プレートが沈み込む所ではプレートのひずみにより地震が起こる。沈み込みの近くでは震源の浅い地震が起こる。

□【　トランスフォーム断層　】…海嶺が並んで存在するような場所ではプレートの移動方向の違いから断層ができ，地震が多い。有名なのはカリフォルニアの**サンアンドレアス断層**。

トランスフォーム断層

海嶺

← ｜ →　　断層

←

海嶺

□【　火山との関連　】…プレートが沈み込む付近では，一種の摩擦熱でマグマが発生し，上昇して火山を形成すると考えられている。海洋にはマントルとつながる**ホット・スポット**と呼ばれるところがあり，その上をプレートが通過することでハワイ諸島などの火山島が次々にできたと考えられている。

□【　造山運動　】…**ヒマラヤ**山脈などは，大陸プレートどうしの衝突によって形成されたと考えられている。

物理

化学

生物

地学

・数学

◎火山活動と，それに伴う火山地形に関する出題が多い。
◎火山の形や爆発の程度は，マグマの性質によって変化することが重要。
　火成岩の性質とともに整理しよう。

❶ 火山活動

　マントルの上部で温度が上昇したり，圧力が低下するとマグマが生成される。マグマが地表に噴出する現象が火山である。

□【　マグマだまり　】…地下で生成されたマグマが圧力の低い場所へ移動し，火山帯の下にたまってできるもの。

□【　マグマの成分　】…Al，Mg，Feなどのケイ酸塩や金属酸化物が溶解している。水蒸気や**亜硫酸ガス**，**硫化水素**なども含まれる。
　火山活動により，地上に噴出されるものには以下のものがある。

□【　溶岩　】…マグマが高温で流動性を保って噴出したもの。一般にガスを含むため，冷えて固まるとたくさんの穴が空いた（多孔質の）岩石になる。

□【　火山ガス　】…マグマに含まれているガスが地表に出てから放出されたもの。最も多いのは**水蒸気**で90％を占める。そのほかに硫化水素H_2S，二酸化硫黄SO_2，亜硫酸ガスH_2SO_3，二酸化炭素CO_2などが含まれる。

□【　火山砕屑物　】…火山ガスなどとともに噴出される小さい岩石などの総称。大きいものから火山岩塊，火山れき，火山灰などに分類される。紡錘形のものは特に**火山弾**と呼ばれる。

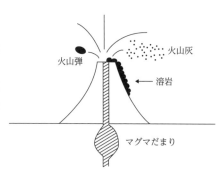

❷ 火山の特徴

□【　噴火の前兆　】…火山の噴火の前には，土地の移動，地磁気の変化，**地震**などが観測される。

□【　火山の分布　】…火山は以下のような場所に多い。
①海洋プレートが大陸プレートに沈み込む列島や**海溝**付近。
②海洋プレートが生成される**海嶺**付近。
③海底の特定の地域に分布する**ホット・スポット**付近。

□【　噴火の様式　】…プリニー式（極めて激しく爆発し，大量の火山灰や軽石を噴出して高い噴煙柱を形成），ブルカノ式（粘性が大きい安山岩質の溶岩を噴出し，激しい爆発に伴い火山弾・火山岩塊・火山灰などを大量に放出），ストロンボリ式（溶岩や火山弾を間欠的に噴出），ハワイ式（流動性が大きい溶岩を流出）。

□【　成層火山　】…主に1か所の火口から噴火を繰り返し，溶岩と火山砕屑物が積み重なって形成される火山で，円すい形の美しい山体を持つ。**例**…**富士山**，**岩手山**など。

□【　楯状火山　】…粘性の小さい玄武岩質の溶岩は流動性に富んでいるため，積み重なることなく裾野の広い緩やかな傾斜を持つ火山を形成する。楯を伏せたような形のためこう呼ばれる。**例**…**マウナロア山**，**キラウエア火山**（ハワイ）など。

□【　カルデラ　】…成層火山などがある規模を超えると，山頂部が陥没して凹地を形成する。凹地に水がたまって湖になったものを**カルデラ湖**という。**例**…**箱根**，**阿蘇**など。

□【　溶岩ドーム（溶岩円頂丘）　】…マグマの粘性が大きく流動性が小さいため，火口から塊となって押し出された火山。**例**…**昭和新山**，**雲仙平成新山**など。

□【　火砕流　】…火山噴火の際にマグマが粉砕されて高温ガスと一体になり，火山の斜面を高速で流れ下る現象。

プラス+α　火山活動による地形

男鹿半島の一ノ目，二ノ目は小規模の火山によって形成された火口に水がたまったもので，マールと呼ばれる。

□【 **鉱物** 】…岩石を形成する最小単位の物質。それぞれ同一の化学組成を持ち物理的（色，硬さなど），化学的（組成，構造など）な性質は同じ。岩石を形成する鉱物を特に造岩鉱物と呼ぶ。また，白色，無色の鉱物を無色鉱物，その他の鉱物を有色鉱物と呼ぶ。有色鉱物にはFe，Mgなどが含まれている。

□【 **火成岩** 】…マグマが冷えて固まることでできた岩石。含有している物質で最も多いのはSiO_2，次いでAl_2O_3。

□【 **火山岩** 】…地表の浅いところまでマグマが上昇し，冷えてできた火成岩。**噴出岩**ということもある。急激に冷えるため，岩石の組織の形や大きさは不ぞろいになる(**斑状組織**)。**流紋岩，安山岩，玄武岩**がある。

□【 **深成岩** 】…地下の深いところで形成された火成岩。ゆっくりと冷えるため，岩石の組織は結晶の1つ1つがほぼ等しい大きさになる（**等粒状組織**)。**花こう岩，閃緑岩，斑れい岩**がある。

□【 **SiO_2の量** 】…SiO_2が多い岩石は，白っぽく，このような岩石が多く含まれるマグマの粘性は**大きく**，火山は爆発的な噴火をする。SiO_2が少ない岩石は黒っぽく，マグマの粘性は**小さい**。火成岩はSiO_2の含有量によって**酸性岩**（66％以上)，**中性岩**（52％以上)，**塩基性岩**（45％以上）に分類される。

□【 **マグマの分化作用** 】…種々の火山岩が形成される理由は，マグマが冷えて固まるときに析出する鉱物に順序があるからである。無色鉱物では**斜長石**→カリ長石→**石英**の順，有色鉱物ではかんらん石→**輝石**→角閃石→**黒雲母**の順で析出する。

		多い ←──65%(SiO_2の含有量)52% → 少ない		
		酸性岩	中性岩	塩基性岩
斑状（組織）等粒状	火山岩	流紋岩	安山岩	玄武岩
	深成岩	花こう岩	閃緑岩	斑れい岩
造岩鉱物	無色鉱物	石英／カリ長石	斜長石	輝石
	有色鉱物	黒雲母	角閃石	かんらん石
		白っぽい ←──（色）──→ 黒っぽい		
		約2.6 ←──（比重）──→ 約3.2		

❹ 火成岩の産状と火成鉱床

　マグマが冷却して火成岩になる場所はさまざまで，規模や形状が異なっている。

□【 底盤 】…火成岩体の根が深く，規模の大きい岩体。一般に花こう岩などの深成岩でできている。接触している堆積岩などは熱変成を受けている。

□【 餅盤 】…地層の間にマグマが入り込み，冷えて固まるときに地層を持ち上げて鏡餅のように盛り上がったもの。構成する岩石は**深成岩**が多い。

□【 岩床 】…餅盤より規模が小さく，平たい形をしたもの。構成する岩石は**火山岩**が多い。

□【 岩脈 】…地層の割れ目に浸入したもので，柱状になっている。構成している岩石は**火山岩**が多い。

　鉱物の中には，金，銀，銅など人間の経済活動で価値をもつものもある。これらの有用な鉱物を**鉱石**といい，たくさん集まっている場所を**鉱床**という。鉱床を開発して鉱石を得ている場所は**鉱山**と呼ばれる。

□【 火成鉱床 】…マグマが冷えて固まったために形成された鉱床。マグマが冷えて固まる段階で，**正マグマ鉱床**，**ペグマタイト鉱床**，**気成鉱床**，**熱水鉱床**が順に形成される。

鉱床	採れる鉱石
正マグマ鉱床	クロム，ニッケル，チタン，磁鉄鉱
ペグマタイト鉱床	すず，モリブデン
気成鉱床	鉛，亜鉛
熱水鉱床	黄鉄鉱，銀，金

プラス+α 日本の火山

日本は海洋プレートが沈み込む位置に当たり，火山が多い。2000年は日本で火山活動が相次いだ。「おおむね過去1万年以内に噴火したことのある火山」という定義によれば，現在活火山は111ある。

❺ 変成作用

　地殻変動による高圧や，マグマの貫入による高熱などにより，既存の岩石の組織は分子の結合状態が変化したりすることで，もとの岩石の性質とは異なるものへと変化する。このような現象を**変成作用**といい，変成作用で新たにできた岩石を**変成岩**という。

□【　接触変成作用　】…マグマの貫入により，そこにもともとあった岩石が融解・再結晶して異なった岩石を形成する現象。変成された岩石を**接触変成岩**という。もとの岩石は，砂岩，泥岩などの堆積岩であることが多い。接触変成岩の組織は結晶質で粒状の形をしている。石灰岩が接触変成作用を受けてできた岩石を**結晶質石灰岩**(大理石)という。

□【　ホルンフェルス　】…砂岩，泥岩などの堆積岩が接触変成作用を受けてできた岩石の総称。

□【　広域変成作用　】…大規模な地殻変動の際に，岩石に強力な圧力が働き，さらに熱も加わって岩石が変成される現象。成因の性質上広範囲に及ぶことが多い。

　変成された岩石は広域変成岩といい，鉱物が一定の方向に並んでいる(片理)。**片麻岩**や**結晶片岩**などがあり，片理によって一方向にはがれやすいという特徴を持っている。日本でも**中央構造線**などの断層に沿って幅広く分布している。

□【　花こう岩化作用　】…広域変成作用の起きている場所で高温になったところでは，堆積岩や古い花こう岩が再結晶して花こう岩が生成される。**マグマの分化**作用とともに，地殻に花こう岩が多い理由の一つと考えられている。

□【　接触交代鉱床　】…気成鉱床や熱水鉱床を形成する時期に，石灰岩が接触変成作用を受ける段階で，**磁鉄鉱**や**黄銅鉱**を含む鉱床を形成する。**スカルン鉱床**とも呼ばれる。

□【　広域変成鉱床　】…鉱床が形成されている地層が広域変成作用を受けると，鉱床も変成作用を受け**層状**に鉱床ができる。

❻ 堆積岩

□【 堆積岩 】…風や水が運搬した物質が，常温常圧の中で長い年月を
かけて石化（続成作用）したもの。もとになる物質によって砕屑岩，
火山砕屑岩，生物岩，化学岩の4種類に分類される。

□【 砕屑岩 】…場所などは特に関係なく，最も一般的な堆積岩である。
もとになる砕屑物は粒の大きい順にれき，砂，泥と呼ばれるが，それ
らが続成作用によって石化したもの。それぞれ**れき岩，砂岩，泥岩**と
いう。

□【 火山砕屑岩 】…火山活動による噴出物（火山砕屑物）が風などに
よって運搬，堆積し石化してできた岩石。火山灰などの細かい粒でで
きた岩石を**凝灰岩**，主に火山弾などの大きい砕屑物でできたものを**凝
灰角れき岩**と呼ぶ。火山の多い日本にはよく見られる。関東一円に分
布する**関東ローム層**は，富士山や箱根の火山から噴出された火山灰が
偏西風によって運ばれ堆積してできた赤土である。

□【 生物岩 】…生物の遺骸が堆積し，石化してできた岩石。$CaCO_3$，
SiO_2などを主な成分とする。**サンゴ石灰岩，紡錘虫石灰岩，珪藻土，
放散虫チャート**などがある。大陸や海洋島では石灰岩が多く，チャー
トは日本にも多く見られる。チャートの多くはもともと深海の堆積物
で，プレートの活動によって移動し，現在陸上に露出している。サン
ゴ礁は生物岩の形成途中にあるといえる。

□【 化学岩 】…水，海水に溶けていた物質が蒸発や化学反応などで析
出してできた岩石。**岩塩，石膏**などがある。生物岩の一部が水に溶解
し，再び石化したものも含まれるため，石灰岩やチャートも化学岩に
分類されることがある。

プラス+α 続成作用

堆積物に含まれるSiO_2や$CaCO_3$は周りの粒子を粘着させる性質がある。
この性質によって固まり始めた堆積物は，その後に堆積した物質の重みに
より，隙間の水分を放出したりして一層固められる。このため，古い岩石
のほうが新しい岩石よりも硬い。

試験別頻出度	国家専門職 ★★☆	地上特別区 ★☆☆
国家総合職 ★☆☆	地上全国型 ★★☆	市役所C ──
国家一般職 ★★☆	地上東京都 ★☆☆	

学習のポイント

◎生物の進化の歴史や地質年代については，細部にこだわらず大まかな流れをつかんでおこう。

◎地質年代については日本に限定した出題も見られる。

❶ 地層構造

□【 **地層累重の法則** 】…地層では基本的に時代が古いものが下に，新しいものが上にある。

□【 **整合** 】…地層が地面に平行して堆積する様子。安定な環境にあることを示している。

□【 **不整合** 】…2つの地層の間に，長期間にわたる堆積の中断がある場合を不整合という。過去に地表に表れて風化・侵食作用を受けたことを示す。境界面の上にはれき岩を含む層が存在することが多い。

□【 **褶曲** 】…地層が**横からの強い圧力**で曲がり，波打ったようになる様子。波の山を背斜，波の谷を向斜という。

□【 **断層** 】…地層の裂け目の両側が相対的に移動してできたもの。断層面は傾斜していることが多く，断層面の上側（上盤）が相対的に下がった断層を正断層，上がったものを逆断層という。その他，垂直断層・水平断層がある。

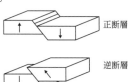

正断層

逆断層

❷ 地層の新旧判定

泥岩	③	
砂岩	②	粒子の細かいものが上
れき岩	①	

地層を切っているほうが新しい

火成岩 ② ③ 火成岩の貫入のほうが新しい ①

とがった部分を含むほうが新しい

❸ 地質時代

　地質時代は，大きく分類すれば先カンブリア時代，古生代，中生代，新生代となる。時代の区分は生物の絶滅などを目安に行われており，気候の大きな変化とほぼ一致している。

□【　相対年代　】…従来の生物の進化の過程や，地層の不整合などをもとに定めた地質年代。

□【　絶対年代　】…地質年代を数量的に表したものを絶対年代という。岩石や地層の絶対年代は，そこに含まれる**放射性同位体の壊変**を利用して求められることから，放射年代とも呼ばれる。放射性同位体は，一定の速さで崩壊して安定な同位体に変わる性質を持っており，放射性同位体の総数が初めの半分になるまでに要する時間を**半減期**という。半減期はそれぞれの同位体について固有のものであるから，岩石に含まれる放射性同位体とその壊変によってできた安定同位体の原子数を比較することで，その岩石のできた絶対年代を推定できる。^{14}C や ^{40}K などが分析に利用される。

□【　示準化石　】…特定の時代のみに生育した動植物の化石。広範囲に分布し，個体数が豊富であることが条件。**地層の年代を知る手がかり**になる。

示準化石の例

古生代	三葉虫，筆石類，フズリナ（紡錘虫）
中生代	アンモナイト，恐竜，トリゴニア
新生代	マンモス，デスモスチルス，ビカリア

□【　示相化石　】…特定の自然環境でのみ生育する動植物の化石。海洋生物や，熱帯植物など。**地層が堆積した当時の気候や古地理を推定するのに役立つ。**

示相化石の例

サンゴ	水温20℃以上の浅い海
シジミ，タニシ	淡水，湖沼
カキ	内湾の汽水域

❹ 日本列島の地質構造

□【 糸魚川－静岡構造線 】…フォッサマグナとも呼ぶ。活断層の集まりで，**東北日本**と**西南日本**に分ける。**新生代**に形成される。

□【 中央構造線 】…九州から中部日本にかけての断層。西南日本はこれにより，北側の**内帯**と南側の**外帯**に分けられる。**中生代**に形成される。

□【 グリーンタフ変動 】…新生代（新第三紀）にフォッサマグナの地域で起こった大規模な火山活動。この活動による溶岩や凝灰岩は変質して特徴的な緑色になっており，これをグリーンタフと呼んでいる。

□【 鉱床の形成 】…日本の炭田，油田，金属鉱床の多くは，**新生代**に形成された。おのおのの量は少ないが種類は豊富で「鉱物の博物館」と呼ばれている。

❺ 生物の進化

□【 先カンブリア時代 】…単細胞生物などの原始生物から，**無脊椎動物**，藻類などへの進化が起こった。

□【 古生代 】…初期には節足動物の三葉虫が最も栄えた。デボン紀になると脊椎動物の魚類が繁栄し，**両生類**や**昆虫類**も現れる。植物では後に多くの有名な炭田のもとになる**シダ植物**が全盛期を迎えた。

□【 中生代 】…無脊椎動物では**アンモナイト**が栄え，恐竜に代表される**ハ虫類**がこの頃繁栄する。植物では，イチョウやソテツなどの**裸子植物**の時代になる。

□【 新生代 】…恐竜が絶滅し，**ホ乳類**が急速に発達した。植物では**被子植物**が繁栄する。

□【 人類 】…アウストラロピテクスなどの猿人が出現したのは，新生代第三紀になってからで，約**500万年前**のことである（約700万年前という説もある）。現代人が現れたのはおよそ1万年前だと考えられている。

第4章 地学

	先カンブリア時代			古生代						中生代			新生代		
地質年代	冥王代	始生代（大古代）	原生代	カンブリア紀	オルドビス紀	シルル紀	デボン紀	石炭紀	ペルム紀（二畳紀）	トリアス紀（三畳紀）	ジュラ紀	白亜紀	第三紀 古第三紀	新第三紀	第四紀
絶対年代	4600		540						245				65		2.58 （単位：100万年）
生物界 植物	（無生物時代）	（原核生物時代）	（真核生物時代）	藻類・菌類 時代		シダ植物 時代		裸子植物 時代				被子植物 時代			
生物界 動物				無脊椎 動物 時代		魚類 時代		両生類 時代		ハ虫類 時代			ホ乳類 時代		
主な出来事	地球の誕生	最古の化石	光合成生物の出現	バージェス動物群			植物の上陸 両生類の出現 最古の森林 裸子植物の出現		ハ虫類の出現 生物の大量絶滅	ホ乳類の出現 鳥の出現		被子植物の出現 生物の大量絶滅	猿人の出現		人類の発達

三葉虫

フズリナ

アンモナイト

トリゴニア

ビカリア

プラス+ α ミッシングリンク

生物の進化は，環境の変化に適応できた種が生き残っていくことで進んだとするのがダーウィンの進化論である。多くの種では化石によって進化の途中経過を見ることができるが，霊長類から人類への途中の生物の化石は見つかっておらず，「ミッシングリンク」といって生物学上の大きな謎になっている。

物理

化学

生物

地学

数学

Question

□1 フーコーの振り子の振動面は北半球ではどう回転するか。

□2 日食のときの月,地球,太陽の並び方は?

□3 ティコ・ブラーエのデータを解析し,惑星の軌道が楕円であることを発見したのはだれか。

□4 外惑星が一晩中見えるときの位置を何というか。

□5 図中の惑星Aが明け方東の空に見える時の位置を⑦～⑦の中から選べ。

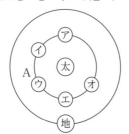

□6 ほとんどの惑星の自転方向は,天の北極側から見ると ① 回りであるが,金星は逆の ② 回りである。

□7 太陽系で最も密度の小さい惑星は何か。

□8 質量がほぼ地球に等しく,強い温室効果のために表面温度が470℃に達する惑星は何か。

□9 太陽をはじめとする恒星のエネルギーは核融合反応でまかなわれる。この反応によって水素から生成される物質は何か。

Answer

1 時計周り
赤道では回転しない

2 太陽・月・地球
（または地球・月・太陽）

3 ケプラー
第1法則

4 衝
惑星が太陽と同じ方向に位置するときは合

5 ⑦
西方最大離角のときである。金星の場合は「明けの明星」と呼ばれる

6 ①反時計
②時計

7 土星

8 金星

9 ヘリウム

地学 🦉

物理

□**10** 太陽の黒点付近の活動領域で観測される爆発現象を何というか。

10 フレア
オーロラ，デリンジャー現象などの原因となる

□**11** ハッブルは銀河のスペクトルが□偏移していることから銀河が遠ざかっていることを発見した。

11 赤方
光のドップラー効果により，波長が伸びて赤色側にシフトする

化学

□**12** 成層圏に存在して，紫外線を吸収する層を何というか。

12 オゾン層

□**13** 太陽フレアが発生すると，電離圏での電子密度が上昇し地上の電波通信が妨害される。このような現象を何というか。

13 デリンジャー現象

□**14** 大気中の窒素と酸素の体積比はいくつか。

14 ほぼ4：1

生物

□**15** 太陽放射のエネルギー分布でピークを示すのはX線，紫外線，可視光，赤外線のうちどれか。

15 可視光

□**16** 恒星の明るさにおいて，1等星は6等星の何倍明るいか。

16 100倍
1等級違うと
$\sqrt[5]{100}$≒約2.5倍

地学

□**17** 質量の大きい星ほど絶対等級の値は小さい，つまり本来の明るさは明るい。このような関係を何というか。

17 質量光度関係

□**18** 図の空欄に分類される星は何か。

18 白色わい星
表面温度は高いが，半径が小さいので暗い

数学

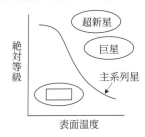

☐**19** 超新星爆発を起こし，ガスを吹き飛ばした後で観測される電波やX線などが早い周期で放射される星は何と呼ばれているか。

19 パルサー
中性子星の一種

☐**20** 比熱が大きい物質は，熱し□①□く，冷め□②□い。

20 ①にく
②にく

☐**21** 海に近い場所では，昼間は□①□から□②□へ風が吹く。

21 ①海
②陸

☐**22** 南米ペルー沖で平年よりも海水の温度が上昇する現象を何というか。

22 エルニーニョ現象

☐**23** 次の温暖前線の図で，空欄の雲の名前を答えよ。

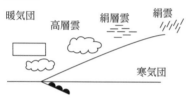

23 乱層雲
前線が近づくと持続的な雨が降る

☐**24** 寒冷前線が通過中は，激しい雨が短時間で降り通過後に雨は上がり，気温は□がる。

24 下

☐**25** 空気は上昇すると膨張する。このとき気温はどうなるか。

25 下がる
断熱膨張の結果である

☐**26** 海洋からの風が山を越えて吹くと，高温で乾燥した風が吹くことがある。このような現象を何というか。

26 フェーン現象
日本では春や夏に日本海側でよく発生する

☐**27** 風速約17m以上の熱帯低気圧をカリブ海周辺域ではハリケーンと呼ぶ。極東地域では何と呼ばれるか。

27 台風
インド洋ではサイクロン

☐**28** 日本の夏の気圧配置の特徴を答えよ。

28 南高北低

☐**29** 日本付近に現れる停滞前線の例を挙げよ。

29 梅雨前線
秋雨前線

☐**30** 日本の冬に現れる季節風はどの方向から吹くか。

30 北西
シベリア高気圧の影響

□**31** 次の地球の構造を表す図で空欄になっている場所の名前を答えよ。

地殻

核

31 マントル

固体であるが，下部は流動性がある。核は外核（液体）と内核（固体）に分かれる

□**32** 地震が起きて最も早く到達する波は ① 波で，これは ② 波のため，固体・液体・気体を伝わることができる。

32 ①P
②縦

S波は横波でP波の次に現れる

□**33** 初期微動継続時間が長いほど，震源までの距離は □ い。

33 遠

□**34** 地震の規模を表すのに用いられる単位は何か。

34 マグニチュード（M）

□**35** 地震波の速度が変化する地殻とマントルの不連続面を何というか。

35 モホロビッチ不連続面（モホ面）

□**36** 地球内部の核はどのような元素が多く含まれるか。

36 鉄，ニッケル

□**37** 環太平洋地域の地震や火山の存在，ヒマラヤ山脈などの造山運動を統一的に説明できる理論を何というか。

37 プレート・テクトニクス説

□**38** 宇宙への熱放射を妨げて地球温暖化の原因となる温室効果ガスには， □ ，水蒸気，メタンなどがある。

38 二酸化炭素

□**39** 冷媒や洗浄剤などとして用いられ，成層圏のオゾン層を破壊する原因となった物質は何か。

39 フロンガス

□**40** 火山ガスにおいて，卵が腐乱したような匂いの原因となる物質は何か。

40 硫化水素

物理

化学

生物

地学

数学

□41	火山の噴火様式のうち，安山岩質の溶岩を噴出し，爆発的な噴火で火山弾・火山岩塊・火山灰などを大量に放出するものを何というか。	**41** ブルカノ式 日本では最も多い
□42	箱根の芦ノ湖などのように，火山の山頂が陥没したところにできた湖を何というか。	**42** カルデラ湖
□43	マグマが地下深くでゆっくりと冷えてできた火山岩は総じて何と呼ばれるか。	**43** 深成岩 等粒状組織を持つ
□44	無色鉱物には，□□，カリ長石，斜長石がある。	**44** 石英
□45	砂岩，泥岩などの砕屑岩が接触変成作用によって変成を受けたものを何と呼ぶか。	**45** ホルンフェルス
□46	石灰岩は接触変成作用を受けて再結晶すると□□と呼ばれる。空欄の岩石名を答えよ。	**46** 大理石
□47	地層は一般的に古い時代のものが下に，新しい時代のものが上に存在する。この法則は何というか。	**47** 地層累重の法則
□48	地層で，過去にその土地が隆起した証拠となる凹凸の激しい面を何と呼ぶか。	**48** 不整合面
□49	^{14}Cなどの放射性元素の半減期を用いて，数量的に地質時代を決定したものを□□年代という。	**49** 絶対
□50	サンゴなどのように，特定の環境でのみ生息する生物の化石を何というか。	**50** 示相化石 特定の時代を判別する手がかりとなるのは示準化石

地学の50問スコアアタック得点		
第1回 （　／　）	第2回 （　／　）	第3回 （　／　）
／50点	／50点	／50点

数学

重要テーマ BEST 10

自然科学
数学

重要テーマ BEST 10

本試験の出題傾向から、重要と思われるテーマを
ランキングした。学習の優先順位の参考にしよう。

1 解の公式

P.232

2次方程式 $ax^2 + bx + c = 0 \ (a \neq 0)$ の解は、

$$x = \frac{-b \pm \sqrt{b^2 - 4ac}}{2a}$$

2 判別式

P.236

2次方程式 $ax^2 + bx + c = 0 \ (a \neq 0)$ の解は、$D = b^2 - 4ac$
の符号によって、次のように分類される。

$D > 0$　相異なる2実数解

$D = 0$　ただ1つの実数解（重解）

$D < 0$　相異なる2虚数解（実数解をもたない）

3 解と係数の関係

P.232

2次方程式 $ax^2 + bx + c = 0 \ (a \neq 0)$ の2つの解を α, β
とすると、

$$\alpha + \beta = -\frac{b}{a}, \quad \alpha\beta = \frac{c}{a}$$

4 2次関数の標準形

2次関数の標準形は,
$$y = a(x+\alpha)^2 + \beta$$
頂点$(-\alpha, \beta)$　　対称軸$x = -\alpha$

5 絶対値記号

P.220

Aを実数または文字式とするとき,
$A \geqq 0$のとき　$|A| = A$
$A < 0$のとき　$|A| = -A$

6 2次不等式の解

P.238

$\alpha < \beta$のとき,
$(x-\alpha)(x-\beta) \leqq 0 \Rightarrow \alpha \leqq x \leqq \beta$
$(x-\alpha)(x-\beta) \geqq 0 \Rightarrow x \leqq \alpha, \beta \leqq x$

7 相加平均と相乗平均の関係

P.238

$a > 0, b > 0$のとき,
$$\frac{a+b}{2} \geqq \sqrt{ab} \quad (\text{等号が成り立つのは}a = b\text{のとき})$$

8 剰余定理・因数定理

P.222

整式$f(x)$を$x-a$で割ったときの余りは$f(a)$
$f(a) = 0$のとき, $f(x)$は$x-a$という因数を持つ。

9 整式の除法

P.222

整式Aを整式Bで割ったときの商をQ, 余りをRとすると,
$$A = BQ + R$$
A, Bが整数のときも同様で, $0 \leqq R < B$である。

10 グラフの平行移動

P.234

$y = f(x)$をx軸方向にα, y軸方向にβだけ平行移動すると,
$$y - \beta = f(x-\alpha)$$

数と式

 学習のポイント

◎数値の代入計算がよく出題される。和と差の公式の活用・基本対称式の利用・分母の有理化などで計算が簡略化されることが多いことに注意。
◎10進数とn進数との変換にも慣れておきたい。

▶計算の基本法則

□**交換法則**　　$a+b=b+a$　　　　$ab=ba$

□**結合法則**　　$(a+b)+c=a+(b+c)=a+b+c$
　　　　　　　　$(ab)c=a(bc)=abc$

□**分配法則**　　$a(b+c)=ab+ac$　　　$(a+b)c=ac+bc$

□**同類項の計算**　　$ma+na=(m+n)a$

□**式の加法・減法**　　かっこをはずし，同類項をまとめて整理する。
　　　　　　　　　　　$-(\quad)$は$(\quad)$内の各項の符号を変える。

□**単項式の乗法**　　係数の積に文字の積をかける。

▶指数法則　m, nを整数とする。

□$a^m a^n = a^{m+n}$　　　　□$(a^m)^n = a^{mn}$

□$(ab)^m = a^m b^m$　　　　□$\dfrac{1}{a^m} = a^{-m}\ (a \neq 0)$

□$a^m \div a^n = a^{m-n}$　　　□$a^0 = 1$

□$(-1)^n = 1\ (n が偶数のとき)$　　　$(-1)^n = -1\ (n が奇数のとき)$

□$(-a)^n = a^n\ (n が偶数のとき)$　　　$(-a)^n = -a^n\ (n が奇数のとき)$

▶乗法公式⇔因数分解

□$(a+b)^2 = a^2 + 2ab + b^2$

□$(a-b)^2 = a^2 - 2ab + b^2$

□$(a+b)(a-b) = a^2 - b^2$

□$(x+a)(x+b) = x^2 + (a+b)x + ab$

□$(ax+b)(cx+d) = acx^2 + (ad+bc)x + bd$

式の整理 A, B, Cがそれぞれ $A=x^2+2y^2+xy$, $B=2x^2-y^2+3xy$, $C=-3x^2+y^2-4xy$であるとき $A+B+C$を求めよ。

解き方 A, B, Cにそれぞれ代入し，同類項をまとめる。

$A+B+C = (x^2+2y^2+xy)+(2x^2-y^2+3xy)+(-3x^2+y^2-4xy)$
$= (x^2+2x^2-3x^2)+(2y^2-y^2+y^2)+(xy+3xy-4xy)$
$= 0+2y^2+0 = 2y^2$ …**答**

式の展開 $(x+1)(x+2)(x+3)(x+4)$を展開し，昇べきの順に並べよ。

解き方 計算の順序や置き換えに工夫すると計算が簡単になる。

この組合せにすると，2次の項と1次の項が同じになる。

$(x+1)(x+2)(x+3)(x+4) = (x+1)(x+4)(x+2)(x+3)$
$= (x^2+5x+4)(x^2+5x+6) = (X+4)(X+6)$　$[x^2+5x=X$と置く$]$
$= X^2+10X+24 = (x^2+5x)^2+10(x^2+5x)+24$　$[X=x^2+5x$に戻す$]$
$= x^4+10x^3+25x^2+10x^2+50x+24$
$= 24+50x+35x^2+10x^3+x^4$ …**答**

因数分解 $x^2-xy-6y^2-3x-y+2$を因数分解せよ。

解き方 この式は，xについてもyについても2次式であるが，x^2の係数が1であるからxについて整理する。

$x^2-xy-6y^2-3x-y+2$
$= x^2-(y+3)x-(6y^2+y-2)$
$= x^2-(y+3)x-(2y-1)(3y+2)$
$= (x+2y-1)(x-3y-2)$ …**答**

この計算法を**たすき掛け**という。因数分解の問題にはよく使う。

$$\begin{array}{ccc} 1 & & 2y-1 & \to & 2y-1 \\ 1 & & -(3y+2) & \to & -3y-2 \\ \hline & & & & -y-3 \end{array}$$

プラス+α 指数法則の再確認

$a^3a^2=a^{3\times2}=a^6$ や $(a^3)^2=a^{3+2}=a^5$ はよく見られる誤り。注意しよう。指数法則が成り立つのは以下の例からわかる。

$a^3a^2=aaa\cdot aa=a^5$　　　　　$a^3\div a^2=(aaa)\div(aa)=a$
$(a^3)^2=a^3\cdot a^3=aaa\cdot aaa=a^6$　　$(ab)^3=ab\cdot ab\cdot ab=aaa\cdot bbb=a^3\cdot b^3$

▶（続）乗法公式⇔因数分解

□ $(a+b+c)^2 = a^2+b^2+c^2+2ab+2bc+2ca$

□ $(a+b)^3 = a^3+3a^2b+3ab^2+b^3$

□ $(a-b)^3 = a^3-3a^2b+3ab^2-b^3$

□ $(a+b)(a^2-ab+b^2) = a^3+b^3$

□ $(a-b)(a^2+ab+b^2) = a^3-b^3$

□ $(a+b+c)(a^2+b^2+c^2-ab-bc-ca) = a^3+b^3+c^3-3abc$

▶絶対値

□ $a \geqq 0$ のとき，$|a| = a$，　　$a < 0$ のとき，$|a| = -a$

▶平方根

□2乗（平方）すると a になる数を，a の平方根という。

□ $a > 0$ のとき，a の平方根には2つあり，その絶対値は等しく，符号は異なる。正の平方根を $\sqrt{a}$，負の平方根を $-\sqrt{a}$ で表す。

□0の平方根は0だけであり，$\sqrt{0} = 0$ と定める。

▶平方根の性質

□ $a \geqq 0$ のとき，$(\sqrt{a})^2 = a$，$\sqrt{a} \geqq 0$

□ $\sqrt{a^2} = |a|$ ◀ $\boxed{\sqrt{(-3)^2} = \sqrt{3^2} = 3 である。\sqrt{(-3)^2} = -3 としないこと。}$

▶平方根の計算

$a > 0$，$b > 0$，$k > 0$ とする。 ◀ $\boxed{\text{ここで扱う数は実数のみであり，根号の中は負にならないことに注意。}}$

□ $\sqrt{a}\sqrt{b} = \sqrt{ab}$

□ $\dfrac{\sqrt{a}}{\sqrt{b}} = \sqrt{\dfrac{a}{b}}$

□ $\sqrt{k^2a} = k\sqrt{a}$

▶分母の有理化

□分母の有理化…分母に根号が含まれる式を，分母に根号が含まれない式に変形すること。

例 $\dfrac{5}{2\sqrt{3}} = \dfrac{5 \times \sqrt{3}}{2\sqrt{3} \times \sqrt{3}} = \dfrac{5\sqrt{3}}{6}$ $\boxed{\text{和と差の公式を上手く適用するのがコツ。}}$

$\dfrac{2-\sqrt{3}}{2+\sqrt{3}} = \dfrac{(2-\sqrt{3})^2}{(2+\sqrt{3})(2-\sqrt{3})} = \dfrac{4-4\sqrt{3}+3}{4-3} = 7-4\sqrt{3}$

絶対値の計算　$|x-2|=6$ を解け。

[解き方]　$|x-2|$ の正負の場合分けは，数直線を使うとわかりやすい。

$x-2 \geqq 0$　すなわち　$x \geqq 2$ のとき

　　$x-2=6$　ゆえに　$x=8$

　　（$x=8$ は　$x \geqq 2$ を満たす）

$x-2 < 0$　すなわち　$x < 2$ のとき

　　$-(x-2)=6$　ゆえに　$x=-4$

　　（$x=-4$ は　$x < 2$ を満たす）

以上から　$x=-4,\ 8$　…**答**

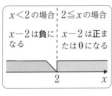

$x<2$ の場合	$2 \leqq x$ の場合
$x-2$ は**負**になる	$x-2$ は**正**または**0**になる

平方根の性質　次の式または文は正しいか。

(1)　$\sqrt{(-3)^2}=-3$　　(2)　$x^2=7$ ならば，$x=\sqrt{7}$

(3)　$\sqrt{49}=\pm 7$　　(4)　25の平方根は，5と-5である。

(5)　$\sqrt{2}\sqrt{10}=2\sqrt{5}$　　(6)　$\sqrt{2}+\sqrt{5}=\sqrt{7}$

[解き方]　根号は正の数のみを表すことに注意する。

(1)　誤り。$\sqrt{(-3)^2}=\sqrt{9}=3$

(2)　誤り。$x=-\sqrt{7}$ も $x^2=7$ を満たす。

(3)　誤り。根号は正の数を表すから，$\sqrt{49}=7$

(4)　正しい。正の数の平方根は正負の2つある。

(5)　正しい。$\sqrt{2}\sqrt{10}=\sqrt{2}\sqrt{2\times5}=\sqrt{2^2}\sqrt{5}=2\sqrt{5}$

(6)　誤り。根号の中どうしの加法・減法はできない。

分母の有理化　$\dfrac{3+2\sqrt{2}}{2-\sqrt{2}}$ を有理化せよ。

[解き方]　和と差の積の公式「$(a+b)(a-b)=a^2-b^2$」を用いる。分母，分子に $2+\sqrt{2}$ をかけて分母に根号を含まない式にする。

$$\frac{3+2\sqrt{2}}{2-\sqrt{2}}=\frac{(3+2\sqrt{2})(2+\sqrt{2})}{(2-\sqrt{2})(2+\sqrt{2})}=\frac{6+4\sqrt{2}+3\sqrt{2}+4}{2^2-(\sqrt{2})^2}$$

$$=\frac{10+7\sqrt{2}}{2}\ \text{…}\textbf{答}$$

物理

化学

生物

地学

数学

▶2重根号

□ $a > 0$, $b > 0$ のとき, $\sqrt{a+b+2\sqrt{ab}} = \sqrt{(\sqrt{a}+\sqrt{b})^2} = \sqrt{a} + \sqrt{b}$

□ $a > b > 0$ のとき, $\sqrt{a+b-2\sqrt{ab}} = \sqrt{(\sqrt{a}-\sqrt{b})^2} = \sqrt{a} - \sqrt{b}$

▶対称式

x と y の式で, x と y を入れ替えたとき, 元の式と同じになるとき, その式を x, y についての対称式という。対称式は, 基本対称式 $x+y$, xy で表すことができる。

> 例 $x^2 + y^2 = (x+y)^2 - 2xy$
>
> $x^3 + y^3 = (x+y)(x^2 - xy + y^2) = (x+y)\{(x+y)^2 - 3xy\}$

▶整式の除法

□ A, B をある文字についての整式とする。A を B で割ったときの商を Q, 余りを R とすると, $A = BQ + R$ (ただし, R は 0, または, B より低次の整式)

> 注 A が x の整式であるとは,
>
> $A = a_n x^n + a_{n-1} x^{n-1} + \cdots + a_2 x^2 + a_1 x + a_0$
>
> の形に表されることである。ここでは 0 以上の整数である。また, 係数や定数項は, 必ずしも整数でなくてもよい。

□ **剰余定理** x についての整式 $f(x)$ を $x-a$ で割ったときの余りは $f(a)$

□ **因数定理** x についての整式 $f(x)$ が $x-a$ で割りきれるときは $f(a) = 0$

整式 $f(x) = a_n x^n + a_{n-1} x^{n-1} + \cdots + a_2 x^2 + a_1 x + a_0$ において, $a_n = 1$ であり, その他の係数および定数項が整数であるときは, $f(\alpha) = 0$ を満たす α は a_0 の約数(負であってもよい)に限ることが知られている。

> 例 整式 $f(x) = x^3 - 4x^2 + x + 6$ の因数分解では, 因数として可能性があるのは, ± 1, ± 2, ± 3, ± 6 だけであることに注目する。
>
> 実際, $f(-1) = (-1)^3 - 4 \times (-1)^2 + (-1) + 6 = 0$
>
> $f(2) = 2^3 - 4 \times 2^2 + 2 + 6 = 0$
>
> $f(3) = 3^3 - 4 \times 3^2 + 3 + 6 = 0$
>
> したがって, $f(x) = (x+1)(x-2)(x-3)$
>
> 通常, 3次式の因数分解では, 因数が1つ見つかったら割り算を行い, 商の2次式を因数分解する。

2重根号　$\sqrt{3+\sqrt{5}}$ を簡単にせよ。

解き方　式の変形をして $\sqrt{a+b+2\sqrt{ab}}$ の形にできれば2重根号がはずれる。

$$\sqrt{3+\sqrt{5}}=\sqrt{\frac{6+2\sqrt{5}}{2}}=\sqrt{\frac{5+1+2\sqrt{5\times1}}{2}}=\frac{\sqrt{(\sqrt{5}+1)^2}}{\sqrt{2}}=\frac{\sqrt{5}+1}{\sqrt{2}}$$

$$=\frac{\sqrt{10}+\sqrt{2}}{2} \cdots \boxed{答}$$

対称式　$x=2+\sqrt{3}$，$y=2-\sqrt{3}$ のとき，x^3+y^3 の値を求めよ。

解き方　x^3+y^3 は対称式だから，基本対称式 $x+y$ と xy で表すことができる。

$x+y=(2+\sqrt{3})+(2-\sqrt{3})=4$

$xy=(2+\sqrt{3})(2-\sqrt{3})=4-3=1$

したがって，
$$\begin{aligned}
x^3+y^3&=(x+y)(x^2-xy+y^2)\\
&=(x+y)\{(x+y)^2-3xy\}\\
&=4(4^2-3\times1)\\
&=52 \cdots \boxed{答}
\end{aligned}$$

因数定理　$f(x)=x^3-2x^2-5x+6$ を因数分解せよ。

解き方　因数定理を用いるが，

考える因数は，±1，±2，±3，±6。

$f(1)=1-2-5+6=0$

因数定理により，

$f(x)$ は $x-1$ で割り切れる。

$f(x)$ を $x-1$ で割ると，

$f(x)=(x-1)(x^2-x-6)$

よって，

$f(x)=(x-1)(x-3)(x+2) \cdots \boxed{答}$

$$\begin{array}{r}
x^2-x-6 \\
x-1\overline{)x^3-2x^2-5x+6} \\
\underline{x^3-x^2} \\
-x^2-5x \\
\underline{-x^2+x} \\
-6x+6 \\
\underline{-6x+6} \\
0
\end{array}$$

▶ 整数の性質

□**素数**　2以上の整数で，約数が1とその数自身しかない数をいう。1は素数ではないことに注意。素数は無数にある。

　例　2, 3, 5, 7, 11, 13, 17, 19, …

□**素因数分解**　ある正の整数を素数の積で表すことを素因数分解という。

　例　$360 = 2^3 \cdot 3^2 \cdot 5$

□**最大公約数と最小公倍数**

正の整数 A，B の最大公約数を G，最小公倍数を L とする。

$A = aG$，$B = bG$（a, b は互いに素である整数）と表せるから，

$AB = aG \times bG = G \times abG = GL$

□**除法**　整数 P を正の整数 A で割ったときの商を Q, 余りを R とすると，$0 \leqq R < A$ であり，$P = AQ + R$ と表すことができる。

□**連続2整数の積**　$n(n+1)$ と表すことができ，2で割り切れる。

□**連続3整数の積**　$n(n+1)(n+2)$ と表すことができ，6で割り切れる。

▶ 有理数と無理数

□**有理数**…$\pm\dfrac{q}{p}$（p, q は自然数）という分数で表すことのできる数。

　　　　　整数は分母が1の分数と考える。

□**無理数**…$\pm\dfrac{q}{p}$（p, q は自然数）という分数で表すことのできない数。

　　例　π, $\sqrt{2}$, $\dfrac{2-\sqrt{3}}{3}$

□**有限小数と無限小数**

小数部分が有限である小数を有限小数，無限である小数を無限小数という。小数部分のある位以下の数字が同じ順序で繰り返される小数を循環小数といい，繰り返される部分の最初と最後の数字の上に・をつけて表す。繰り返しの数字が1個だけのときは・は一つだけになる。

　例　$\dfrac{15}{37} = 0.405405405\cdots = 0.\dot{4}0\dot{5}$　　　$\dfrac{25}{9} = 2.777\cdots = 2.\dot{7}$

最大公約数と最小公倍数 最大公約数が24で，最小公倍数が360であるような2つの自然数の組をすべて求めよ。

解き方 最大公約数が24であるから，2つの数は，互いに素である整数 m, n $(m < n)$ を用いて，$24m$, $24n$ と表すことができる。

最小公倍数が360であるから，$24m \times 24n = 24 \times 360$ より，$mn = 15$ が成り立つ。

15は 1×15 または 3×5 と表すことができるから，$(m, n) = (1, 15)$, $(3, 5)$ となる。

$(m, n) = (1, 15)$ のとき，$24 \times 1 = 24$, $24 \times 15 = 360$

$(m, n) = (3, 5)$ のとき，$24 \times 3 = 72$, $24 \times 5 = 120$

よって，求める2つの自然数は，24と360，72と120 …**答**

整式 n を自然数とするとき，$n(n+1)(2n+1)$ は，必ずある整数の倍数になっているが，それは4，6，8，12のいずれか。

解き方 3つの数の積であることから，3連続整数の積になるかを考えてみる。

$$n(n+1)(2n+1) = n(n+1)(n+2+n-1)$$
$$= n(n+1)(n+2) + n(n+1)(n-1) \quad \longleftarrow \boxed{\text{分配法則を用いる。}}$$
$$= n(n+1)(n+2) + (n-1)n(n+1)$$

前の項も，後ろの項もいずれも3連続整数の積であるから，ともに6で割り切れる。

よって，与式は6で割り切れる。 …**答**

循環小数 循環小数 $6.\overset{\cdot\cdot}{24}$ を分数で表せ。

解き方 100倍した数ともとの数は小数部分が同じになる。

$x = 6.\overset{\cdot\cdot}{24}$ と置く。

$100x = 624.\overset{\cdot\cdot}{24}$ となるから，これらの差をとると，

$100x - x = 624.\overset{\cdot\cdot}{24} - 6.\overset{\cdot\cdot}{24}$ より

$99x = 618$

したがって，$x = \dfrac{618}{99} = \dfrac{206}{33}$ …**答**

▶ n進法

□**n進法とn進数** nを2以上の整数とする。0から$n-1$までのn個の数字を用いて，nで位が1つ繰り上がるように数を表す方法をn進法といい，表された数をn進数という。

□**n進数の表記** nを2以上の整数とする。

$$A = a_m \cdot n^m + a_{m-1} \cdot n^{m-1} + \cdots + a_2 \cdot n^2 + a_1 \cdot n + a_0 \quad \cdots (*)$$

（a_kは$0 \leq a_k \leq n-1$を満たす整数とする。）であるとき，

$$A = a_m a_{m-1} \cdots a_2 a_1 a_0$$

これを位取り記数法という。Aがn進数であることを明示するときには，$A_{(n)}$やA_nなどと表記される。例えば，10進数30は8進法では，$36_{(8)}$，36_8などと表される

□**n進数への変換** 式（*）からわかるように，10進数Aをn進数に変換するには，Aをnで割り，その余りをnで割る。さらにその余りをnで割る。余りがnより小さくなるところまでこの操作を繰り返す。この操作で得られた余り，および最後の商を逆順に並べるとn進数の位取り記数になる。ただし，余りが0のところは0を記す。

例 10進数79を5進数で表す。
右の計算から，
$$79_{(10)} = 304_{(5)}$$

$$
\begin{array}{r}
5\,)\,\underline{79} \\
5\,)\,\underline{15} \quad \cdots 4 \\
3 \quad \cdots 0
\end{array}
$$

□**n進法の加減乗除** nで位が1つ繰り上がることに注意さえすれば，計算法は通常の10進数の計算のしかたと同じである。

例 $3_{(5)} + 4_{(5)} = 12_{(5)}$ $\qquad$ $31_{(5)} - 13_{(5)} = 13_{(5)}$

$\quad\;\;$ $3_{(5)} \times 4_{(5)} = 22_{(5)}$ $\qquad$ $24_{(5)} \div 4_{(5)} = 3.\dot{2}_{(5)}$

注 10進法で有限小数であっても，n進法で有限小数になるとは限らず，多くの場合，無限小数になる。

$$24_{(5)} \div 4_{(5)} = 14_{(10)} \div 4_{(10)} = 3.5_{(10)}$$

$$3.5 = 3 + \frac{2}{5} + \frac{2}{5^2} + \frac{2}{5^3} + \cdots$$

したがって，$24_{(5)} \div 4_{(5)} = 3.\dot{2}_{(5)}$

n進法　次の数を（　）内の指示に従った数に直せ。

(1)　13（2進法で）　　(2)　326（5進法で）　　(3)　$1032_{(5)}$（10進法で）

解き方 (1)
$$
\begin{array}{r}
2\,\underline{)\,13} \\
2\,\underline{)\ 6}\ \cdots1 \\
2\,\underline{)\ 3}\ \cdots0 \\
1\ \cdots1
\end{array}
$$
$\Rightarrow 1101_{(2)}$

(2)
$$
\begin{array}{r}
5\,\underline{)\,326} \\
5\,\underline{)\ 65}\ \cdots1 \\
5\,\underline{)\ 13}\ \cdots0 \\
2\ \cdots3
\end{array}
$$
$\Rightarrow 2301_{(5)}$

(3)　$1032_{(5)} = 1\cdot5^3 + 0\cdot5^2 + 3\cdot5 + 2\cdot5^0 = 142$

---

n進法の四則演算　次の計算をしなさい。

(1)　$223_{(5)} + 144_{(5)}$　　(2)　$110011_{(2)} - 10111_{(2)}$　　(3)　$312_{(5)} \times 23_{(5)}$

解き方 (1)　5で繰り上がる。　　(2)　2繰り下がる。

(3)　1ケタどうしの掛け算では，通常の掛け算を行い，5進数に直す。

　　例　$3_{(5)} \times 4_{(5)}$ では，10進数の掛け算 $3\times4 = 12$ を行い，12を5
　　進数の $22_{(5)}$ に変換する。すなわち，$3_{(5)} \times 4_{(5)} = 22_{(5)}$

(1)
$$
\begin{array}{r}
223_{(5)} \\
+\ )\,144_{(5)} \\
\hline
422_{(5)}
\end{array}
$$

(2)
$$
\begin{array}{r}
110011_{(2)} \\
-\ )\,10111_{(2)} \\
\hline
11100_{(2)}
\end{array}
$$

(3)
$$
\begin{array}{r}
312_{(5)} \\
\times\ )\ \ 23_{(5)} \\
\hline
1441 \\
1124\ \ \\
\hline
13231_{(5)}
\end{array}
$$

---

n進法の位取り記数法　a, bを1桁の自然数とする。10進数の整数Aはa
進法では $34_{(a)}$，b進法では $23_{(b)}$ になる。整数Aを求めよ。

解き方 n進数の定義から，　$A = 3a+4 = 2b+3$

これから，$2b-3a = 1$　…①

$a = 1$, $b = 2$は①を満たす。すなわち，$2\cdot2-3\cdot1 = 1$　…②

①－②より，$2(b-2)-3(a-1) = 0$

これから，$b-2 = 3m$, $a-1 = 2m$（mは整数）

すなわち，$a = 2m+1 < 10$, $b = 3m+2 < 10$

$a > 4$, $b > 3$であることを考慮すると，$m = 2$

したがって，$a = 5$, $b = 8$であり，$A = 19$　…**答**

頻出度 **B** 方程式と不等式

テーマ **2**

試 験 別 頻 出 度

国家専門職 ★★☆　　地上特別区 ★★★
国家総合職 ★☆☆　　地上全国型 ★☆☆　　市 役 所 C ★★★
国家一般職 ★☆☆　　地上東京都 ─────

> ◎方程式では，2次方程式に関する出題が多い。判別式や解と係数の関係
> は十分使いこなせるようにしておきたい。
> ◎方程式や不等式の解と関数のグラフとの関連を理解しておこう。

▶1次方程式

□$ax+b=0$ $(a \neq 0)$の解は，$x=-\dfrac{b}{a}$

▶連立1次方程式

□$ax+by=e$　　…①
　$cx+dy=f$　　…②

座標平面上では，①，②は直線のグラフ
として表され，それらの直線の**交点の座**
標が，連立方程式の解となる。

①，②から，yやxを消去すると，

　$(ad-bc)x=de-bf$

　$(ad-bc)y=af-ce$

これから，

グラフを利用するとわかりやすい。
例 次の方程式を解け。
　　$x-2y=-2$ … ①
　　$2x-y=2$ … ②

（答　$x=2,\ y=2$）

1) $ad-bc \neq 0$のとき，

　直線①，②はただ1点で交わり，連立方程式は，ただ1組の解を持つ。

2) $ad-bc=0$のとき，

　（i）①を変形して②にできるときは，座標平面上で，①，②の表す
　　　直線のグラフが**重なる**ときであり，連立方程式は無数の解を持
　　　つ。

　（ii）①を変形して②にできないときは，座標平面上で，①，②の表
　　　す直線のグラフが**平行**なときであり，連立方程式は解を持たな
　　　い。

例題

1次方程式 次の方程式を解け。

$$|2x-1| = x+4$$

[解き方] $2x-1 \geqq 0$　すなわち　$x \geqq \dfrac{1}{2}$ のとき，

$$2x-1 = x+4$$

これを解いて，$x=5$　　これは $x \geqq \dfrac{1}{2}$ を満たす。

$2x-1 < 0$　すなわち　$x < \dfrac{1}{2}$ のとき，

$$-(2x-1) = x+4$$

これを解いて，$x=-1$　　これは $x < \dfrac{1}{2}$ を満たす。

以上から，$x=-1,\ 5$

連立1次方程式 a を定数とする連立方程式①②を解け。

$$x+(a-2)y = 1 \quad \cdots ①$$
$$(a-1)x+2y = 2 \quad \cdots ②$$

[解き方] ②式を変形して $2y = 2-(a-1)x$　$\cdots ③$

①式×2に③を代入して y を消去すると，

$$2x+(a-2)\{2-(a-1)x\} = 2$$
$$a(a-3)x = 2(a-3) \quad \cdots ④$$

$a \neq 0,\ 3$ のときこの式を $a(a-3)$ で割ると，◀

$$x = \dfrac{2}{a} \quad \cdots ⑤$$

> ④ の x の係数 $a(a-3)$ が0にならない場合と，0になる場合に分けて解を出す。

⑤を③へ代入すると，$y = \dfrac{1}{a}$ を得る。

$a=0$ のとき①②は，$x-2y=1$，$x-2y=-2$ となり解はない。

$a=3$ のとき①②はともに $x+y=1$ となり解は**無数にある**。　…**答**

<プラス+ α「$ax=6a$ のとき　$x=6$」は正しいか

両辺を a で割れるのは a が0でないときに限られることに十分注意しよう。この例の場合，a が0でない値ならば $x=6$ となるが，a が0のときは，x はどんな値でも成り立つ。

係数に定数が含まれる場合は，定数の値が0の場合と0でない場合とに分けて解を求めなければならない。

▶1次不等式

□実数 a, b の大小関係は不等号 $<$, $>$, $\leqq$, $\geqq$ を用いて表される。

$a < b$ (a は b より小さい)，　$a > b$ (a は b より大きい)

$a \leqq b$ (a は b 以下)，　$a \geqq b$ (a は b 以上)

□**不等式の基本性質**

(1)　$a < b$, $b < c$　ならば，　$a < c$

(2)　$a < b$　ならば，　$a + c < b + c$, $a - c < b - c$

(3)　(i)　$a < b$, $m > 0$　ならば，　$ma < mb$, $\dfrac{a}{m} < \dfrac{b}{m}$

　　(ii)　$a < b$, $m < 0$　ならば，　$ma > mb$, $\dfrac{a}{m} > \dfrac{b}{m}$

$m > 0$, $m < 0$ 以外の不等号の組 ($<$, $>$) を，($>$, $<$), ($\leqq$, $\geqq$), ($\geqq$, $\leqq$) に取り換えてもこれらの基本性質は成り立つ。

□**1次不等式の解**

$ax + b > 0$ の解は，

　$a > 0$ のとき，　$x > -\dfrac{b}{a}$

　$a < 0$ のとき，　$x < -\dfrac{b}{a}$

> $ax + b < 0$, $ax + b \geqq 0$, $ax + b \leqq 0$
> のときも，不等式の基本性質を用いて解が求められる。

▶連立不等式

2つ以上の不等式を組にしたものを連立不等式という。連立不等式を解くには，それぞれの不等式を解き，それらの解の共通部分を求めればよい。

例 $\begin{cases} x - 3 < 2(x + 1) & \cdots ① \\ x + 6 \leqq 8 - x & \cdots ② \end{cases}$

　①より，　$x > -5$

　②より，　$x \leqq 1$

　これらの共通部分をとると，

　　$-5 < x \leqq 1$

例題

1次不等式 不等式 $2x+6 \leqq 5+4(x+2)$ を解け。

[解き方] 与えられた式のかっこをはずし移項する。

$2x+6 \leqq 5+4(x+2)$ より $2x+6 \leqq 5+4x+8$

移項して整理すると, $2x-4x \leqq 7$ より $-2x \leqq 7$

したがって, $x \geqq -\dfrac{7}{2}$ ← 負の数で割ると不等号の向きが変わることに注意。

連立不等式 次の連立不等式を解け。

$2-x < 2(x-2) < 3x-2$

[解き方] $2-x < 2(x-2)$ かつ $2(x-2) < 3x-2$ を解けばよい。

$2-x < 2(x-2)$ より, $x > 2$ …①

$2(x-2) < 3x-2$ より, $x > -2$ …②

①, ②から, 求める解は, $x > 2$ … **答**

不等式の応用 三角形の3辺の長さを $5x-3$, $24-3x$, $4x+3$ とするとき, x の範囲を求めよ。

[解き方] 三角形が成立するための条件は, 2辺の和が他の1辺より大きくなることである。

各辺の長さは正であるから,

$5x-3 > 0$, $24-3x > 0$, $4x+3 > 0$

これから, $x > \dfrac{3}{5}$, $x < 8$, $x > -\dfrac{3}{4}$

したがって, $\dfrac{3}{5} < x < 8$ …①

また, 三角形の成立条件から,

$(5x-3)+(24-3x) > 4x+3$ これを解いて, $x < 9$

$(24-3x)+(4x+3) > 5x-3$ これを解いて, $x < \dfrac{15}{2}$

$(4x+3)+(5x-3) > 24-3x$ これを解いて, $x > 2$

したがって, $2 < x < \dfrac{15}{2}$ …②

①, ②より, $2 < x < \dfrac{15}{2}$ … **答**

▶ **n 次方程式**　　以下で $a \neq 0$ とする。

□ **2次方程式**　　$ax^2 + bx + c = 0$ を変形して $a(x - \alpha)(x - \beta) = 0$ となるときは、　2つの解、$x = \alpha$、$x = \beta$（$\alpha = \beta$ のときは重解）を持つ。

□ **2次方程式の解と係数の関係**

　2次方程式 $ax^2 + bx + c = 0$ の2つの解を α、β とするとき、

$$\alpha + \beta = -\frac{b}{a}, \quad \alpha\beta = \frac{c}{a}$$

□ **2次方程式 $ax^2 + bx + c = 0$ の解の公式**

$$x = \frac{-b \pm \sqrt{b^2 - 4ac}}{2a}$$

□ **高次次方程式**

　3次以上の方程式では、因数定理を利用して次数を下げる。

　例　$f(x) = x^3 - 2x^2 - 5x + 6 = 0$ では、$f(1) = 0$ であることから、$f(x)$ は $x - 1$ で割り切れる。割り算をすることにより、その商は、$x^2 - x - 6$ であるから、与方程式は、$(x - 1)(x^2 - x - 6) = 0$ となる。

□ **相反方程式**　　下の例のように x の係数が $(1,\ 3,\ -2,\ 3,\ 1)$ のように左右対称となる方程式を相反方程式という。このような方程式では $x + \dfrac{1}{x} = t$ とおいて方程式を書き直して、次のように解く。

　例　$x^4 + 3x^3 - 2x^2 + 3x + 1 = 0$ は相反方程式である。

　　$x = 0$ は解ではないから、両辺を x^2 で割ると、

$$x^2 + 3x - 2 + 3 \cdot \frac{1}{x} + \frac{1}{x^2} = 0$$

$$x^2 + \frac{1}{x^2} + 3\left(x + \frac{1}{x}\right) - 2 = 0$$

　整理して、

$$\left(x + \frac{1}{x}\right)^2 + 3\left(x + \frac{1}{x}\right) - 4 = 0$$

これから、$x + \dfrac{1}{x} = -1$、4 より、

$$x^2 + x + 1 = 0, \quad x^2 - 4x + 1 = 0$$

よって、$x = \dfrac{-1 \pm \sqrt{3}\,i}{2}$、$x = 2 \pm \sqrt{3}$

例題

2次方程式の作成　$-3+2\sqrt{2}$ と $-3-2\sqrt{2}$ を2つの解とする2次方程式の1つを求めよ。

[解き方] 2つの解の和と積をつくると、

$$(-3+2\sqrt{2})+(-3-2\sqrt{2})=-6,$$
$$(-3+2\sqrt{2})(-3-2\sqrt{2})=9-8=1$$

したがって、解と係数の関係から、求める方程式は、

$$x^2+6x+1=0 \cdots \boxed{答}$$

3次方程式　3次方程式 $f(x)=x^3-2x^2-5x+6=0$ を解け。

[解き方] 因数は、 ±1, ±2, ±3, ±6 を考えればよい。

$$f(1)=1^3-2\cdot1^2-5\cdot1+6=0$$

因数定理により、 $f(x)$ は $x-1$ で割り切れ、その商は x^2-x-6 である。(計算は略)

したがって、 $f(x)=(x-1)(x^2-x-6)=0$

$$(x-1)(x-3)(x+2)=0$$

よって、 $x=-2,\ 1,\ 3 \cdots \boxed{答}$ ◄ 因数定理で3つの解をすべて求めてもよい。

相反方程式　相反方程式 $x^4-2x^3-6x^2-2x+1=0$ を解け。

[解き方] $x=0$ は与方程式の解ではないから、 x^2 で割ると、

$$x^2-2x-6-2\cdot\frac{1}{x}+\frac{1}{x^2}=0$$

$$x^2+\frac{1}{x^2}-2\left(x+\frac{1}{x}\right)-6=0$$

$$\left(x+\frac{1}{x}\right)^2-2x\cdot\frac{1}{x}-2\left(x+\frac{1}{x}\right)-6=0$$

$$\left(x+\frac{1}{x}\right)^2-2\left(x+\frac{1}{x}\right)-8=0$$

これから、 $x+\dfrac{1}{x}=-2,\ x+\dfrac{1}{x}=4$

したがって、 $x^2+2x+1=0,\ x^2-4x+1=0$

よって、 $x=-1,\ 2\pm\sqrt{3} \cdots \boxed{答}$

試験別頻出度	国家専門職 ★☆☆	地上特別区 ———
国家総合職 ———	地上全国型 ★★★	市役所C ★★★
国家一般職 ★★★	地上東京都 ———	

 学習の ポイント
◎この分野では，2次関数の出題頻度が高い。2次関数の標準形への変形には習熟しておきたい。
◎関数の平行移動にも慣れておきたい。

▶ **1次関数** $y = ax + b \ (a \neq 0)$ のグラフ

□傾き a　y切片 b の直線

□$a > 0$ のときは右上がりの直線（増加関数）

□$a < 0$ のときは右下がりの直線（減少関数）

▶ **2次関数** $y = ax^2 + bx + c = 0 \ (a \neq 0)$ のグラフ

□$a > 0$ のときは下に凸な放物線

□$a < 0$ のときは上に凸な放物線

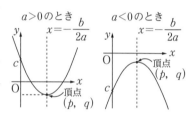

□頂点の座標を $(p, \ q)$ とすると

$$p = -\frac{b}{2a} \qquad q = -\frac{b^2 - 4ac}{4a}$$

□対称軸の直線は　$x = -\dfrac{b}{2a}$

□y軸との交点（y切片）は $y = c$（$x = 0$ を代入）

□$y = ax^2 + bx + c$ と x軸が交わるとき，交点のx座標は2次方程式の実数解となる。

▶ **グラフの平行移動**

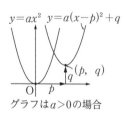

□$(p, \ q)$ を頂点とする2次関数
$y = a(x - p)^2 + q$ のグラフは，原点を頂点とする2次関数 $y = ax^2$ のグラフを，x軸方向にp，y軸方向にq平行移動したものである。
一般に，関数 $y = f(x)$ のグラフをx軸方向にα，y軸方向にβだけ平行移動すると，
$y - \beta = f(x - \alpha)$

グラフは$a > 0$の場合

1次関数とグラフの問題　$y=ax+b\,(-2\leqq x\leqq2)$が減少関数でその値域が$-4\leqq y\leqq8$のとき，$a$，$b$の値をそれぞれ求めよ。

[解き方]　$y=ax+b$は減少関数だから，$a<0$

$x=-2$のとき$y=8$，$x=2$のとき$y=-4$だから，

$8=-2a+b$ …①　　　$-4=2a+b$ …②

①＋②より　$4=2b$，$b=2$，①へ代入　$a=-3$ …**答**

2次関数のグラフの平行移動　$y=2x^2+4x+1$のグラフをどれだけ平行移動すると$y=2x^2-8x-3$のグラフに重なるか。

[解き方]　2つの2次関数の標準形をつくって，頂点を求め，頂点の平行移動で考える。

$$y=2x^2+4x+1=2(x+1)^2-1\ \Rightarrow\ 頂点(-1,\ -1)$$

$$y=2x^2-8x-3=2(x-2)^2-11\ \Rightarrow\ 頂点(2,\ -11)$$

頂点のx座標の移動量は，$2-(-1)=3$

　　　　y座標の移動量は，$-11-(-1)=-10$

したがって，x軸方向に3，y軸方向に-11だけ平行移動すればよい。

…**答**

グラフの平行移動　$y=-2x^2+3x-1$のグラフをx軸方向に-2，y軸方向に3だけ平行移動したときの式を求めよ。

[解き方]　xの代わりに$x+2$，yの代わりに$y-3$と置く。

$$y-3=-2(x+2)^2+3(x+2)-1$$

かっこをはずして式を整理すると，

$$y=-2x^2-5x\ …**答**$$

プラス+α　グラフの移動

$y=f(x)$のグラフを，

1　x軸に関して線対称移動すると，$-y=f(x)$　すなわち，$y=-f(x)$

2　y軸に関して線対称移動すると，$y=f(-x)$

3　原点に関して点対称移動すると，$-y=f(-x)$　すなわち，$y=-f(-x)$

　　たとえば，$y=3x^2-2x+1$を原点に関して点対称移動すると，

　　$-y=3(-x)^2-2(-x)+1$　すなわち，$y=-3x^2-2x-1$

▶**2次方程式の解**　以下では $a \neq 0$ とする。実数を係数とする2次方程式 $ax^2 + bx + c = 0$ において $D = b^2 - 4ac$ と置く。また，実数解を持つとき，それらを α, β $(\alpha \leq \beta)$ とする。

□**判別式**　実数を係数とする2次方程式 $ax^2 + bx + c = 0$ において，

解の公式は，$x = \dfrac{-b \pm \sqrt{D}}{2a}$ となる。

この D を判別式といい，D の値により，解は次の3通りに分けられる。

$D > 0$ ⇒ 相異なる2つの実数解を持つ。

$D = 0$ ⇒ ただ1つの実数解（重解）を持つ。

$D < 0$ ⇒ 実数解を持たない（相異なる2つの虚数解を持つ）。

□**2次方程式の解の判別式とグラフの関係**

2次関数 $y = ax^2 + bx + c$ $(a > 0)$ のグラフは，$ax^2 + bx + c = 0$ の判別式 D の値により，次のようになる。

$D = b^2 - 4ac > 0$	$D = b^2 - 4ac = 0$	$D = b^2 - 4ac < 0$
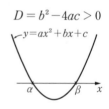	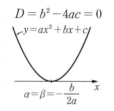	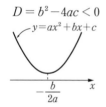
x 軸と2点で交わる	x 軸と1点で接する	x 軸と共有点を持たない

$a < 0$ のときは，グラフが上に凸になるが，同内容の説明が成り立つ。

▶**2次方程式の解の符号**

□**2次方程式の解の符号**　2次方程式 $ax^2 + bx + c = 0$ $(a \neq 0)$ の2実数解を α, β $(\alpha < \beta)$ とすると，

・$\alpha > 0$ かつ $\beta > 0$ ⇔ $D \geq 0$ かつ $\alpha + \beta > 0$ かつ $\alpha\beta > 0$

・$\alpha < 0$ かつ $\beta < 0$ ⇔ $D \geq 0$ かつ $\alpha + \beta < 0$ かつ $\alpha\beta > 0$

・α, β が異符号　⇔ $\alpha\beta < 0$

2次方程式の解の判別　$\sqrt{7}\,x^2+(\sqrt{7}-1)x-2=0$ の解を判別せよ。

[解き方]　$D=(\sqrt{7}-1)^2-4\cdot\sqrt{7}\cdot(-2)$ 正になることがわかれば最後まで計算しなくてよい。

$$=(\sqrt{7}-1)^2+8\sqrt{7}>0\quad 異なる2つの実数解を持つ。\cdots\text{答}$$

2次方程式の解の判別と不等式　k を実数の定数とする2次方程式

$2x^2-2kx+k^2-5k+12=0$ の解を判別せよ。

[解き方]　与えられた2次方程式の判別式を D とすると，

$$D/4=(-k)^2-2(k^2-5k+12)$$

$$=-(k^2-10k+24)=-(k-4)(k-6)$$

$D>0$ とすると　$(k-4)(k-6)<0$ より $4<k<6$

$D=0$ とすると　$k=4,\ 6$

$D<0$ とすると　$(k-4)(k-6)>0$ より $k<4,\ k>6$

よって，$4<k<6$ のとき異なる2つの実数解

　　$k=4,\ 6$ のとき**重解**

　　$k<4,\ 6<k$ のとき異なる2つの虚数解 $\cdots$ **答**

2次方程式の解の存在範囲　2次方程式 $x^2-2(a-2)x-3a+10=0$ が異なる正の実数解を持つとき，定数 a の値の範囲を求めよ。

[解き方]　2実数解を持つことから，判別式 D は正である。

$$\frac{D}{4}=(a-2)^2+(3a-10)>0\quad より\quad a^2-a-6>0$$

$$(a+2)(a-3)>0\quad から\quad a<-2,\ 3<a\ \cdots①$$

また，2実数解の和および積は正になるから，解と係数の関係から，

$$2(a-2)>0,\ -3a+10>0\quad より\quad 2<a<\frac{10}{3}\ \cdots②$$

①，②より，$3<a<\dfrac{10}{3}$ $\cdots$ **答**

 プラス+α　**解と係数の関係**

$ax^2+bx+c=0\ (a\neq0)$ の2つの解を $\alpha,\ \beta$ と置くと

$$x^2+\frac{b}{a}x+\frac{c}{a}=(x-\alpha)(x-\beta)=x^2-(\alpha+\beta)x+\alpha\beta$$

したがって，$\alpha+\beta=-\dfrac{b}{a},\ \alpha\beta=\dfrac{c}{a}$　となる。

▶2次不等式の解

□すべての項を左辺に移項して整理し，2次の項の係数で割ると，2次不等式は次の①〜④のいずれかの形になる。

以下では，$x^2+mx+n=0$ の判別式を $D=m^2-4n$，2実数解を持つとき，それらを $\alpha,\ \beta\ (\alpha<\beta)$ とする。

また，$y=x^2+mx+n=\left(x+\dfrac{m}{2}\right)^2-\dfrac{1}{4}(m^2-4n)$ と置く。

① $x^2+mx+n<0$

$D\leqq0$ のとき，常に $y\geqq0$ だから，解なし。

$D>0$ のとき，$(x-\alpha)(x-\beta)<0$ より，$\alpha<x<\beta$

② $x^2+mx+n>0$

$D<0$ のとき，常に $y>0$ だから，全実数。

$D=0$ のとき，$y=\left(x+\dfrac{m}{2}\right)^2$ となるから，$x\neq-\dfrac{m}{2}$

$D>0$ のとき，$(x-\alpha)(x-\beta)>0$ より，$x<\alpha,\ \beta<x$

③ $x^2+mx+n\leqq0$

$D<0$ のとき，常に $y>0$ だから，解なし。

$D=0$ のとき，$y=\left(x+\dfrac{m}{2}\right)^2$ となるから，$x=-\dfrac{m}{2}$

$D>0$ のとき，$(x-\alpha)(x-\beta)\leqq0$ より，$\alpha\leqq x\leqq\beta$

④ $x^2+mx+n\geqq0$

$D\leqq0$ のとき，常に $y\geqq0$ だから，全実数。

$D>0$ のとき，$(x-\alpha)(x-\beta)\geqq0$ より，$x\leqq\alpha,\ \beta\leqq x$

□**相加平均・相乗平均の利用**　$a>0,\ b>0$ とする。

$\dfrac{a+b}{2}\geqq\sqrt{ab}$　（等号が成り立つのは $a=b$ のとき）

$\dfrac{a+b+c}{3}\geqq\sqrt[3]{abc}$　（等号が成り立つのは $a=b=c$ のとき）

2次不等式　2次不等式 $2x^2+x-3<0$ の解を求めよ。

[解き方]　不等号の左辺を因数分解すると，

$$(2x+3)(x-1)<0$$

したがって，$-\dfrac{3}{2}<x<1$ …**答**

2次不等式と判別式　すべての実数 x に対して，$2x^2-kx+2k+1>0$ が成り立つように定数 k の値の範囲を求めよ。

[解き方]　$y=2x^2-kx+2k+1$ は下に凸の放物線であるから，x 軸と交点を持たなければ，すなわち判別式 $D=k^2-16k-8=0$ が実数解を持たなければ条件を満たす。したがって，判別式 $D<0$ であればよい。

$$D=k^2-8(2k+1)<0 \quad より \quad k^2-16k-8<0$$

$k^2-16k-8=0$ を解くと，$k=8\pm6\sqrt{2}$

よって，$8-6\sqrt{2}<k<8+6\sqrt{2}$ …**答**

相加平均・相乗平均　不等式 $x^2+y^2\geqq axy$ がすべての正の数 x，y に対して成り立つような a の範囲を求めよ。

[解き方]　$xy>0$ であるから，与えられた不等式は，両辺を xy で割って得られる $\dfrac{y}{x}+\dfrac{x}{y}\geqq a$ と同値である。

相加平均・相乗平均の関係により，$\dfrac{y}{x}+\dfrac{x}{y}\geqq2\sqrt{\dfrac{y}{x}\cdot\dfrac{x}{y}}=2$

したがって，$a\leqq2$ であればよい。…**答**

 プラス+ α　3数の相加平均・相乗平均

$$x^3+y^3+z^3-3xyz=(x+y+z)(x^2+y^2+z^2-xy-yz-zx)$$
$$=(x+y+z)\cdot\dfrac{1}{2}(2x^2+2y^2+2z^2-2xy-2yz-2zx)$$
$$=\dfrac{1}{2}(x+y+z)\{(x-y)^2+(y-z)^2+(z-x)^2\}$$

したがって，$x\geqq0$，$y\geqq0$，$z\geqq0$ ならば，$x^3+y^3+z^3-3xyz\geqq0$
ここで，$x=\sqrt[3]{a}$，$y=\sqrt[3]{b}$，$z=\sqrt[3]{c}$ と置くことにより，

$\dfrac{a+b+c}{3}\geqq\sqrt[3]{abc}$（等号は $a=b=c$ のときに成立）

頻出度
A 最大値と最小値
テーマ
4

試験別頻出度	国家専門職 ★★☆	地上特別区 ★☆☆
国家総合職 ★★★	地上全国型 ★★☆	市役所 C ★★★
国家一般職 ★★☆	地上東京都 ──	

学習の
ポイント

◎2次関数の最大値や最小値を求める問題はよく出題される。2次関数の
グラフの頂点のx座標の値がxの変域に含まれるか否かがポイント。

◎3次関数の最大値・最小値，また局所的な最大値・最小値である極大
値・極小値についても押さえておきたい。

▶**2次関数の最大・最小**

□**2次関数の最大・最小**　2次関数の標準形を$y = a(x-p)^2 + q = f(x)$
とする。また，xの変域を$\alpha \leqq x \leqq \beta$とする。

$a > 0$のとき，

① $p \leqq \alpha$のとき，

　最大値；$f(\beta)$

　最小値；$f(\alpha)$

② $\alpha \leqq p \leqq \dfrac{\alpha+\beta}{2}$のとき，

　最大値；$f(\beta)$

　最小値；$f(p)$

③ $\dfrac{\alpha+\beta}{2} \leqq p \leqq \beta$のとき，

　最大値；$f(\alpha)$

　最小値；$f(p)$

④ $\beta \leqq p$のとき，

　最大値；$f(\alpha)$

　最小値；$f(\beta)$

　$a < 0$のときは，$a > 0$の場合のグラフをx軸に関して折り返して
考えればよいから，上記の最大値と最小値の語句を入れ替えればよい。

2次関数の最大値　2次関数 $y=-x^2+2x+a$ の最大値が2であるとき，a の値を求めよ。

[解き方] 2次関数 $y=-x^2+2x+a$ を標準形に変形すると，

$$y=-(x-1)^2+a+1$$

この関数のグラフは上に凸だから $x=1$ で最大値となる。よって，最大値は，$a+1$ となるから，

$$a+1=2$$

よって，$a=1$ …**答**

2次関数の最大・最小　2次関数 $y=\dfrac{1}{2}x^2-2x+3$ $(-1\leqq x\leqq 3)$ の最大値および最小値を求めよ。

[解き方] 2次関数の標準形に変形すると，

$$y=\dfrac{1}{2}(x^2-4x+4-4)+3$$

$$=\dfrac{1}{2}(x-2)^2+1$$

グラフは右図のようになる。

$x=-1$ のとき，最大値 $\dfrac{11}{2}$

$x=2$ のとき，最小値 1

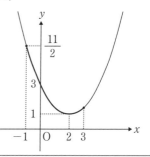

2次関数の決定　関数 $y=ax^2-4ax+b$ $(-1\leqq x\leqq 3)$ の最大値が11で，最小値が -7 であるとき，定数 a，b の値を求めよ。ただし，$a<0$ とする。

[解き方] $y=ax^2-4ax+b$ を標準形に変形すると，

$$y=a(x-2)^2-4a+b$$

$a<0$ であり，x の変域が $-1\leqq x\leqq 3$ であるから，$x=2$ のときに最大になる。したがって，$-4a+b=11$ …①

また，対称軸 $x=2$ は，変域の上限 $x=3$ に近いので，変域の下限 $x=-1$ で最小となる。したがって，$5a+b=-7$ …②

①，②から，$a=-2$，$b=3$ …**答**

▶相加平均・相乗平均の利用

$a \geqq 0$，$b \geqq 0$とするとき，

$$\frac{a+b}{2} \geqq \sqrt{ab} \quad (\text{等号は} a = b \text{のとき成り立つ}) \quad \cdots (*)$$

(これを変形した $a + b \geqq 2\sqrt{ab}$ の形の式もよく使われる)

> 注 $(*)$ が成り立つ理由 $a - 2\sqrt{ab} + b = (\sqrt{a} - \sqrt{b})^2 \geqq 0$
>
> 等号が成り立つのは，$\sqrt{a} = \sqrt{b}$，すなわち $a = b$ のとき

> 例 $x > 0$のとき，相加平均・相乗平均の関係により，
>
> $$x + \frac{1}{x} \geqq 2\sqrt{x \cdot \frac{1}{x}} = 2 \quad (\text{等号は} x = \frac{1}{x}，\text{すなわち，} x = 1 \text{のとき}$$
>
> 成立する)
>
> したがって，$x + \dfrac{1}{x}$ の最小値は2である。

一般に，$\dfrac{a_1 + a_2 + \cdots + a_n}{n}$ を相加平均，

$\sqrt[n]{a_1 a_2 \cdots a_n}$ （$\sqrt[n]{A}$ は A の n 乗根を表す）を相乗平均といい，

$$\frac{a_1 + a_2 + \cdots + a_n}{n} \geqq \sqrt[n]{a_1 a_2 \cdots a_n}$$

(等号が成り立つのは $a_1 = a_2 = \cdots = a_n$ のとき)

が成り立つことが知られている。

▶判別式の利用　2次関数の判別式が利用できる場合もある。上記の

例では，次のように解くこともできる。

$x + \dfrac{1}{x} = k$ と置くと，$x > 0$ であるから，$k > 0$ である。また，分母

を払って整理すると，

$$x^2 - kx + 1 = 0$$

xの実数条件から，判別式 $D = k^2 - 4 \geqq 0$

$k > 0$ であるから，$k \geqq 2$

すなわち，最小値は2である。

相加平均・相乗平均 $x > 0$ のとき，$2x + \dfrac{3}{x}$ の最小値を求めよ。

解き方 相加平均・相乗平均の関係により，

$$2x + \frac{3}{x} \geq 2\sqrt{2x \cdot \frac{3}{x}} = 2\sqrt{6}$$

（等号は $2x = \dfrac{3}{x}$，すなわち，$x = 2\sqrt{6}$ のときに成立する）

よって，最小値は $2\sqrt{6}$ …**答**

相加平均・相乗平均 $x > 1$ のとき，$x + 5 + \dfrac{1}{x-1}$ の最小値を求めよ。

解き方 相加平均・相乗平均の関係を利用できるように式を変形する。

$$x + 5 + \frac{1}{x-1} = x - 1 + \frac{1}{x-1} + 6 \geq 2\sqrt{(x-1) \cdot \frac{1}{x-1}} + 6 \geq 2 + 6 = 8$$

（等号は $x - 1 = \dfrac{1}{x-1}$，すなわち $x = 2$ のとき成立する）

よって，最小値は 8 …**答**

判別式の利用 $x > 0$ のとき，$3x + \dfrac{1}{2x}$ の最小値を，判別式を利用して求めよ。

解き方 $3x + \dfrac{1}{2x} = k$ と置くと，$k > 0$

分母を払って整理すると，

$$6x^2 - 2kx + 1 = 0$$

x の実数条件から，判別式 $\dfrac{D}{4} = k^2 - 6 \geq 0$

したがって，$k \geq \sqrt{6}$

よって，最小値は $\sqrt{6}$ …**答**

▶微分法・積分法

微分法が最大値や最小値を求めるときに利用されることもある。

また，必ずしも最大・最小の問題と直接的に関係はないが，接線の方程式や簡単な求積問題に触れておくことにする。

□**微分係数**　関数 $y = f(x)$ において，

$h \to 0$ のときに，極限値 $\dfrac{f'(a+h) - f(a)}{h}$ が存在するとき，

$$f'(a) = \lim_{h \to 0} \frac{f(a+h) - f(a)}{h}$$

と書き，$x = a$ における微分係数という。

□**接線の方程式**　$y = f(x)$ 上の，$x = a$ の点における接線の方程式は，

$$y = f'(a)(x - a) + f(a)$$

□**導関数**　関数 $y = f(x)$（x の変域を全実数とする）において，

任意の x について，$\lim_{h \to 0} \dfrac{f(x+h) - f(x)}{h}$ が存在するとき，$f(x)$ は x において微分可能であるといい，$f'(x)$ と書き，$f(x)$ の導関数という。

導関数は $\dfrac{dy}{dx}$ や y' とも書かれる。なお，導関数 $f'(x)$ において $x = a$ とすれば，$x = a$ における微分係数が求められる。

□**微分の公式**　3次関数までの整関数の微分ができれば十分であり，次の公式を覚えれば十分であろう。

$$y = a \quad (a は定数) \ \Rightarrow \ y' = 0$$
$$y = x^n \ \Rightarrow \ y' = nx^{n-1}$$
$$(ku)' = ku' \quad (k は定数) \qquad (u \pm v)' = u' \pm v'$$

□**極大値と極小値**　関数 $y = f(x)$ において，$f'(a) = 0$ とする。

$x = a$ の近傍において，

$x < a$ で $f'(a) < 0$，$x > a$ で $f'(a) > 0$
$\Rightarrow \ y = f(x)$ は $x = a$ において極大値 $f(a)$ をとる。

$x < a$ で $f'(a) > 0$，$x > a$ で $f'(a) < 0$
$\Rightarrow \ y = f(x)$ は $x = a$ において極小値 $f(a)$ をとる。

極大値や極小値は局所的な最大値，最小値といえる。

接線の交点　$f(x) = 4x^3 - 3x + 10$ とする。$y = f(x)$ 上の $x = -1$ の点Pにおける接線が $y = f(x)$ と交わる点Qの座標を求めよ。

解き方　$y = f(x)$ 上の $x = a$ の点における接線の方程式は，

$y = f'(a)(x-a) + f(a)$ で与えられる。

$f(x) = 4x^3 - 3x + 10$ を x で微分すると，$f'(x) = 12x^2 - 3$

$f'(-1) = 12 \cdot (-1)^2 - 3 = 9$

また，$f(-1) = 4 \cdot (-1)^3 - 3 \cdot (-1) + 10 = 9$

したがって，点Pにおける接線の方程式は，

$y = 9(x+1) + 9$　すなわち，$y = 9x + 18$

これと $y = f(x)$ を連立させると，

$4x^3 - 3x + 10 = 9x + 18$

移項して整理すると，

$x^3 - 3x - 2 = 0$

$(x+1)^2(x-2) = 0$

これから，$x = -1, 2$

したがって，点Qの x 座標は2である。

このとき，$f(2) = 4 \cdot 2^3 - 3 \cdot 2 + 10 = 36$

よって，Q$(2, 36)$ … **答**

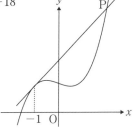

注　x軸とy軸の目盛り幅は変えてある。

3次関数の最大・最小　関数 $f(x) = \dfrac{1}{3}x^3 - x^2 - 3x + 7$ $(-3 \leqq x \leqq 4)$ の最大値と最小値を求めよ。

解き方　$f(x)$ を微分すると，

$f'(x) = x^2 - 2x - 3\qquad\qquad = (x+1)(x-3)$

増減表をつくると，

x	-3		-1		3		4
$f'(x)$		$+$	0	$-$	0	$+$	
$f(x)$	-2	↗	$\dfrac{26}{3}$	↘	-2	↗	$\dfrac{1}{3}$

したがって，最大値は $\dfrac{26}{3}$，最小値は -2 … **答**

□**不定積分**　$f(x)$ に対して，$F'(x) = f(x)$ となるような $F(x)$ を $f(x)$ の原始関数といい，$F(x) = \int f(x)dx$ と表す。また，これを，$f(x)$ を積分するという。3次関数までの整関数の積分ができれば十分であり，次の公式を覚えれば十分であろう。

$$y = a \quad (a は定数) \Rightarrow \int a\,dx = ax + C \quad (C は積分定数)$$

$$y = x^n \Rightarrow \int x^{n+1}\,dx = \frac{x^{n+1}}{n+1} + C \quad (C は積分定数)$$

$$\int kf(x)dx = k\int f(x)dx \quad (k は定数)$$

$$\int \{f(x) \pm g(x)\}dx = \int f(x)dx \pm \int g(x)dx$$

□**定積分**　$f(x)$ の原始関数の1つを $F(x)$ とするとき，

$$\int_a^b f(x)dx = \Big[F(x)\Big]_a^b = F(b) - F(a)$$

□**定積分の性質**

$$\int_a^b kf(x)dx = k\int_a^b f(x)dx \quad (k は定数)$$

$$\int_a^b \{f(x) \pm g(x)\}dx = \int_a^b f(x)dx \pm \int_a^b g(x)dx$$

$$\int_a^b f(x)dx = -\int_b^a f(x)dx \qquad \int_a^b f(x)dx = \int_a^c f(x)dx + \int_c^b f(x)dx$$

□**曲線で囲まれる図形の面積**　関数 $y = f(x)$ と $y = g(x)$ について，$a \leqq x \leqq b$ において，$f(x) > g(x)$ であるとき，
$y = f(x)$, $y = g(x)$, $x = a$, $x = b$
で囲まれる部分の面積は，定積分　$\int_a^b \{f(x) - g(x)\}dx$　…（＊）
によって求められる。

（＊）で，$g(x) = 0$ とすれば，$y = f(x)$, x軸, $x = a$, $x = b$ で囲まれる部分の面積を表す。

□**2次関数と直線**　2次関数 $y = ax^2 + bx + c$ と直線 $y = mx + n$ との交点の x 座標を α, β $(\alpha < \beta)$ とすると，$y = ax^2 + bx + c$ と $y = mx + n$ で挟まれる部分の面積 S は，

$$S = \frac{1}{6}|a|(\beta - \alpha)^3\,dx$$

面積 2次関数 $y=x^2-x-5$ と直線 $y=x+3$ で囲まれる部分の面積を求めよ。

解き方 まず，交点の座標を求める。

$$y=x^2-x-5 \quad \cdots ①$$

$$y=x+3 \quad \cdots ②$$

①－②より，　$x^2-2x-8=0$

$$(x+2)(x-4)=0$$

$$x=-2,\ 4$$

したがって，求める面積は，

$$\int_{-2}^{4}\{(x+3)-(x^2-x-5)\}dx=\int_{-2}^{4}(-x^2+2x+8)dx$$

$$=\left[-\frac{1}{3}x^3+x^2+8x\right]_{-2}^{4}$$

$$=-\frac{1}{3}\{4^3-(-2)^3\}+\{4^2-(-2)^2\}+8\{4-(-2)\}$$

$$=36 \quad \cdots \boxed{答}$$

注　公式を用いれば，$\dfrac{1}{6}\{4-(-2)\}^3=36$

プラス+ α $y=ax^2+bx+c$ と $y=mx+n$ が囲む
図形の面積 S

$y=ax^2+bx+c$ と $y=mx+n$ の交点の x 座標を α, β $(\alpha<\beta)$ とすると，

$$S=\left|\int_{\alpha}^{\beta}\{(ax^2+bx+c)-(mx+n)\}dx\right|$$

$$=\left|\int_{\alpha}^{\beta}a(x-\alpha)(x-\beta)dx\right|$$

$$=|a|\int_{\alpha}^{\beta}(x-\alpha)(x-\alpha+\alpha-\beta)dx$$

$$=|a|\int_{\alpha}^{\beta}\{(x-\alpha)^2-(\beta-\alpha)(x-\alpha)\}dx$$

$$=|a|\left[\frac{1}{3}(x-\alpha)^3-\frac{1}{2}(\beta-\alpha)(x-\alpha)^2\right]_{\alpha}^{\beta}=\frac{1}{6}|a|(\beta-\alpha)^3dx$$

これは必須の公式というわけではない。直接計算してもそれほど手間はかからない場合がほとんどである。

数学の 50問 スコアアタック

1 $(x-2)(x-1)(x+1)(x+2)$ を展開せよ。

2 $x^2-y^2-2x-2y$ を因数分解せよ。

3 x^4+x^2+1 を因数分解せよ。

4 次の式を計算せよ。

$$\frac{1}{(x+1)(x+2)}+\frac{1}{(x+2)(x+3)}$$

5 $3x^3-2x^2+x-1$ を x^2+2x-1 で割ったときの商と余りを求めよ。

6 x^2-2x+2 で割ると、商が $2x+1$、余りが $3x$ になる整式を求めよ。

7 整式 $A=2x^2-3x+1$、$B=x^2+4x-5$ の最大公約数と最小公倍数を求めよ。

8 $\dfrac{3+\sqrt{3}}{3-\sqrt{3}}$ の分母を有理化せよ。

9 $\sqrt{8-2\sqrt{15}}$ の二重根号を外せ。

10 $\sqrt{5}$ の小数部分を a とする。$a(a+4)$ の値を求めよ。

11 $x=2+\sqrt{3}$、$y=2-\sqrt{3}$ のとき、x^2y+xy^2 の値を求めよ。

1 x^4-5x^2+4

$(x-2)(x+2)=x^2-4$
$(x-1)(x+1)=x^2-1$

2 $(x+y)(x-y-2)$

3 $(x^2+x+1)(x^2-x+1)$
与式 $=x^4+2x^2+1-x^2$

4 $\dfrac{2}{(x+1)(x+3)}$

分母は $(x+1)(x+2)$ と $(x+2)(x+3)$ の最小公倍数。

5 商；$3x-8$

余り；$20x-9$

6 $2x^3-3x^2+5x+2$
$(x^2-2x+2)(2x+1)+3x$

7 最大公約数；$x-1$
最小公倍数；
$(x-1)(x+5)(2x-1)$
A、B を因数分解する。

8 $2+\sqrt{3}$
分母・分子に $3+\sqrt{3}$ をかける。

9 $\sqrt{5}-\sqrt{3}$

$\sqrt{a+b\pm2\sqrt{ab}}$
$=\sqrt{a}\pm\sqrt{b}$ $(a>b)$

10 1
小数部分 $=\sqrt{5}-$ 整数部分

11 4
$x^2y+xy^2=xy(x+y)$

□12 $x+\dfrac{1}{x}=3$ のとき, $x^2+\dfrac{1}{x^2}$ の値を求めよ。

12 7

$$x^2+\dfrac{1}{x^2}=\left(x+\dfrac{1}{x}\right)^2-2$$

□13 $\sqrt{(2a-1)^2}+\sqrt{(a+2)^2}$ を簡単にせよ。

13 $-a+3$

与式 $=|2a-1|+|a+2|$

□14 循環小数 $3.\dot{1}\dot{2}$ を分数で表せ。

14 $\dfrac{103}{33}$

$100a-a$

$=312.\dot{1}\dot{2}-3.\dot{1}\dot{2}$

□15 896 を 5 進数で表せ。

15 $12041_{(5)}$

□16 2 進数 $101001_{(2)}$ を 10 進数で表せ。

16 41

$1\times2^5+1\times2^3+1$

□17 $32_{(5)}+44_{(5)}$ を計算せよ。

17 $131_{(5)}$

5 で 1 桁繰り上がる。

□18 $f(x)=3x^3-2x^2+4x-1$ を $x-2$ で割ったときの余りを求めよ。

18 23

$f(2)$ を計算する。

□19 $3x^2-ax+1=(x-1)(bx+2)+c$ が恒等式であるとき, a, b, c の値を求めよ。

19 $a=1, b=3, c=3$

右辺を整理し, 両辺の係数を比較する。

□20 $x^2-1=a(x+2)^2+b(x+2)+c$ が恒等式であるとき, $a+b+c$ の値を求めよ。

20 0

$x=-1$ を両辺に代入する。

□21 方程式 $x+2|x-2|=5$ を解け。

21 $x=-1$, 3

$x\leqq2$ と $2<x$ とに分けて, 絶対値記号を外す。

□22 $-2<a<\dfrac{1}{2}$ のとき, 次の式を簡単にせよ。

$$\sqrt{(2a-1)^2}+\sqrt{(a+2)^2}$$

22 $-a+3$

与式 $=|2a-1|+|a+2|$

□23 不等式 $2x-5>5x+7$ を解け。

23 $x<-4$

負の数で両辺を割ると不等号の向きが変わる。

物理

化学

生物

地学

数学

24 2次方程式 $2x^2-3x-2=0$ の大きいほうの解を求めよ。

25 2次方程式 $x^2-4x-2=0$ を解け。

26 2次方程式 $x^2-2x+3=0$ を解け。

27 2次方程式 $x^2-2kx+3k-2=0$ が重解をもつとき，kの値を求めよ。

28 2次方程式 $x^2+kx+k=0$ が2虚数解をもつとき，kの範囲を求めよ。

29 2次方程式 $2x^2+6x+1=0$ の2つの解を α, β とするとき，$\alpha^2+\beta^2$ の値を求めよ。

30 $2+\sqrt{3}$ と $2-\sqrt{3}$ を2つの解とする2次方程式をつくれ。ただし，2次の項の係数は1とする。

31 $x^4=1$ を解け。

32 $x^3-6x^2+11x-6=0$ を解け。

33 方程式 $|x^2-4|=k$ の解の個数を求めよ。

---

24 $x=2$
因数分解すると，
$(2x+1)(x-2)=0$

25 $x=2\pm\sqrt{6}$
解の公式を適用する。

26 $x=1\pm\sqrt{2}\,i$
虚数単位iを用いる。

27 $k=1,\ 2$
判別式 $D=0$

28 $0<k<4$
判別式 $D<0$

29 8
解と係数の関係から，$\alpha+\beta$ と $\alpha\beta$ の値を求める。
$\alpha^2+\beta^2$
$=(\alpha+\beta)^2-2\alpha\beta$

30 $x^2-4x+1=0$
和と積をつくり，解と係数の関係を適用する。

31 $x=\pm 1,\ \pm i$
$x^2=\pm 1$

32 $x=1,\ 2,\ 3$
因数定理で因数の1つを見つけ，因数分解をする。

33 $k<0\cdots0$個
$k=0\cdots2$個
$0<k<4\cdots4$個
$k=4\cdots3$個
$4<k\cdots2$個

□**34** 2次不等式 $3x^2+2x-1>0$ を解け。

34 $x<-1,\ x>\dfrac{1}{3}$
左辺 $=(x+1)(3x-1)$

□**35** $x^2-4x+2<0$ を満たす整数解 x をすべて求めよ。

35 $x=1,\ 2,\ 3$
$2-\sqrt{2}<x<2+\sqrt{2}$

□**36** $y=-2x^2+8x-5$ のグラフの頂点の座標を求めよ。

36 $(2,\ 3)$
標準形に変形する。
$y=-2(x-2)^2+3$

□**37** $y=2x^2+ax+b$ のグラフの頂点が $(1,\ 3)$ のとき，a，b の値を求めよ。

37 $a=-4,\ b=5$
$y=(x-1)^2+3$ の右辺を展開し，係数比較。

□**38** 2次関数 $y=ax^2+bx+c$ のグラフが次の図のようであるとき，a，b，c の大小関係はどうなるか。

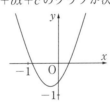

38 $c<b<a$
下に凸 $\Rightarrow\ a>0$
$x=0\ \Rightarrow\ -1<c<0$
対称軸 $-\dfrac{1}{2}<-\dfrac{b}{2a}<0$
$\Rightarrow\ 0<b<a$

□**39** 2次関数 $y=-x^2+3x-1$ を x 軸方向に 2，y 軸方向に -3 だけ平行移動した方程式を求めよ。

39 $y=-x^2+7x-14$
x の代わりに $x-2$，y の代わりに $y+3$ とする。

□**40** 2次関数 $y=2x^2+ax+a-2$ のグラフが x 軸と接するとき，a の値を求めよ。

40 $a=4$
判別式 $D=0$

□**41** 放物線 $y=x^2-x+3$ と直線 $y=-3x+a$ が接するとき，a の値を求めよ。

41 $a=2$
$x^2-x+3=-3x+a$
移項して判別式 $D=0$

□**42** 2次関数 $y=-2x^2+3x-1$ と1次関数 $y=ax+1$ のグラフが2交点をもつとき，a の範囲を求めよ。

42 $a<-1,\ 7<a$
$-2x^2+3x-1=ax+1$
移項して判別式 $D>0$

□**43** $f(x)=x^2+ax-3a+1$ とする。$y=f(x)$ のグラフと x 軸との交点の x 座標を α，β とすると，$-3<\alpha<-2$，$1<\beta<2$ である。このとき，a の範囲を求めよ。

43 $1<a<\dfrac{5}{3}$
$f(-3)f(-2)<0$
$f(1)f(2)<0$

□**44** 2次関数 $y = x^2 - 6x + 10$ において，x の変域は $2 \le x \le 5$ である。このとき，y の最大値と最小値を求めよ。

□**45** $x > 0$ のとき，$x + \dfrac{3}{x}$ は $x = \boxed{①}$ で最小値 $\boxed{②}$ をとる。

□**46** $x - y = 4$ のとき，xy の最小値を求めよ。

□**47** $x^2 + y^2 = 4$ のとき $x^2 - y^2 + 4x$ の最大値と最小値を求めよ。

□**48** 長さ40mのロープで長方形を作るとき，その長方形の面積の最大値を求めよ。

□**49** $f(x) = x^3 - 2x^2 + 4x - 2$ とする。$y = f(x)$ 上の点 $(1,\ 1)$ における接線の方程式を求めよ。

□**50** $f(x) = 2x^3 - 3x^2 - 12x + 10$ の極大値を求めよ。

---

44 **最大値；**5

最小値；1

標準形 $y = (x-3)^2 + 1$

$x = 3$ で最小，$x = 5$ で最大

45 ① $2\sqrt{3}$　② $\sqrt{3}$

相加平均・相乗平均の関係より，

$x + \dfrac{3}{x} \ge 2\sqrt{x \cdot \dfrac{3}{x}} = 2\sqrt{3}$

等号は $x = \dfrac{3}{x}$ のとき。

46 -4

$xy = y(y+4)$
$\quad = (y+2)^2 - 4$

47 **最大値；**8

最小値；-6

$y^2 = 4 - x^2 \ge 0$ より

$-2 \le x \le 2$

与式を x の式で表し，標準形を作る。

48 $100\,\mathrm{m}^2$

面積 $= x(20-x)$
$\quad = -(x-10)^2 + 100$

49 $y = 3x - 2$

$f'(x) = 3x^2 - 4x + 4$
$y = f'(1)(x-1) + 1$

50 **極大値；**17

$f'(x) = 6x^2 - 6x - 12$
$\quad = 6(x+1)(x-2)$

数学の50問スコアアタック得点		
第1回（　／　）	第2回（　／　）	第3回（　／　）
╱50点	╱50点	╱50点

●**本書の内容に関するお問合せについて**

　本書の内容に誤りと思われるところがありましたら，まずは小社ブックスサイト（jitsumu.hondana.jp）中の本書ページ内にある正誤表・訂正表をご確認ください。正誤表・訂正表がない場合や訂正表に該当箇所が掲載されていない場合は，書名，発行年月日，お客様の名前・連絡先，該当箇所のページ番号と具体的な誤りの内容・理由等をご記入のうえ，郵便，FAX，メールにてお問合せください。

〒163-8671　東京都新宿区新宿1-1-12　実務教育出版　第二編集部問合せ窓口
FAX：03-5369-2237　　　E-mail：jitsumu_2hen@jitsumu.co.jp

【ご注意】
※電話でのお問合せは，一切受け付けておりません。
※内容の正誤以外のお問合せ（詳しい解説・受験指導のご要望等）には対応できません。

上・中級公務員試験

新・光速マスター　自然科学［改訂第2版］

2012 年 11 月 30 日　　初版第 1 刷発行　　　　　　　　　　　　　〈検印省略〉
2018 年 10 月 10 日　　改訂初版第 2 刷発行
2021 年 12 月 20 日　　改訂第 2 版第 1 刷発行

編　者　資格試験研究会

発行者　小山隆之

発行所　株式会社　実務教育出版
　　　　〒163-8671　東京都新宿区新宿 1-1-12
　　　　☎編集 03-3355-1812　販売 03-3355-1951
　　　　振替　00160-0-78270

印　刷　壮光舎印刷

製　本　ブックアート

編集協力・制作（株）大知

©JITSUMUKYOIKU-SHUPPAN 2021　　　　　　　　　本書掲載の問題等は無断転載を禁じます。
ISBN 978-4-7889-4648-4　C0030　Printed in Japan
乱丁，落丁本は本社にておとりかえいたします。

[公務員受験BOOKS]

実務教育出版では、公務員試験の基礎固めから実戦演習にまで役に立つさまざまな入門書や問題集をご用意しています。過去問を徹底分析して出題ポイントをピックアップし、すばやく正確に解くテクニックを伝授します。あなたの学習計画に適した書籍を、ぜひご活用ください。
なお、各書籍の詳細については、弊社のブックスサイトをご覧ください。

https://www.jitsumu.co.jp

公務員試験に出る専門科目について、初学者でもわかりやすく解説した基本書の各シリーズ。
「はじめて学ぶシリーズ」は、豊富な図解で、難解な専門科目もすっきりマスターできます。

はじめて学ぶ **政治学**
加藤秀治郎著●定価1175円

はじめて学ぶ **国際関係** [改訂版]
高瀬淳一著●定価1320円

はじめて学ぶ **ミクロ経済学** [第2版]
幸村千佳良著●定価1430円

はじめて学ぶ **マクロ経済学** [第2版]
幸村千佳良著●定価1540円

どちらも公務員試験の最重要科目である経済学と行政法を、基礎から応用まで詳しく学べる本格的な
基本書です。大学での教科書採用も多くなっています。

経済学ベーシックゼミナール
西村和雄・八木尚志共著●定価3080円

経済学ゼミナール 上級編
西村和雄・友田康信共著●定価3520円

新プロゼミ行政法
石川敏行著●定価2970円

苦手意識を持っている受験生が多い科目をピックアップして、初学者が挫折しがちなところを徹底的
にフォロー！やさしい解説で実力を養成する入門書です。

最初でつまずかない経済学 [ミクロ編]
村尾英俊著●定価1980円

最初でつまずかない経済学 [マクロ編]
村尾英俊著●定価1980円

最初でつまずかない民法Ⅰ [総則／物権 担保物権]
鶴田秀樹著●定価1870円

最初でつまずかない民法Ⅱ [債権総論・各論 家族法]
鶴田秀樹著●定価1870円

最初でつまずかない行政法
吉田としひろ著●定価1870円

最初でつまずかない数的推理
佐々木淳著●定価1870円

ライト感覚で学べ、すぐに実戦的な力が身につく過去問トレーニングシリーズ。地方上級・市役所・
国家一般職 [大卒] レベルに合わせて、試験によく出る基本問題を厳選。素早く正答を見抜くポイン
トを伝授し、サラッとこなせて何度も復習できるので、短期間での攻略も可能です。

★公務員試験「スピード解説」シリーズ 資格試験研究会編●定価1650円

スピード解説 判断推理
資格試験研究会編 結城順平執筆

スピード解説 数的推理
資格試験研究会編 永野龍彦執筆

スピード解説 図形・空間把握
資格試験研究会編 永野龍彦執筆

スピード解説 資料解釈
資格試験研究会編 結城順平執筆

スピード解説 文章理解
資格試験研究会編 饗庭悟執筆

スピード解説 憲法
資格試験研究会編 鶴田秀樹執筆

スピード解説 行政法
資格試験研究会編 吉田としひろ執筆

スピード解説 民法Ⅰ [総則／物権 担保物権] [改訂版]
資格試験研究会編 鶴田秀樹執筆

スピード解説 民法Ⅱ [債権総論・各論 家族法] [改訂版]
資格試験研究会編 鶴田秀樹執筆

スピード解説 政治学・行政学
資格試験研究会編 近裕一執筆

スピード解説 国際関係
資格試験研究会編 高瀬淳一執筆

スピード解説 ミクロ経済学
資格試験研究会編 村尾英俊執筆

スピード解説 マクロ経済学
資格試験研究会編 村尾英俊執筆

選択肢ごとに問題を分解し、テーマ別にまとめた過去問演習書です。見開き2ページ完結で読みや
すく、選択肢問題の「引っかけ方」が一目でわかります。「暗記用赤シート」付き。

一問一答 スピード攻略 社会科学
資格試験研究会編●定価1430円

一問一答 スピード攻略 人文科学
資格試験研究会編●定価1430円

地方上級／国家総合職・一般職・専門職試験に対応した過去問演習書の決定版が、さらにパワーアップ！ 最新の出題傾向に沿った問題を多数収録し、選択肢の一つひとつまで検証して正誤のポイントを解説。強化したい科目に合わせて徹底的に演習できる問題集シリーズです。

★公務員試験「新スーパー過去問ゼミ6」シリーズ

◎教養分野
資格試験研究会編●定価1980円

新スーパー過去問ゼミ6 **社会科学** [政治／経済／社会]	新スーパー過去問ゼミ6 **人文科学** [日本史／世界史／地理／思想／文学・芸術]
新スーパー過去問ゼミ6 **自然科学** [物理／化学／生物／地学／数学]	新スーパー過去問ゼミ6 **判断推理**
新スーパー過去問ゼミ6 **数的推理**	新スーパー過去問ゼミ6 **文章理解・資料解釈**

◎専門分野
資格試験研究会編●定価1980円

新スーパー過去問ゼミ6 **憲法**	新スーパー過去問ゼミ6 **行政法**
新スーパー過去問ゼミ6 **民法Ⅰ** [総則／物権／担保物権]	新スーパー過去問ゼミ6 **民法Ⅱ** [債権総論・各論／家族法]
新スーパー過去問ゼミ6 **刑法**	新スーパー過去問ゼミ6 **労働法**
新スーパー過去問ゼミ6 **政治学**	新スーパー過去問ゼミ6 **行政学**
新スーパー過去問ゼミ6 **社会学**	新スーパー過去問ゼミ6 **国際関係**
新スーパー過去問ゼミ6 **ミクロ経済学**	新スーパー過去問ゼミ6 **マクロ経済学**
新スーパー過去問ゼミ6 **財政学** [改訂版]	新スーパー過去問ゼミ6 **経営学**
新スーパー過去問ゼミ6 **会計学** [択一式／記述式]	新スーパー過去問ゼミ6 **教育学・心理学**

受験生の定番「新スーパー過去問ゼミ」シリーズの警察官・消防官（消防士）試験版です。大学卒業程度の警察官・消防官試験と問題のレベルが近い市役所（上級）・地方中級試験対策としても役に立ちます。

★大卒程度「警察官・消防官 新スーパー過去問ゼミ」シリーズ

資格試験研究会編●定価1430円

警察官・消防官新スーパー過去問ゼミ **社会科学** [改訂第2版] [政治／経済／社会・時事]	警察官・消防官新スーパー過去問ゼミ **人文科学** [改訂第2版] [日本史／世界史／地理／思想／文学・芸術／国語]
警察官・消防官新スーパー過去問ゼミ **自然科学** [改訂第2版] [数学／物理／化学／生物／地学]	警察官・消防官新スーパー過去問ゼミ **判断推理** [改訂第2版]
警察官・消防官新スーパー過去問ゼミ **数的推理** [改訂第2版]	警察官・消防官新スーパー過去問ゼミ **文章理解・資料解釈** [改訂第2版]

一般知識分野の要点整理集のシリーズです。覚えるべき項目は、付録の「暗記用赤シート」で隠すことができるので、効率よく学習できます。「新スーパー過去問ゼミ」シリーズに準拠したテーマ構成になっているので、「スー過去」との相性もバッチリです。

★上・中級公務員試験「新・光速マスター」シリーズ

資格試験研究会編●定価1320円

新・光速マスター **社会科学** [改訂第2版] [政治／経済／社会]	新・光速マスター **人文科学** [改訂第2版] [日本史／世界史／地理／思想／文学・芸術]
新・光速マスター **自然科学** [改訂第2版] [物理／化学／生物／地学／数学]	

過去問演習を通して実戦力を養成

要点整理＋理解度チェック